suhrkamp taschenbuch
wissenschaft 133

Die in diesem Band vereinigten Studien fragen nach der Notwendigkeit und der Möglichkeit von Soziologie, nach ihrer Bedeutung für die gegenwärtigen Gesellschaften, die Touraine zufolge dabei sind, sich zu »postindustriellen« Gesellschaften zu wandeln. Die Soziologie, oft verlästert und angegriffen, entwickelt sich in dem Maße, in dem einer Gesellschaft bewußt wird, daß sie ihr eigenes Handeln analysieren muß – weil sie Berufungen auf irgendwelche (jedenfalls nicht soziale) »Gesetze« nicht mehr für Erklärungen ihres Handelns halten kann – zu der Instanz, die gesellschaftliche Bewegungen und Ziele durchsichtig machen kann. »Wir müssen«, schreibt Touraine, »die Soziologie schaffen, weil die Gesellschaft begreift, daß sie sich selbst schafft.«

Alain Touraine
Was nützt die Soziologie?

Übersetzt von Bernd Schwibs

Suhrkamp

Titel der Originalausgabe:
Pour la sociologie © Editions du Seuil, 1974

Bibliografische Information der Deutschen Nationalbibliothek
Die Deutsche Nationalbibliothek verzeichnet diese Publikation
in der Deutschen Nationalbibliografie;
detaillierte bibliografische Daten sind im Internet über
http://dnb.d-nb.de abrufbar.

2. Auflage 2016
Erste Auflage 1976
suhrkamp taschenbuch wissenschaft 133
© Suhrkamp Verlag Frankfurt am Main 1976
Suhrkamp Taschenbuch Verlag
Alle Rechte vorbehalten, insbesondere das der Übersetzung,
des öffentlichen Vortrags sowie der Übertragung
durch Rundfunk und Fernsehen, auch einzelner Teile.
Kein Teil des Werkes darf in irgendeiner Form
(durch Fotografie, Mikrofilm oder andere Verfahren)
ohne schriftliche Genehmigung des Verlages reproduziert
oder unter Verwendung elektronischer Systeme
verarbeitet, vervielfältigt oder verbreitet werden.
Printed in Germany
Umschlag nach Entwürfen von
Willy Fleckhaus und Rolf Staudt
ISBN 978-3-518-27733-1

Inhalt

Vorwort 9
Vorrede: Was es heißt, Soziologe zu sein 10

I. Der Gegenstand der Soziologie 21
 1. Kritik der Praxis 21
 2. Die sozialen Beziehungen 26
 3. Die Handlungssysteme 30
 4. Der Abbruch der sozialen Beziehungen 37
 5. Die Soziologen 39
 6. Die Ansätze der Soziologie 42

II. Zehn Ideen zu einer Soziologie 52
 1. Soziologie ist das Studium sozialer Beziehungen 52
 2. Produktion, Anpassung und Organisation der Gesellschaft 53
 3. Historizität und gesellschaftliche Klassen 53
 4. Konflikt und Herrschaft 54
 5. Das historische Handlungssystem 54
 6. Gesellschaft und Staat 55
 7. Kollektive Verhaltensweisen 55
 8. Struktur und Wandel 56
 9. Die Rechte, das Zentrum und die Linke der Soziologie 56
 10. Die Entstehung der Soziologie 57

 Kommentare 57
  zur ersten Idee 57
  zur zweiten Idee 60
  zur dritten Idee 63
  zur vierten Idee 67
  zur fünften Idee 71
  zur sechsten Idee 73
  zur siebten Idee 77
  zur achten Idee 80
  zur neunten Idee 83
  zur zehnten Idee 87

III. *Systeme und Konflikte* 90
    Einführung 90
    1. Verschiedenheit und Hierarchie der Systeme 91
        – Die Historizität 91
        – Die Organisation 95
        Die Entscheidungen 104
        Historizität und gesellschaftliche Klassen 109
        Die Beziehungen zwischen den Systemen 114
    2. Die Einheitsutopien 122
        Die Organisationsutopie 124
        Die Planungsutopie 126
        Die »politische« Utopie 128
        Die technokratische Utopie 131

IV. *Gesellschaftliche Verhältnisse und soziale Konflikte in der postindustriellen Gesellschaft* 136
    1. Die Berufsforderungen 136
    2. Die Gewerkschaftsbewegung 146
    3. Verteidigung und Kontestation 153
    4. Typen von Situationen, in denen Forderungen erhoben werden 166
    5. Vorbehalte und Schlußfolgerungen 168

V. *Soziale Identität und soziale Bewegungen* 176
    1. Zwischen Himmel und Hölle 176
    2. Der Konflikt 179
    3. Neue soziale Konflikte 182
    4. Das politische Bewußtsein 193
    5. Soziale Identität und Organisation 197
    6. Identität und Wandel 201
    7. Identität und Verantwortung 205

VI. *Der Augenblick der Soziologie* 208
    1. Vor der Soziologie 208
    2. Von der Reproduktion zur Produktion 210
    3. Die Auflösung der Sozialphilosophie 217
    4. Die Etappen einer Formation 223
    5. Ein verpaßter Augenblick? 226
    6. Jenseits der Universität 229
    7. Was nützt die Soziologie? 234
    8. Kehrtwendung 240

*All denen, die verfolgt wurden,
weil sie Soziologen waren.*

Ich danke Christiane Guigues, Yvette Duflo, Colette Didier, Hélène Lydenberg und Marie-Claire Lusson für ihre Hilfe bei der Vorbereitung des Textes. Eine großzügige Einladung der Rockefeller Foundation hat es mir ermöglicht, in der Fleiß stiftenden Stille der Villa Serbelloni in Bellagio zu arbeiten. Ich danke der Stiftung ebenso wie Herrn und Frau Olson, die meinen Aufenthalt organisiert und meine Arbeit tatkräftig gefördert haben.

Vorwort

Diese Essays wurden verfaßt, um einen Ansatz näher zu bestimmen, der den Hindernissen, auf die die soziologische Erkenntnis stößt, Rechnung trägt – die Natur dieser Hindernisse aufweist wie auch ihre Notwendigkeit in Gesellschaften, die immer mehr entdecken, daß sie sich selbst schaffen. Sie legen eine soziologische Haltung nahe, die kritisch mit den Kategorien der Sozialordnung, der Ideologien und Pressionen der Mächte bricht, um so aufzudecken, wie die Gesellschaften sich gestalten und verändern. Die beiden ersten Essays und der letzte werden an dieser Stelle erstmals publiziert. Der dritte und der vierte greifen auf einen jetzt modifizierten Text eines Diskussionsbeitrages während eines von der Olivetti Stiftung 1971 in Courmayer organisierten Kolloquiums zurück, dessen Textvorlagen 1973 unter dem Titel: *Razionalità sociale e tecnologie della informatione* veröffentlicht wurden. Der fünfte Essay wurde während eines 1971 in Washington von der Smithsonian Institution organisierten Kolloquiums über soziale Identität vorgelegt.

Vorrede:
Was es heißt, Soziologe zu sein

1. Unsere Gesellschaften finden sich nur schwer mit der Existenz der Soziologie ab; selten ist eine Wissenschaft, eine bestimmte Art der Erkenntnis, derart unwillig aufgenommen worden. Weisen einige sie als Sakrileg zurück, so wird sie von anderen beschworen, die versuchen, sie im Dienst der herrschenden Ordnung einzusetzen – ohne freilich allzusehr von ihr überzeugt zu sein; die schließlich, die ihr wohlgesonnen sind, nehmen sie für ihren Kampf gegen Traditionen in Anspruch, die ihnen im Wege stehen – und sind doch auch bereit, sie danach wieder hinter das Gatter der Universität zu sperren.

Noch düsterer wird das Bild, wenn wir uns einmal von den Ländern abwenden, in denen die Soziologie ihre Geburtsstätte hat. In weiten Regionen ist sie verboten, wird sie ignoriert oder auf eine derart zwanghafte und engstirnige Weise angewendet, daß sie nur mühsam überlebt. In anderen Teilen der Welt, vor allem in Südamerika, wo die Soziologie sich zwei Jahrzehnte über entfalten durfte, wird sie nunmehr verfolgt. Ich schreibe diese Zeilen einige Wochen nach dem Staatsstreich in Chile, der mit einem Schlag Ausbildungsstätten und fast alle Forschungszentren der Soziologie im ganzen Land aufgelöst hat.

Ginge es allein darum, über die in der Krise steckende Universität zu klagen oder die Widerstände zu bedauern, auf die die Entwicklung einer recht neuen Disziplin stößt, hätte ich mich gewiß mit einigen bitteren Anmerkungen im Text begnügt. Das aber würde bedeuten, am wirklichen Problem vorbeizugehen.

Die Arbeit des Soziologen kann nicht bestimmt werden, ohne daß in einem damit die Funktion soziologischer Erkenntnis, also auch die Natur der Reaktionen der Gesellschaft auf diese Erkenntnis, begriffen wird.

Der tiefgründigste Widerstand gegen die Soziologie entspringt indessen unserem fortwirkenden Glauben, daß die sozialen Tatsachen von einer höheren, metasozialen Ordnung determiniert seien. Ob es die Absichten der Vorsehung, die Gesetze der Politik oder der Sinn der Geschichte ist: immer haben die Gesellschaften der Vergangenheit theoretische Diskurse hervorgebracht, die das Wesen der metasozialen Ordnung definierten.

Man wird einwenden, daß diese Sozialphilosophien tot seien und alle Welt heute sehr wohl wisse, daß die Soziologie »empirisch« zu sein und sich solcher Reflexionen zu enthalten habe, die aus dem hervorgehen, was Comte Metaphysik genannt hat. Eine solche Antwort jedoch ist weitaus gefährlicher als die Ideen, die sie bekämpfen will.

Die Soziologie gewinnt deshalb so schwer Gestalt, weil sie die vergangenen Diskurse über das Metasoziale berücksichtigen muß – und keineswegs auf eine fälschlich positive Weise negieren darf. Sie geht zugrunde, wenn sie in Sozialphilosophie verharrt; aber sie geht auch zugrunde, wenn sie nicht erkennt, daß die Gesellschaft ein System bildet, das in der Lage ist, seine eigenen Orientierungen hervorzubringen, auf sich selbst einzuwirken, sich zu transformieren, sich ebenso zu produzieren wie zu reproduzieren – mit anderen Worten, daß eine Gesellschaft niemals auf ihr bloßes Funktionieren reduziert werden kann.

Die Gesellschaft als eine Ordnung begreifen stellt eine der verfänglichsten Weisen dar, die Erklärung jenseits der Gesellschaft selbst anzusetzen. Von Konsens, Integration und Gleichgewicht sprechen führt zur Beschreibung des Wesens der Gesellschaft, ihrer Werte und ihres Geistes, die ihrerseits nur in bezug auf eine Evolution, also auf den Gang hin zur Moderne, verortet werden. Dieser Empirismus zwingt einen, sich auf den Standpunkt der betrachteten Gesellschaft zu stellen, d.h. deren Definitionen des Zentralen und Marginalen, des Normalen und Pathologischen, des Höheren und Niederen, Wichtigen und Unwichtigen zu akzeptieren. Daß innerhalb dieser Grenzen verwertbares Wissen für die Verwalter der Gesellschaft gewonnen werden kann, sei unbestritten – soziologische Erkenntnis allerdings darf nicht in den Interessen bestimmter Akteure aufgehen.

Der Soziologie ist nicht geholfen, wenn man sie von ihrem Zentralproblem abbringt. Wird die Soziologie so häufig und so vehement abgelehnt, oder doch fast immer mit Mißtrauen betrachtet, so weil sie gleichsam das Feuer der Gesellschaft zu erfassen, die Bewegung zu verstehen sucht, dank derer die Gesellschaft sich selbst steuert, und dies, ohne zu einer metasozialen Erklärung Zuflucht zu nehmen.

Die Fähigkeit einer Gesellschaft, auf sich selbst einzuwirken, ist nicht nur im Verlauf dieses Jahrhunderts enorm gestiegen, es wird auch immer deutlicher, daß diese Fähigkeit unmittelbar gesellschaftlich ist. Wir haben von der Industriegesellschaft die Vorstellung übernommen, daß die Arbeit, die die Natur transformiert, zwangsläufig auch die Gesellschaft verändert. Diese Vorstellung müssen wir unbedingt aufgeben, wenn wir einen Zugang zur Soziologie finden wollen. Es wäre besser, die angehenden Soziologen dächten etwas weniger über die europäische Geschichte des 19. Jahrhunderts nach und etwas mehr über die Revolutionen und die großen Unternehmungen dieses Jahrhunderts.

Nicht indem sie das Wesen des Politischen herausfinden oder die in der Erde verschlossenen Energien freisetzen, wirken die Gesellschaften auf sich selbst ein, sondern zunächst einmal, indem sie soziale Beziehungen, Kommunikationsweisen verändern, indem sie Entscheidungen treffen und Konflikte austragen.

Sozialer Wandel wird nicht von Kräften gesteuert, denen man gemeinhin gesellschaftlichen Charakter abspricht, von Technologie oder vom Staat: er steuert sich selbst je nach der Art, wie eine Gesellschaft auf die pulsierende Bewegung reagiert, die ihre Entwicklung beherrscht: die Konzentration der Macht, die über die Investitionen entscheidet, und die Gegenbewegung einer kollektiven Wiederaneignung von Ressourcen, die bis dahin von den Führenden und für sie verwaltet wurden.

Von Soziologie läßt sich erst sprechen, wenn die Gesellschaften nicht mehr in bezug auf eine Ordnung festgelegt werden, die ihnen äußerlich bleibt, sondern wenn sie in ihrer Historizität, in ihrer Fähigkeit, sich zu produzieren, begriffen werden.

2. Die Soziologie stößt auf soviel Widerstand, weil alle Inhaber von Macht ihre Herrschaftsposition durch deren Begründung in metasozialen, sakralen Ordnungen zu legitimieren versuchen. Und sie erklären, mit dem Sinn der Geschichte Schritt zu halten, modern zu sein, die Zivilisation gegen die Barbarei, Freiheit und Innovation gegen die Tradition zu verteidigen. Heuchlerische Worte, die allzu häufig von Leuten zu Papier gebracht worden sind, die sich als Soziologen dünken und doch nichts weiter sind als Propagandisten und Hofschranzen.

Der Widerstand hat noch tiefergehende Gründe. Das Bild, das ich von der soziologischen Analyse entwerfe und das in diesem Buch klarere Konturen gewinnen soll, schließt jeden ein für allemal festgelegten Bezugspunkt aus und verletzt auf nahezu unerträgliche Weise unser Bedürfnis nach Zugehörigkeit und Identität. Als soziale Akteure wollen wir wissen, welchem Gefüge wir angehören, wer die Franzosen oder die Brasilianer, die Studenten und die Führungskräfte, was die Stadt oder die Religion denn nun sind, die uns Rollen vorgeben. Wir stehen vor der Soziologie wie vor einem Bild, auf dem das menschliche Antlitz aufgelöst wurde, wie vor einem Roman, der nicht mehr die Geschichte einer Person erzählt.

Der Widerstand gegen die Soziologie ist normal; niemals kann der Gesichtspunkt der Analyse mit dem der Akteure verschmelzen. Die Soziologie kann keine Befriedigung schaffen, noch kann sie den Eindruck vermitteln, gelebte Erfahrung je verstehen, wiederfinden zu können.

Das zwingt den Soziologen zu einer merkwürdigen Existenzweise. Alle Sozialwissenschaften laufen Gefahr, sich mit den Akteuren zu identifizieren. Ist es nicht wahrlich entmutigend, sehen zu müssen, wie die Geschichtsphilosophien allzeit in der Erfahrung ihrer Autoren kulminieren und mit ihrem Ableben zum Stillstand kommen; erkennen zu müssen, daß die theoretischen Gebilde eher Zeugnis über die Bildung und Kultur einer Zeit und einer Gruppe ablegen, statt Erkenntnismittel zu sein? Der Historiker sucht der Ideologie durch eine Reise in die Zeit, durch seine Unterordnung unter die Kohärenz einer gegenüber der seinen fremden Kultur zu entrinnen; der Ethnologe begibt sich auf eine Reise in den Raum und setzt sich einer noch unerbittlicheren Entfremdung von seinem Ursprungsland aus. Der Soziologe, der ja die eigene Gesellschaft untersucht, vermag sich weder im Raum noch in der Zeit von ihr zu distanzieren. Er versucht zunächst, sich keiner festgefügten politischen oder gesellschaftlichen Kraft anzugliedern, »freischwebend« zu bleiben. Welch dürftige Illusion, als ob das Abseits nicht weniger determiniert wäre als das Zentrum. Es gibt keine zufriedenstellende Position für den Soziologen; er kann nur arbeiten, indem er seine Identität zerstört. Völlig richtig erkennt der Kampf gegen die Soziologie, daß diese ein Wahn ist. Die Soziologie beruht darin, soziales Verhalten nicht durch das Wissen des Akteurs und nicht aus der Situation heraus zu erklären, in der dieser sich befindet, sondern durch die gesellschaftlichen Beziehungen, in die er eingebunden ist. Der Urheber dieser Erkenntnis muß sich selbst so weit wie möglich auf die gesellschaftlichen Beziehungen reduzieren, deren eines Glied er bildet. Was zwei Bedeutungen haben muß, die es näher zu prüfen gilt.

3. Vorab die persönliche Zerrissenheit. Der Konflikt kann nur erfaßt werden, wenn er in seiner Widersprüchlichkeit gelebt wird. Die einzige Frage, die der Akteur dem Forscher nicht stellen darf, lautet: Was würden Sie an meiner Stelle tun? Denn stünde er an dessen Stelle, wäre er der Akteur und nicht Forscher.

Alle Soziologen leiden ständig darunter, keine Akteure sein zu dürfen: ein Leiden aller Intellektuellen, diese unheilbare Ohnmacht, die die besten unter ihnen mit dem Wissen überwinden, daß auch sie einmal Akteure werden, wenn die sozialen Konflikte dazu nötigen, klar und deutlich seine Zugehörigkeit zu einem Lager zu erklären. Der Soziologe liegt in einem fortwährenden Gefecht mit der falschen Positivität der Ordnung und deren Diskurs. Seinen gesamten Einfluß stellt er dem zur Verfügung, was im Schatten steht und verboten ist, stellt er auf die Seite der Ausgebeuteten und Kolonisierten. Zwischen Herrscher und Beherrschtem ist Neutralität nicht möglich. Es muß die Entfremdung, die Zerrissenheit dessen aufgezeigt werden, der zugleich die Sprache seines Herrn und seine eigene Sprache sprechen muß. Aber alle, die beherrscht werden, und alle, die gegen die Herrschaft ankämpfen, berufen sich ebenfalls und in höchst zwingender Weise auf eine neue Ordnung, auf neue Werte, auf eine Macht.

Der Soziologe ist gespalten zwischen der Hinwendung zu dem, der beherrscht und ausgeschlossen ist, und dem Widerstand gegen die Ideologie und den Voluntarismus der Befreiungsbewegungen. Das größte Drama, das die Soziologie hat erleben müssen, war der Stalinismus. Die Anerkennung der Klassenkonflikte und der Arbeiterbewegung, folglich auch die Erkenntnis des Herrschafts- und Ausbeutungsverhältnisses hinter dem positiven Diskurs der kapitalistischen Modernisierung, mündet in den absoluten Voluntarismus, in die totalitäre Ordnung, in die Macht eines absoluten Herrschers. Die Soziologie wird immer von dem angezogen werden, was sie in ihrer Existenz am ernsthaftesten gefährdet. Manche werden diese Haltung lächerlich finden; mir erscheint sie pathetisch, und es ist mir unbegreiflich, wie man über einen Berufsstand lachen kann, der derart unter kollektiven Verfolgungen und persönlichen Dramen hat leiden müssen.

Die Soziologie fühlt sich nicht in den stillen Randzonen wohl, wo sie vor den Stürmen geschützt ist, sondern dort, wo der Konflikt sie so ungestüm packt, daß sie nur mühsam Atem holen kann. Der Soziologe kann immer nur unbefriedigt sein, die Gefühle, die ihn bewegen, sind Wut und Hoffnung, nicht das Bewußtsein eigener Stärke oder das Vergnügen, gehört zu werden.

Ist die Soziologie durch die Ideologie gefährdet, so nicht minder durch den doktrinären Geist, dieses Denksystem, das die Gesellschaft von einem ihr äußerlichen Ort aus beurteilt. Mag es die wirre Berufung auf die großen Prinzipien sein, auf Gerechtigkeit, Freiheit, Fortschritt, die allesamt außerhalb der wirklichen sozialen Beziehungen definiert werden, oder mag es die augenscheinlich standfestere Verteidigung der Bewegung gegen die Ordnung, der Innovation gegen die Routine, oder der Spontaneität gegen die Regel sein – stets ist die Soziologie solchen Übergriffen ausgesetzt, die ihre Isolierung hervorheben und zu rechtfertigen suchen, die Isolierung des abgeschlossenen Bezirks der Universität von einer als feindlich oder verächtlich angesehenen gesellschaftlichen Umwelt. Oft verschanzt sich die Soziologie hinter einer Welt, die sich gleichwohl als offen deklariert, ist sie dem Druck eines eingeschränkten Milieus ausgesetzt und akzeptiert »Evidenzen« und Verbote, welche die wissenschaftliche Forschung zwangsläufig einengen oder gar verhindern.

Zwischen all diesen Klippen kann die Soziologie ihren Weg nur mit Mühe weiter fortsetzen. Gefährdet einerseits durch die Ideologie und die Unterwerfung unter die Akteure, andererseits durch Verbandsdenken und Randständigkeit, führt die Soziologie ein schwieriges Leben und vermag ihre Arbeit nur in dem Maße zu verrichten, wie die Gesellschaft tolerant, die Macht nicht vereinheitlicht ist, und genauer, wie sich von seiten der führenden Klasse und des Staatsapparates oder von seiten der Volksschichten neue Kräfte in ihrem Bemühen, die ihrer eigenen Aktion im Wege stehenden Schranken zu durchbrechen, auf die kritischen Analysen des Soziologen stützen, ihn akzeptieren oder ermuntern.

4. Je mehr wir in eine post-industrielle Gesellschaft eintreten, die dominiert wird durch Großorganisationen und durch die Fähigkeit, sie zu steuern, um so stärker ist die Soziologie aufgerufen, an der Macht zu partizipieren. Tatsächlich ist es diese Situation, die ihr erlaubt, sich zu konstituieren und als etwas anderes denn als Studium der »sozialen Faktoren« des Wirtschaftslebens ins Blickfeld zu geraten.

Diese Bestätigung ihrer Existenz und dieser Wunsch nach Anwendung können sich wechselseitig verstärken. Ich freilich sehe eher ihr weiteres Auseinandertreten. Man verlangt von der Soziologie, daß sie eingreift, oder aber man verurteilt diesen Eingriff und negiert zugleich die Existenz der Soziologie.

Die Universität in Frankreich z. B. hält die Soziologie weiterhin für einen untergeordneten und mangelhaft bestimmten Bereich des Wissens. Noch immer ist ihr der Zutritt zu den Stätten untersagt, wo die französische Gesellschaft ihre intellektuelle Elite formt. Die intellektuellen Moden und die traditionellen Notabeln verdammen oder verachten sie gleichermaßen.

Das ist eine solch unangenehme Situation, daß ich die verstehe, welche sich ihr entziehen, indem sie sich mit den Interessen und Vorhaben gesellschaftlicher Kräfte und ideologischer Strömungen verbinden. Es ist weitaus befriedigender, sich an jene zu wenden, deren Werte man teilt, als an ein sogenanntes Studentenpublikum, das jeglicher Berufslaufbahn beraubt und ins Abseits gestellt ist, das keine reale Erfahrung hinsichtlich der Probleme besitzt, über die es seine Seminar- und Doktorarbeiten verfaßt. Einige wenden sich an die Technokraten, andere an revolutionäre politische Gruppen. In beiden Fällen treffen sie in ihrer Zuhörerschaft auf ernsthafte Aufmerksamkeit, auf Kenntnisse und auf Interessen, die ihre Forschung beflügeln können.

Dennoch halte ich an der Auffassung fest, daß wissenschaftliche Forschung zugrunde geht, wenn sie in die Hände von ideologischen oder ›Partei-Intellektuellen‹ fällt. Doch wie gering ist der Freiheitsspielraum zwischen diesen Pressionen und den offenbar umgekehrten, die von einem entwurzelten und entzauberten Milieu ausgehen!

Ein wirkliches Leben führt die Soziologie nur in den Gesellschaften, die ökonomisches Wachstum und gesellschaftliche Kritik, also einen kulturellen Entwurf und soziale Konflikte, zu verbinden wissen.

Mein Pessimismus zur Zeit der Niederschrift dieses Buches entspringt der Beobachtung, daß Frankreich immer mehr den Charakter einer Gesellschaft verliert – mag es auch scheinen, daß das ökonomische Wachstum relativ gut gesteuert wird, da man sich ja der Frage entschlägt, worin dessen wirkliche Produkte bestehen und wer sie erhält; in Wirklichkeit ist die Organisation dieser Gesellschaft dem stumpfsinnigsten Konservatismus überantwortet, der zudem in seinem guten Gewissen ergänzt und bestätigt wird durch einige Protestler, die sich mehr als exemplarisch denn als wirksam erweisen wollen.

Kann man denn noch Soziologe sein in einem Land, das keine Gesellschaft mehr ist, das keine neuen Formen, auf sich selbst einzuwirken, mehr erfindet, das keine Vorstellung von den Problemen der Arbeit, der Erziehung und Urbanisierung hat, das die Lage der Arbeitsimmigranten, der Alten, der Geisteskranken und Alkoholiker vor sich selbst verheimlicht?

Ich weiß, daß es weitaus erregender ist, die Soziologie an die heftigsten Leidenschaften zu binden, und ich erachte es als ganz natürlich, daß dies die Absicht der Mehrzahl derer wiedergibt, die ihr Erkenntnisse abverlangen. Die aber, die ihr ihre Arbeit widmen und die für ihre Organisation und Entwicklung verantwortlich zeichnen, können und dürfen so nicht handeln. Das verlangt viel Mut, denn es heißt, die drängenden Fragen der aktivsten Hörer und Leser unbeantwortet zu lassen.

Diese Haltung stellt keineswegs einen vorsichtigen Rückzug auf einen Professionalismus dar, der schon bald in Standesdenken abgleiten müßte. Es ist vielmehr eine sehr militante Haltung, die in ihrem Kampf gegen Macht und Ideologien die wissenschaftliche Erkenntnis verteidigt.

5. Diese Zerbrechlichkeit der Soziologie läßt sich nur ertragen, wenn diese auf entschlossene Weise ihre intellektuelle Praxis zu bestimmen vermag. Man würde sicherlich nicht schon so lange und derart besorgt von der Krise der Soziologie sprechen, stünde darin nicht, jenseits der gesellschaftlichen Lage der Soziologie, deren intellektuelle Lage schlechthin zur Debatte. Eine wohltuende Krise, deren Einsatz in der Aufdeckung des wirklichen Gegenstandes der soziologischen Tätigkeit besteht.

Wir sollten uns bewußt sein, daß unsere gesamte Tätigkeit nichts anderes als eine Propädeutik darstellt. Das ist ein sehr respektvolles Urteil über die unternommenen Anstrengungen, ist es doch ungemein schwierig, die Haltung eines Soziologen einzunehmen. Es ist freilich auch ein Hinweis darauf, daß neue Vorgehensweisen dringend erforderlich sind. In den letzten Jahrzehnten hat die Soziologie beachtliche Fortschritte gemacht. Fast gänzlich hat sie der idealistischen Berufung auf Wesenheiten entraten, hat sie kritischen Zweifel gegenüber den Ideologien der Akteure angemeldet, vor allem dann, wenn diese sich nicht im Diskurs, sondern in Kategorien der gesellschaftlichen Praxis manifestiert haben; sie hat gelernt, die

Gesellschaft als ein System oder eine Gesamtheit von Systemen zu betrachten und von hier aus die Probleme des sozialen Wandels anzugehen. Sie weiß von sich selbst auf recht annehmbare Weise zu sprechen und den intellektuellen Gefahren aus dem Wege zu gehen, die sie am unmittelbarsten bedrohen. Dieses Buch versteht sich – ebenso wie *Production de la société*, in dem ich vor kurzem umfassender und systematischer die Hauptfragen soziologischer Analyse vorgestellt habe – als Teil jener propädeutischen Bemühung. Demgemäß müssen, wenn auch nur in gedrängter Form, die Arbeitsbedingungen der Soziologie dargestellt werden.

Der Gegenstand der Soziologie, die sozialen Beziehungen, ist unmittelbarer Beobachtung nicht zugänglich. Die Beziehung wird verdeckt durch die Regel, den Diskurs, die Ideologie. Die Akteure, vor allem wenn sie in Verhältnisse eingebunden sind, die die großen Orientierungen der Gesellschaft und deren soziale Herrschaftsform einbeziehen, handeln nicht bewußt und organisiert. Entweder rationalisieren sie ihr Handeln, oder sie müssen von jedem Handeln Abstand nehmen und sind dann, ihrer selbst entfremdet, auf ein sichtbares Rückzugsverhalten oder auf Devianz zurückgeworfen. In beiden Fällen stellen sich die Akteure über oder unter den Sinn ihres Handelns, sind sie sich ihrer allzu sehr oder allzu wenig bewußt, werden sie von der Krise fortgerissen oder in ein Programm eingepfercht – zu keiner Zeit definieren, vermögen sie sich über die soziale Beziehung zu definieren, in die sie eingebunden sind.

Folglich trifft der Soziologe niemals auf seinen Gegenstand – im Gegensatz zu den, wie man sie nennen kann, Naturwissenschaften vom Menschen, also Linguistik, Psychologie, Anthropologie, die im Verlauf des letzten halben Jahrhunderts entscheidende Fortschritte gemacht haben und klar umrissene Gesamtheiten isolieren und deren Strukturen ausmachen konnten. Die Soziologie deckt ihren Gegenstand nur auf, wenn sie selbst eingreift, um ihn sichtbar zu machen, indem sie eine Stütze vorgibt, so daß die soziale Beziehung, die die zu erforschenden Verhaltensweisen erklärt, reproduziert oder vom Handelnden auf den Untersuchenden übertragen wird.

Die Forschung hat es immer mit der Beziehung zwischen dem Soziologen und seinem Gegenstand zu tun, nie mit diesem allein.

Aus dieser Entdeckung ist die Industriesoziologie hervorgegangen. Sie verdankt sie der Intelligenz eines Ingenieurs, der in einem

Werk der Western Electric damit beauftragt war, zum Zweck der Ertragssteigerung nach möglichen Veränderungen der Arbeitsumgebung zu suchen, und dem klar wurde, daß die zu beobachtenden Modifikationen durch die Einführung des Experimentators und keineswegs durch die materiellen Veränderungen der Arbeitsbedingungen bewirkt wurden. Die Sozialpsychologie hat diesen Bereich weitgehend erforscht; manchmal ist sie dabei der Versuchung erlegen, ihren Eingriff für die Stabilisierung und Integration einer Gruppe zu nutzen, eine List, mittels derer sich die Gesellschaft von der Soziologie zu befreien sucht – vergleichbar jener, mit der sie sich, zugunsten der Erforschung von Anpassungsverhalten, die Freudsche Analyse vom Hals schaffen möchte.

Die Soziologie wird so lange von Gewissensnöten geplagt werden, die ihr die eigene paradoxe Situation innerhalb der Gesellschaft bereitet, bis sie endlich der Natur ihrer Praxis eine Bestimmung gegeben hat – was sie ja in diesem Augenblick gerade zu tun versucht.

Dieses Buch versteht sich als eine Einführung in diese mögliche und notwendige Praxis. Das Handeln des Soziologen soll einem Akteur die Mittel an die Hand geben, den Sinn seines eigenen Handelns zu verstehen und so Handlungsweisen zu entwickeln, die der Soziologe dann seinerseits wieder analysiert. Dieses Wechselverhältnis hat zur Voraussetzung, daß der Akteur den Forscher gerufen hat und die Notwendigkeit seines Eingriffs anerkennt; es setzt weiter voraus, daß der Forscher aus der Position eines bloßen Beobachters der »Wirklichkeit« heraustritt und sich gemeinsam mit dem Akteur engagiert, sich aber dann wieder von ihm löst in dem Maße, wie das Handeln sich selbst enthüllt. Zumindest im Idealfall wird der Soziologe so an dem Ort, wo seine Reflexion und Beobachtung ihren Sinn haben, zugleich einbezogen und abgewiesen. Vom Erfolg dieser einander ablösenden Bewegungen von Intervention und Zurückweisung hängt der Erfolg der soziologischen Analyse ab. Eine offenbar unmögliche Aufgabe, wenn der Akteur sich sträubt und weigert, dagegen aufbegehrt, auf eine soziale Beziehung reduziert zu werden, und auf seiner Identität, seinen Werten und seiner Wahrheit besteht. Eine wahrlich schwierige, aber erfüllbare Aufgabe in dem Maße, wie der Akteur in Verwirrung gerät, sich durch seine Unkenntnis, seine inneren Konflikte oder Auseinandersetzungen, durch die unerwartete Initiative des Gegners und den Zweifel hinsichtlich dessen wirklicher Natur bedroht fühlt. Jeder Akteur versucht sich zu behaupten, seine Position zu sichern, sich hinter einer Organisation zu verstecken. Daher setzt er der Soziologie – ganz wie der Totalitarismus und die Bürokratie – Widerstand entgegen. Doch es gibt kein Handeln, das nicht auch innerhalb der Produktion des gesellschaftlichen Verhältnisses, durch das es definiert wird, situiert wäre, das nicht auch dafür kämpfte, den Lärm zu unterbinden, der sich in seine Botschaft einmischt, das nicht durch die Pluralität des Sinns eines jeden historischen Ereignisses zerrissen wäre. Dort jedenfalls liegt die spezifische Praxis der Soziologie – wie schwierig sie auch sein mag. Der Rest, all die Ideen, Kalküle und Kritiken, dient nur der Vorbereitung dieser Praxis. Sie gilt es so schnell wie möglich zu entwickeln, um sich aus der Krise und den Verwirrungen der Soziologie endlich zu befreien.

I. Der Gegenstand der Soziologie

1. Kritik der Praxis

Der Soziologe untersucht nicht die gesellschaftliche Realität, sondern *Formen der Praxis*. Seine Situation ist der des Historikers vergleichbar, der Dokumente prüft. Zwischen ihn und seinen Gegenstand schieben sich Interpretationen und Interventionen. Fortwährend träumt er von »naturwüchsigen« Situationen, in denen sich die gesellschaftlichen Verhältnisse gleichsam nackt zeigen, ohne durch institutionelle Formen oder durch die Rhetorik eines Diskurses verdeckt zu sein. So schätzt er die Städte, wo der Reichtum gleich neben der Armut haust, wo keine monumentalen Perspektiven und keine Überbleibsel der Vergangenheit, die die Klassenaufteilungen und Lebensweisen kaschieren, den Blick verstellen.

Allerdings vermag er nie auf soziale Beziehungen zu stoßen, die nicht schon kontrolliert, interpretiert, verwaltet würden. Vor der allzu offenkundigen Präsenz der Macht und der Ideologien hält die liberale Illusion keinen Augenblick stand, mag sie von rechts oder von links sein, sich auf die Tugenden des Marktes oder auf die des spontanen Ausdrucks berufen.

Die Evidenz ist derart eindrucksvoll, daß die Soziologie nicht wenig Neigung zeigt, ihre Abhängigkeit zu akzeptieren und die gesellschaftliche Ordnung so zu lesen, wie sie sich darbietet, sie also von innen heraus zu verstehen oder entsprechend ihren Absichten und im Rahmen ihres allgemeinen Sinnes zu deuten.

Die Soziologie wird nicht erst Stein für Stein auf freiem Terrain, frei von jedem Wissen über Gesellschaft, errichtet. Sie entwickelt sich nur in der Auseinandersetzung mit Interpretationskategorien, die Teil der Kategorien gesellschaftlicher Praxis sind. Aus den *sozialen* Tatsachen muß sie erst die *soziologischen* Tatsachen herauslösen, die in diesen eingebunden sind.

Soll das Programm einer soziologischen Propädeutik entworfen werden, müssen zunächst einmal die Rekonstruktionen der Geschichte des Gesellschaftsdenkens aus dem Gedächtnis verbannt werden. Dann gilt es, die allgemeinen Aussagen über die Gesellschaft einmal außer acht zu lassen und mit Nachdruck die falschen Unterteilungen zurückzuweisen, die dazu verleiten, nach der Natur der Arbeit, dem Wesen der Kultur, den ökonomischen Gesetzen, den Grundsätzen des politischen Lebens und den Bedingungen sozialer Stabilität zu fragen. Denn dies sind allemal noch Tücken der Ordnung der Dinge, die eine soziologische Analyse verhindern sollen; derartige Fragen nähren weiterhin die Illusion, daß die Gesellschaft existiere – und zwar als neuer Gott oder neuer Mensch, als Schöpfer von Sinn und Sanktionsinstanz von Konformität.

Der Gegenstand der Soziologie kann nicht definitorisch bezeichnet werden, dies gelingt vielmehr nur durch die kritische Aktion und durch die Weigerung, allen Interpretationen Glauben zu schenken, angefangen bei den Rationalisierungen, mit denen der Handelnde seine Handlungen belegt, bis hin zu dem Sinn, der in den administrativen Kategorien steckt, die am wenigsten mit Intentionen befrachtet zu sein scheinen.

Am einfachsten ist die Kritik des »offiziellen« Diskurses, den eine Gesellschaft über sich selbst hält. Einfach deshalb, weil dem Diskurs jede inhärente Einheit fehlt. Das Eigentümliche einer *Ideologie* besteht gerade darin, daß ihr Inhalt sich von Grund auf ändern kann, wie Jeannots Messer, da ihre Einheit ausschließlich in ihrer eigentlichen Funktion gründet: die sozialen Beziehungen unaufhörlich in Gesichtspunkte des Handelnden zu transformieren.

Etwas schwieriger wird es, Abstand gegenüber den Kategorien zu gewinnen, mit denen die Gesellschaft ihre jeweilige Erfahrung präsentiert und ihren spezifischen Ort in Relation zu den anderen Gesellschaften festlegt. Die Historiker, vor allem jene, die die Französische Revolution studieren, wissen sehr gut, daß in jeder Epoche eine Sicht der Vergangenheit vorgegeben wird, die Teil der gegenwärtigen sozialen Verhaltensweisen ist. Die Ethnologen kritisieren heute eine Sicht der Kolonisierten, die sehr viel weiter geht als der eigentliche Diskurs der Kolonialisten, die aber ihr Fundament immer noch in einem ethnozentristischen Denken hat. Wir sind doch alle gewohnt, die Gestalt unserer Städte, die administrativen Entscheidungen, die Formen der Autorität als »normal«, oder als Produkt einer langen historischen Evolution, und folglich ohne analysierbare gesellschaftliche Bedeutung, hinzunehmen. Schlimmstenfalls wird die Analyse suspendiert und die Forderung erhoben, man möge gefälligst das Besondere durch das Besondere, die Formen der sozialen oder kulturellen Organisation durch den Geist einer Zivilisation oder die Psychologie eines Volkes erklären.

Global gesehen scheint es nicht so schwierig zu sein, von den Ideologien den notwendigen Abstand zu wahren. Eine ernsthafte Untersuchung kollektiver Verhaltensweisen widerlegt den Geltungsanspruch jedes beliebigen Korpus von Werten. Soll der Soziologe leidenschaftlich sein, so doch niemals gläubig.

Dieser Zweifel wäre allerdings allzu willfährig, ginge er nicht weiter als die Ideologien. Denn der soziale Akteur ist Gefangener des Diskurses der Gesellschaft über sich selbst nur in dem Maße, wie es einen Diskurs und eine Gesellschaft gibt. Nun gibt es praktisch keine Gesellschaft, in der eine soziale Gruppe, und sei es die mächtigste der führenden Klassen, die gesamte gesellschaftliche Bühne in Beschlag nehmen könnte. Wie es nicht nur *ein* Denken des Hochkapitalismus gibt, so auch nicht nur *ein* Denken der kommunistischen Partei der Sowjetunion.

Denn kein sozialer Akteur kann gänzlich außerhalb seiner Beziehungen zu anderen definiert werden, und wir wissen doch auch, daß selbst innerhalb einer Klasse Spannungen und Konflikte zwischen unterschiedlichen Interessengruppen, zwischen Traditionalisten und Neuerern usw. bestehen.

Die Einheit eines Systems von Vorstellungen, einer Ideologie in Frage zu stellen, führt zwangsläufig dazu, eine politische Hegemonie und eine organisatorische Macht, konkreter: eine *Staatsmacht*, in Frage zu stellen.

Der Soziologe ist selten Ideologe der führenden Klasse. Sollte ich gar sagen, daß ein solcher Fall schon ein Fortschritt wäre? Es ist allemal besser, die Gesellschaft vom Gesichtspunkt einer Klasse als von dem mehr integrativen des Staates oder der Intellektuellen aus darzustellen.

Denn die Analyse wird ohnehin unablässig durch den Staat und mehr noch durch den vom Staat dirigierten kulturellen und gesellschaftlichen Reproduktionsapparat beeinflußt.

Wie oft habe ich die Erläuterung zu einem Sozialgesetz mit der stereotypen Formel beginnen hören: »Es ist der Wille des Gesetzgebers...«. Am Ton, in dem diese Worte gehalten sind, wird förmlich spürbar, wie darin die Welt der Interessen überwunden ist und man nun in die Welt der Legitimität, diesem Fundament des gesellschaftlichen Lebens, eintritt, und daß es statthaft wird, über die französische Gesellschaft von dem Moment an zu räsonieren, da man Gesetz für Gesetz der innerhalb der Gesamtheit der sozialen Verhaltensweisen gezogenen Grenze zwischen dem Legalen und dem Illegalen, dem Normalen und dem Pathologischen, und stärker noch zwischen dem Ausdrückbaren und dem Unausdrückbaren zu folgen vermag.

Dennoch stellt der Staat selbst den willfährigsten Soziologen nicht völlig zufrieden. Auch bringt er ihn in Verwirrung, denn er greift zu den Mitteln des Krieges und der Diplomatie, ist dem Augenblick verhaftet und bringt niemals sein Reden und Handeln zur Deckung.

Diese Einheit findet sich vielmehr in den *Kirchen*, in den mit der Übermittlung der herrschenden kulturellen und sozialen Ordnung beauftragten Organisationen, und heute am häufigsten in den *Schulen*. Hier sind wir weit entfernt vom Bereich der Produktion der Gesellschaft durch Arbeit und durch die Klassenverhältnisse, vom Einwirken der Gesellschaft auf sich selbst und von deren Fähigkeit, eigene Orientierungen hervorzubringen. Wir befinden uns hier vielmehr in der Domäne der integrierten, aufrechterhaltenen und übermittelten Ordnung. Wie sollte der Soziologe nicht fasziniert sein von dieser Einheit, die sich langsam herausbildet, beständig stärker wird und sich mit Strafen gegen die schützt, die sie bedrohen.

Ob es sich um das Denken einer nationalen Gesellschaft oder um das einer Kleinstgruppe handelt: in beiden Fällen wird offensichtlich auf die gleiche Weise wie in der Analyse des Soziologen vorgegangen und versucht, das Chaos der Verhaltensweisen durch einige einfache Erklärungsprinzipien zu ersetzen.

Zudem kann der Soziologe, der in der Mehrzahl der Fälle weder der ökonomischen Herrschaft noch der politischen Macht nahesteht, sich wichtiger und einflußreicher vorkommen, wenn er seine berufliche Tätigkeit in Organisationen mit spezifischeren Zielen ausübt, die von Geld und Macht unabhängig sind und die eine soziale Integrationsrolle spielen, die nicht unmittelbar im Dienste partikularer Interessen steht. Denn der gesellschaftliche *Reproduktions*apparat geht niemals ganz im Produktions- oder Steuerungsapparat auf. Er definiert nicht nur die Interessen der führenden Klasse; er gewährleistet auch – im Rahmen der Interessen eines Gesamtgefüges, das aus den alten wie den neuen herrschenden Klassen oder Fraktionen zusammengesetzt ist und innerhalb der durch das politische System gesetzten Grenzen – die größtmögliche soziale Integration und folglich auch den stärksten möglichen Ausschluß.

Was übermittelt wird, besitzt keine Einheit und tritt als ein Diskurs nur dann in Erscheinung, wenn es sich als Schöpfung von Rhetoren darstellt. Die Schule oder das Fernsehen geben keine außerhalb ihrer selbst gebildete Ideologie weiter, sondern sind Integrations- und Ausschließungsapparate, womit ihnen, im Gegensatz zu den von ihnen ausgesendeten Botschaften, tatsächlich eine reale Einheit zukommt.

Wir befinden uns hier auch nicht im Bereich der Ideologie, sondern in dem des *interpretativen Diskurses*, der sich, unter dem Schutz des Staates und innerhalb der durch eine Klassenherrschaft definierten Grenzen, einer Kollektivität aufzuzwingen sucht.

Die Soziologie war immer schon der Versuchung durch diese den Mittelklassen eigentümliche kulturelle und soziale Integrationsrolle ausgesetzt. Wenn die Gesellschaft von Krisen und Konflikten hin und her geschüttelt und von Interessen gespalten wird, ist es dann nicht die Mission der Soziologie, deren Geist wiederzufinden, ihr neuerlich eine Einheit zu geben und ihr zu zeigen, daß sie sehr wohl Prinzipien und Ideen, Gefühle und Gewohnheiten besitzt, daß sie eine Persönlichkeit ist?

Der Gegenstand der Soziologie läßt sich nicht ausmachen, wenn auf alle solche Rollenzuschreibungen des Soziologen verzichtet wird. Ist er Ideologe, Berater des Fürsten oder Gestalter des sozialen Bewußtseins, dann mag er eine bedeutende Persönlichkeit und an der Bestimmung des Geschehens beteiligt sein – allerdings hat er damit der Analyse den Rücken gekehrt. Denn nichts liegt soziologischer Erkenntnis ferner als die Bilder, die eine Gesellschaft, eine Gruppe, eine Kollektivität oder ein Handelnder direkt oder vermittels der Kategorien, die ihre Praxis regeln, von sich erstellen.

Wir können uns eine soziologische Schule ausmalen, wo jedesmal, wenn ein »interpretativer« Begriff der Gesellschaft ausgesprochen würde, alle Zuhörer einen schmerzhaften elektrischen Schlag erhielten! Mit noch mehr Berechtigung könnte man den Schülern das Spiel beibringen, bestimmte Worte einfach nicht mehr zu verwenden, wie: modern, traditionell, kollektives Bewußtsein, Werte, Geist, Intention, normal, marginal und all jene, mit denen der Akteur seine Situation und seine Handlungen beschreibt und definiert.

Das marxistische Denken spielt im Rahmen der soziologischen Tätigkeit eine positive Rolle, weil es dazu auffordert, mit der naiven Annahme von Kategorien der gesellschaftlichen Praxis zu brechen, aus dem Bewußtsein der Handelnden herauszutreten, auf einem anderen Niveau nach Erklärungsprinzipien für die Praxis zu forschen und jenseits der Integrations-, Institutionalisierungs- und Sozialisierungskräfte, die ihrer Definition nach den Vordergrund der gesellschaftlichen Bühne einzunehmen trachten, die Konflikte und Spannungen wiederzufinden.

2. Die sozialen Beziehungen

Diese kritischen Anmerkungen richten sich nicht dagegen, daß der Soziologe in der Gesellschaft Rollen übernimmt, sondern gegen die Rollen, welche die gesellschaftliche Ordnung ihm und anderen Intellektuellen aufzudrängen sucht. Soziologie läßt sich darin nicht betreiben. So müssen wir denn auf die lästige Frage zurückkommen: Was ist der Gegenstand der Soziologie?

Die Antwort lautet: die *sozialen Beziehungen*. Ist das banal? Ich glaube nicht. Es steht sogar im Gegensatz zur üblichen Antwort, die das Verständnis der Gesellschaft nennt und die gerade die gefährlichste von allen ist, weil sie den Soziologen vor den Thron der Gottheit stellt, ihn deren Orakel interpretieren und die Riten ihres Kults vollziehen läßt. Die *Gesellschaft* ist ein leeres Wort, gerade wie dies das *Leben* für den Biologen sein kann. Wenn so der Gegenstand der Soziologie nicht die Gesellschaft ist, so gilt dies noch weniger für deren Teilbereiche: Politik, Religion, Familie, Arbeit, Stadt und all die Abstraktionen, deren die gesellschaftliche Praxis bedarf und deren Repräsentationen die Ideologien vermehren und die doch nur, statt die soziale Organisation zu erklären, sie kopieren.

Die Soziologie befaßt sich also mit den sozialen Beziehungen, allen sozialen Beziehungen, wie groß die Unterschiede zwischen ihnen auch sein mögen – denn der Gegenstand der Soziologie ist keine Sache sondern eine Operation: das Sichtbarmachen der Beziehungen hinter den Situationen. Dabei ist minder wichtig, ob es sich um Klassenverhältnisse, um Einflußbeziehungen, um funktionale Differenzierung, um hierarchische oder kriegerische Beziehungen handelt. Jede bedeutende Kategorie der sozialen Beziehungen definiert einen Bereich der soziologischen Analyse.

Das Wesentliche ist allerdings nicht das Unterscheiden und Klassifizieren. Beziehungen analysieren bedeutet, daß die Begriffe weder Situationen noch Handlungsweisen konstituieren und daß darin die Daseinsberechtigung der Soziologie gründet. Dem muß hinzugefügt werden, daß keine einzige beobachtbare Situation oder Verhaltensweise jemals in einer sozialen Beziehung ganz aufgeht, so daß der Abstand zwischen dem Sozialen und dem Soziologischen stets beträchtlich bleibt. Soziologische Studien erklären häufig Verhaltensweisen aus Sitationen oder setzen beide – bescheidener – zueinander in Beziehung. Ein richtiges Vorgehen, vorausgesetzt, man treibt es bis an sein Ende, bis an den Punkt, wo keine Verhaltensweise und keine Situation mehr bestehen, sondern nur mehr die Funktionsweise eines Systems von Beziehungen.

Ein gefährliches Vorgehen dagegen dann, wenn nach den Beziehungen zwischen dem *Subjektiven* und dem *Objektiven*, zwischen einer materiellen Basis und den ideologischen Konstruktionen oder all den anderen Ausdrücken gefragt wird, die für den Soziologen *bar jeden Sinnes* sind.

Gewiß existieren mit Absichten und Vorstellungen versehene Akteure: und es existieren auch Realitäten, die sich im sozialen Handeln dem Willen der Akteure entziehen, wie das Funktionieren des Gehirns, der genetische Code und alle Naturgesetze.

Aber wenn es auch von großem Interesse sein mag, die Beziehungen im Bereich der Soziologie z. B. mit denen in der Biologie zu vergleichen, so setzt dies allerdings voraus, daß der soziologische Bereich zunächst für sich bestimmt wird.

Die Bestimmung der Soziologie als Studium sozialer Beziehungen stellt weniger eine positive Definition dar als eine kritische Feststellung: *Es gibt keine Soziologie der Akteure*. Die Heldentaten der Bourgeoisie oder der Arbeiterklasse, der Nation oder der Bürokratie zu beschreiben, ist ebensowenig Sache der Soziologie wie die Zählung der gelernten Arbeiter oder der Abtreibungen oder die Bestimmung der Interdependenz der ökonomischen Variablen in einer gegebenen gesellschaftlichen Situation.

Diese Definition zielt ganz einfach auf die Ausmerzung einiger Ausdrücke, die weit gefährlicher sind, als es zunächst aussieht. Sind wir doch daran gewöhnt, von sozialen Tatsachen zu sprechen, die wie in einer Spalte angeordnet neben ökonomischen, politischen oder kulturellen Tatsachen stehen, welche ihrerseits artig benachbarte Spalten einnehmen.

Ist nicht häufig zu beobachten, daß die Wirtschafts- und Sozialgeschichte der politischen und der Ideengeschichte entgegengesetzt wird? Dabei sollte man einsehen, daß es müßig ist, diese oder jene Gruppe von Tatsachen hervorzuheben; wichtig wäre es dagegen, sich von den ›Tatsachen‹ zu lösen und Beziehungen zu analysieren; dann würde auch die Einteilung der Gesellschaft in – ökonomische, politische, soziale – Sektoren ganz und gar unbrauchbar. Zwar können ökonomische oder politische Tatsachen aus der Analyse der diversen Typen von sozialen Beziehungen hervorgehen, aber es gibt keine Beziehungstypen, die Glied für Glied Tatsachenkategorien entsprächen: Die ökonomischen Tatsachen verschleiern nicht ökonomische Beziehungen, sondern Klassen-, Einfluß-, Autoritäts- oder Marktbeziehungen.

Insbesondere die Entwicklungssoziologie hat an einer derartigen Unterordnung der sozialen Tatsachen unter die als fundamentaler erachtete Kategorie der ökonomischen Tatsachen zu leiden. Noch allzuoft wird von der sozialen Auswirkung einer ökonomischen Situation gesprochen – diese Frage mag für den Ökonomen ihre Berechtigung haben, sie kann jedoch nicht die Aufgabe des Soziologen definieren. Man macht es sich einfach und glaubt, diesen oder jenen Typ sozialer Verhaltensweise schon erklärt zu haben, wenn man nur auf den Kapitalismus oder irgendeine andere Bestimmung der betrachteten Produktionsweise rekurriert.

Die Unterscheidung zweier Ordnungsbereiche, die die Soziologie auf die Bestimmung abhängiger Variablen reduziert, ohne ihr den Zugang zum Sinn der Beziehungen zwischen sozialen Phänomenen zu ermöglichen, braucht nicht diskutiert zu werden. Die gesamte Soziologie zeugt, schon durch ihre bloße Existenz, von der Möglichkeit, auf diese Unterscheidung zu verzichten und sich ein für allemal der Frage zu entschlagen, ob die ökonomischen Tatsachen mehr oder weniger fundamental als die anderen sind, denn der Soziologe kennt nur soziale Beziehungen, mögen sie nun einen ökonomischen Inhalt haben oder nicht.

Schließlich zwingt die Berufung auf die sozialen Beziehungen den Soziologen dazu, *das Soziale durch das Soziale*, die Teile eines Ganzen wechselseitig oder vielmehr durch ihre jeweilige Stellung gegenüber den anderen, zu erklären. Dabei müssen allerdings zwei präsoziologische Denkformen vermieden werden. Zunächst die harmlosere: Sie beurteilt die beobachtbaren sozialen Tatsachen in Hinblick auf ein nicht gesellschaftlich definiertes *Modell*, ein den sozialen Beziehungen äußerliches Prinzip, das Gott, Mensch oder Libido heißen kann. Aber die Soziologie ist nichts derartig Erhabenes. Ergiebiger ist da die zweite Denkform, die *vergleichende* Analyse; sie setzt die beobachteten Tatsachen an die Seite anderer, die in Raum oder Zeit entfernt und in einem ähnlich und unterschieden sind. Aber auch das ist ein Versuch, soziologische Analyse zu vermeiden und auf der Ebene der Tatsachen zu bleiben, gemäß einer Vorstellung, die Erkenntnis nach dem Modell des Puzzlespiels begreift.

Die soziologische Analyse wird fortwährend durch die Trennung zweier Sphären bedroht: der des *Systems* und der des *Handelns*. Wie soll man von den Handlungsweisen eines Akteurs Rechenschaft ablegen, wenn man diese in die Analyse eines ökonomischen oder politischen Systems nicht eingehen läßt? Entweder greift man auf eine blasse Gesellschaftsphilosophie zurück: Die Menschen streben nach Gerechtigkeit, Freiheit oder Glück, oder aber man erkennt in ihren Handlungsweisen nur die Auswirkungen von Krisen, Widersprüchen oder des Wachstums des Systems, womit unterstellt wird, daß der Sinn der Handlungen auch der Sinn der Geschichte ist. Das führt aber zu einer Geschichtsphilosophie zurück, von der man allzu gut weiß, daß sie selbst ebensosehr einer bestimmten historischen Situation verhaftet bleibt wie die Tatsachen, die sie von außen zu erklären vorgibt. Jenseits dieser präsoziologischen Mythen wird die Verbindung von System und Handeln generell durch einen politisch Handelnden entweder vorgegeben oder durchgesetzt.

Die uralte Versuchung des aufgeklärten Herrschers, daß historische Praxis und Idee sich decken, nimmt heutzutage eine neue Gestalt an: Nicht mehr die Ordnung der Werte vereinheitlicht die Erfahrung und verleiht ihr Sinn, sondern die ideologische Macht, das Denken von Marx oder Lenin, die westliche Zivilisation oder auch die nationale Unabhängigkeit dieses oder jenes Landes geben den Sinn einer Situation und einer Handlungsweise vor. Die Partei- und Verbandsintellektuellen bringen einen Sinn zum Vorschein und propagieren ihn auch gleich. Als Propagandisten der Geschichte rufen sie auf zum heiligen Krieg und zur Schaffung einer freiheitlichen, glücklichen und demokratischen Welt.

Aber wie vermöchte die Inhaber der Macht zu vereinigen, was getrennt ist, wenn nicht per Dekret? So erklären sie, daß die Handlungen die Situation dokumentieren und die Situation den Willen zur Macht, folglich den des Volkes. Kann man auch nur einen Augenblick glauben, daß in einer Welt, die vom Prophetismus beherrscht wird, die Erkenntnis der Gesellschaft auch nur die geringste Überlebenschance besäße?

Der Soziologie ist ein klares und deutliches Wort über ihr Verhältnis zur politischen Macht abzuverlangen. Entweder setzt sie sich zum Ziel, hinter der Ordnung und hinter den Ideologien die sozialen Beziehungen und die Auswirkungen der Herrschaft ausfindig zu machen – und dann ist ein solches kritisches Erkenntniswerk befreiend, gerät freilich mit den Akteuren in Konflikt, die die Macht ausüben oder dies anstreben –, oder aber sie sucht nützlich zu sein und sich an eine gesellschaftliche Kraft oder Partei zu binden. Sie gewinnt damit an Einfluß, kann auch viele kluge Köpfe an sich ziehen. Doch sie unterzeichnet damit zugleich ihr Todesurteil: ideologisch geworden, findet sie sich bald zwischen den Klassen und Funktionen zerrieben, bis sie am Ende jegliche Erkenntnisfunktion und Zukunft verliert.

Gegenüber den sozialen Bewegungen nimmt die Soziologie immer eine zwieschlächtige Position ein. Sie erkennt in ihnen den Ausdruck der grundlegendsten gesellschaftlichen Verhältnisse, die sie ohne sie nicht freilegen könnte. Aber eine soziale Bewegung ist zugleich Opposition und Gegen-Macht, Bruch und Gemeinschaft.

Die Soziologie bedarf eines der beiden entgegengesetzten und komplementären Aspekte – und wird doch jeweils vom anderen vernichtet. Deshalb befindet sie sich stets in *dramatischer Weise* an der Stelle, wo die Bewegung anfängt, in sich selbst zu kreisen, wo die Kritik Affirmation und die Bewegung zur Partei oder zum Staat wird. Daher kommt auch ihre Vorliebe für alles, was sie aufnimmt, ohne sie zu ersticken: die verzweifelten Proteste, die neu entstehenden Bewegungen, oder umgekehrt Verhandlung und Diskussion.

3. Die Handlungssysteme

Was also sind die sozialen Beziehungen? Es kann sich dabei nicht ausschließlich um die Strategie eines Akteurs gegenüber den anderen handeln; da eine soziale Beziehung zur Rollenbestimmung eines Akteurs beiträgt, entzieht sie sich diesem auch. Sie kann nicht von einem System isoliert werden, dessen Teil sie ist, genauer, von einem System, das durch ein bestimmtes Einwirken einer Kollektivität auf sich selbst definiert ist.

Damit zwischen zwei oder mehreren Akteuren eine soziale Beziehung bestehen kann, müssen sie einem gemeinsamen Ganzen zugehören. Natürlich gibt es Beziehungen zwischen Angehörigen verschiedener Gesellschaften, aber sie sind von solch besonderer Natur, daß es klüger ist, sie einem eigenen Bereich, dem der politischen Wissenschaft, vorzubehalten, deren Studium der internationalen Beziehungen den spezifischsten, auch den von der Soziologie unabhängigsten Aspekt darstellt. Kann man von der Beziehung zwischen Vater und Sohn sprechen, ohne die Familie zu erwähnen, von der zwischen Lehrer und Schüler, ohne von der Schule, von der zwischen Unternehmer und Lohnabhängigen sprechen, ohne vom Unternehmen zu sprechen? Aber wir sollten über diese Feststellungen sogleich hinausgehen.

Betrachten wir zunächst die *Rollenbeziehungen*. Sie verweisen keineswegs auf eine Organisation in allen ihren Aspekten, sondern nur auf bestimmte Orientierungen, auf Ziele und Normen. Demgemäß verweisen alle hierarchischen Beziehungen auf die Autorität und setzt jede Stratifikation eine Stufenleiter, folglich die Wahl eines Klassifikationsprinzips voraus.

Sei es eine besondere Organisation wie ein Unternehmen, eine Verwaltung oder ein Krankenhaus, oder die soziale Organisation einer Kollektivität, Staat, Region oder Stadt, jener Typus von Handlungssystem funktioniert stets im Rahmen von Zielen, die von einer legitimierten Autorität gesetzt sind. Daher scheinen die sozialen Beziehungen hier auch ohne Bezug auf diese Ziele und auf diese Autorität definiert werden zu können – z. B. in Begriffen von Anomie, relativer Deprivation, von Schichtung oder Mobilität. Zugleich sind diese sozialen Beziehungen niemals unmittelbarer Natur, da die Akteure nur vermittels organisatorischer Regeln miteinander kommunizieren. Eine Arbeitergruppe kann sich nicht direkt an die wenden, die sie im Verhältnis zu sich als privilegiert einschätzt; sie muß ihre Forderungen an die Hierarchie richten. Auf der anderen Seite scheinen die Beziehungen zwischen den Akteuren auch durch äußere Zwänge – die Technologie, die Konkurrenz, den Druck von seiten organisationsfremder Akteure – und durch innere Zwänge determiniert – die Interdependenz der Elemente des Gesamtgefüges und die Notwendigkeit zur Erhaltung grundlegender Gleichgewichtszustände.

Demnach sind die sozialen Beziehungen um so weniger aktiv, je aktiver die Organisation ist. Eine Bürokratie etwa ist eine Organisation, die keine Ziele festzulegen und aufrechtzuerhalten braucht, die auf ihren internen Ablauf beschränkt ist. Gerade weil sie nicht handelt, wuchern in ihr die sozialen Beziehungen, die Bündnisse oder Konflikte, die Regeln informeller Organisation.

Aus diesem Grunde ist man versucht, von der Organisation und von ihren sozialen Beziehungen in unterschiedlichen Begriffen zu sprechen, in ökonomischen von der Organisation, in sozialpsychologischen von den sozialen Beziehungen, was allerdings nur für den Fall einer extremen Bürokratisierung stimmt. Richtig ist indessen, daß die Rollenbeziehungen zugleich auf Machtverhältnisse und auf technische Systeme verweisen, die voneinander nicht zu trennen und doch ganz verschiedener Natur sind.

Den Rollenbeziehungen kommt demzufolge keine eigene Einheit zu. Sie bilden nur Instrumente zur Steuerung von unausweichlichen Spannungen zwischen den Machtverhältnissen und den technischen Beziehungen. Jene Soziologie, die sich mit der Beschreibung der herrschenden Ordnung und dem Verständnis ihres Geistes begnügt, mißt den Rollenbeziehungen eine zentrale Bedeutung bei. Tatsächlich weisen sie von allen sozialen Beziehungen das geringste Maß an Unmittelbarkeit, Stabilität und Eindeutigkeit auf. Desgleichen sind die Organisationen, die sich der Beobachtung aufzudrängen scheinen, abhängige soziale Systeme, die den Entscheidungs- und den Klassensystemen untergeordnet sind. Diesen gilt es sich nun zuzuwenden.

Die *Entscheidungssysteme* definieren einen besonderen Typus sozialer Beziehungen, die *Einflußbeziehungen*, die von der Konkurrenz bis zur Hegemonie gehen können. Von den vorhergehenden unterscheidet sie das Fehlen festgesetzter Normen, die durch soziale Kontrollen geschützt werden. Die Normen bestehen hier nicht vor den sozialen Beziehungen, sie sind vielmehr das Resultat, das Produkt von Verhandlungen und Auseinandersetzungen, sind folglich veränderbar und provisorisch; ihre Legitimität beruht eher auf Konvention als auf Prinzipien. Die Entscheidungen steuern den Wandel einer Kollektivität, deren Anpassungsprozeß an Veränderungen, die intern oder in ihrer Umgebung auftreten.

Insofern Einfluß die Fähigkeit darstellt, das Verhalten der anderen zu modifizieren, bilden diese Beziehungen eher face-to-face-Beziehungen als solche im Rahmen einer Organisation. Da es kein vollkommen souveränes politisches System gibt, ist ihr Feld begrenzt. Es findet sich nur innerhalb der Klassenverhältnisse – wenn es diese auch verändern kann –, sowie im Innern dessen, was ich ein historisches Handlungssystem nenne, d. h. einer Gesamtheit kultureller und sozialer Orientierungen, die jeweils ein Modell der Produktion, der Organisation, der Verteilung und der Konsumtion festlegen.

Darauf beruht die relative Abhängigkeit der politischen Beziehungen und ihre Schwäche. Sie konstituieren den Bereich des Politischen, überschreiten ihn aber zugleich wie der Streik, der, als Verhandlungsinstrument, doch auch Ausdruck eines Klassengegensatzes ist, der nicht Gegenstand von Verhandlungen sein kann.

Das politische System kann sich öffnen, bis es für eine gegebene Situation ein Maximum möglicher Integration gewährleistet; es kann aber auch unter die Hegemonie einer herrschenden Klasse fallen, die allein ihre Privilegien zu bewahren trachtet.

Ob positiv oder negativ: das politische System sorgt für Veränderung und setzt Lernprozesse mit positivem *feed-back* in Gang.

Schließlich ist ein dritter Typ sozialer Beziehungen an die Aktion gebunden, die die Gesellschaft mittels Investition, Erkenntnis und der Repräsentation ihrer eigenen Kreativität, d. h. in einem Wort mittels dessen, was ich die *Historizität* nenne, auf sich selbst richtet.

Gesellschaft läßt sich nicht auf einen Organismus reduzieren, der nach einem Code funktioniert und sich strukturgleich zu reproduzieren vermag, es sei denn, es treten Mutationen auf, deren Wirkungen sich kumulieren könnten in dem Maße, wie sie größere Fähigkeiten zur Ausbeutung der Umwelt hervorbrächten. Sie kann nicht einmal durch die Verbindung eines solchen Systems mit einem politischen System definiert werden, das imstande ist, die Normen der sozialen Organisation zu modifizieren.

Eine Gesellschaft ist weiterhin in der Lage, einen Teil ihrer Ressourcen zu produzieren, sie von der Konsumtion abzuziehen, um sie dann im Dienste dessen zu investieren, was sie als ihr Kreativitätsprinzip begreift, mag es in einigen Fällen Gott, in anderen Wissenschaft oder Entwicklung heißen. Diese Distanz zu sich selbst erzeugt nicht etwa eine Welt aus Träumen und Bildern, sondern bringt Orientierungen, ein historisches Handlungssystem hervor, von dem aus die Formen gesellschaftlicher Praxis Gestalt gewinnen.

Es ist niemals möglich, von einer Gesellschaft zu sagen, sie passe sich an ihre Umgebung an, denn alle Gesellschaften haben die Fähigkeit, in bestimmter Weise ihr Verhältnis zur Umwelt selbst zu produzieren, die folglich nicht unabhängig ist von der durch die Erkenntnis und die Arbeit der menschlichen Gesellschaften vollzogenen Aktion.

Nur diese Historizität läßt uns verstehen, warum Gesellschaften eine Geschichte haben. Denn das kulturelle Modell stellt niemals – und sei es auch transzendent – ein bloßes Abbild der kosmischen Ordnung dar: es enthält immer auch eine Interpretation des Werdens, insofern der Abstand zwischen der Produktion der Gesellschaft und ihrer Reproduktion die reine Synchronie aufbricht, der Zeit Sinn verleiht und dazu nötigt, heute und morgen zu unterscheiden.

Diese Distanz zu sich selbst und dieses Einwirken auf sich selbst können von einer Scheidung der Gesellschaft in *Klassen* nicht getrennt werden. Die Gesellschaft als Gemeinschaft vermag diesen Prozeß des Losreißens nicht zu steuern – und auch das Einwirken ist nicht das des Ganzen auf sich. Daraus erklärt sich der Gegensatz zwischen einer herrschenden Klasse, die die Historizität verwaltet, sie sich aber auch aneignet, und einer Volksklasse, die sich gegen diese Herrschaft zur Wehr setzt und sich dabei ebenso auf die Historizität beruft und gegen die Privatinteressen wendet, die diese mit Beschlag belegen.

Hier sind die sozialen Beziehungen und die Orientierungen des historischen Handlungssystems nicht voneinander zu trennen und überdies ohne die jeweils anderen nicht zu bestimmen. Die Organisationsbeziehungen liegen innerhalb der Ziele und Normen: Die politischen Beziehungen können das Objekt ihrer Konkurrenz nicht ganz definieren, die Trennung der Gesellschaft in ihre Historizität und ihr Funktionieren und ihre Scheidung in Klassen bilden vielmehr die beiden Seiten der Produktion der Gesellschaft durch sich selbst.

Je näher man der sozialen Organisation kommt, desto untergeordneter und unsicherer scheint das Studium der sozialen Beziehungen zu werden. Wenn man aber aufzeigt, daß Gesellschaft zuerst Historizität ist, läßt sich auch mit dem größten Nachdruck behaupten, daß der Gegenstand der Soziologie das Studium der sozialen Beziehungen ist – während man, unter dem Einfluß des Funktionalismus, heute noch oft annimmt, daß ein solches Vorgehen uns in der herrschenden Ordnung einschließt. Wie könnten wir demgegenüber nicht bemerken, daß *Ordnung* und *Beziehun-*

gen Gegensätze sind?

Alle Handlungssysteme setzen Partner und eine Einheit voraus. Im ersten Fall ist die Einheit allerdings die von Normen, in denen und mittels derer Rollen und Statuszuschreibungen festgelegt werden; im zweiten streiten sich die Partner um einen Einsatz, sind aber noch bereit, sich bestimmten Institutionen einzufügen; im letzten Fall schließlich bildet die Einheit nur mehr den Einsatz in einem Konflikt zwischen Klassen, die um die Richtung jener Produktion der Gesellschaft durch sich selbst kämpfen.

So läßt sich nun der Gegenstand der Soziologie neu fassen als *das Studium von Handlungssystemen*, d. h. von *sozialen Beziehungen, die ausgehend von einem bestimmten Modus des Einwirkens einer Kollektivität auf sich selbst bestimmt werden*. Keine soziale Einheit, sei es ein Betrieb oder ein Verein, eine Nation oder das, was als Produktionsweise oder historisches Handlungssystem bezeichnet wird, kann folglich als ein bloßes Netz von Tauschbeziehungen definiert werden. Soziale Beziehungen erhalten ihre Bestimmung immer *ausgehend von einem bestimmten Eingriff, folglich von Macht*. Der Ausdruck, daß eine Gesellschaft auf sich einwirkt, sich organisiert, anpaßt oder entwickelt, mag vage, zuweilen sogar gefährlich sein, denn: wer handelt? Nicht das Schiff wählt seine Route, auch wenn es von einem automatischen Piloten gesteuert wird – sondern die Schiffahrtsgesellschaft. Das politische System ist kein bloßer Markt, mag es noch so pluralistisch sein: politische Macht ist niemals vom legitimen Gebrauch der Gewalt zu trennen. Die ökonomische Entwicklung wird wohl durch eine nationale oder ausländische Führungselite gelenkt, die aus einer bestimmten führenden Klasse oder aus der Volksklasse hervorgeht, doch läßt sich damit jene Entwicklung nicht als Resultat eines Konsens begreifen. Von daher ergibt sich die zentrale Bedeutung der Klassenverhältnisse und ihres politischen und organisatorischen Ausdrucks in der soziologischen Analyse.

Alle sozialen Beziehungen, die der Autorität, des Einflusses, der Herrschaft, weisen eine Hierarchie auf. Eine differenzierte aber nicht-hierarchische Gesellschaft wäre ein Markt. Auf ihm würden nur inter-soziale Beziehungen herrschen und nur Strategien hervorgebracht; es ließen sich nur Ereignisse analysieren, und Soziologie wäre überflüssig.

Die Gesellschaft als ein Gefüge von Beziehungssystemen definieren, bedeutet die Weigerung, sie als Produkt einer Idee, einer Absicht, von Werten zu begreifen. Es bedeutet mehr noch die Weigerung, eine Trennungslinie zwischen Innen und Außen, Technik und Natur zu ziehen. Die Gesellschaft übt eine immer tiefer dringende Aktion gegenüber sich selbst aus; unaufhaltsam entfaltet sie ihre Historizität. Daraus ist allerdings nicht der Schluß zu ziehen, daß sie von der Tradition und von den Determinismen auf eine schöpferische Freiheit ohne allen Zwang übergeht. Die Historizität kann nicht von Ressourcen, denen gegenüber sie sich vollzieht, und nicht von deren Widerstand abgelöst begriffen werden. Das historische Handlungssystem ist das Einwirken der Orientierungen der Historizität auf diese Ressourcen, ein Einwirken, das keine freie Schöpfung ist, sondern Relation und Spannung. In den Gesellschaften mit schwach entwickelter Historizität stießen jene noch an die elementaren Strukturen des gesellschaftlichen Lebens, an die Regeln des Austauschs, an die Überlebensbedingungen. Heute hat die Historizität sie zerstört, aber im gleichen Zug tauchen neue Widerstände und neue Zwänge auf: die der inneren und äußeren Natur des Menschen, die der biologischen Systeme, denen der Mensch zugehört, die der »menschlichen Natur«, des Gehirns und der Vererbung, der Sprache und der Sexualität. Von daher der Aufschwung der Naturwissenschaften vom Menschen, die dem produktivistischen Idealismus widerstehen und die Schranke herabsetzen, die den Menschen von der Natur scheidet.

Aber wir sollten auch nicht in einen dem Voluntarismus entgegengesetzten Irrtum verfallen. Der Mensch und seine Gesellschaft sind durch die Fähigkeit ausgezeichnet, im Rahmen der Natur das Verhältnis zu ihrer Umgebung zu transformieren und zu kontrollieren. S. Moscovici und E. Morin scheinen mir in durchaus nützlicher Weise gegen einen naiven Naturalismus anzugehen, wenn sie in Erinnerung rufen, daß die Umgebung des Menschen jenseits seiner Aktivität und Arbeit nicht definierbar ist.

Die Soziologie des Handelns steht in vollkommenem Gegensatz zur idealistischen Soziologie der Werte; vom Naturalismus setzt sie sich nur ab, um desto besser die Natur menschlichen Handelns wiederzufinden, die in der Spannung zwischen Zielen und Ressourcen Rückwendung der Arbeit auf sich selbst ist und nicht Idee oder Schicksal.

4. Der Abbruch der sozialen Beziehungen

Nachdem wir in aller Kürze die Typen der Handlungssysteme und der sozialen Beziehungen angeführt haben, müssen wir uns fragen, ob damit auch alle beobachtbaren gesellschaftlichen Formen der Praxis abgedeckt sind.

Es ist unmittelbar einsichtig, daß dies nicht zutrifft und zwei bedeutende Kategorien sozialer Tatsachen sich dem entziehen, was ich gleichwohl mit dem gesellschaftlichen Leben gleichgestellt habe. Die erste ist oftmals von den Soziologen thematisiert worden: Ein System sozialer Beziehungen kann sich in einer *Krise* befinden, kann zerfallen, und der Handelnde kann aus den Beziehungen, worin er sich vorfindet, heraustreten und individuellen Interessen nachgehen: mehr Geld verdienen, den Beruf oder den Wohnort wechseln, was trotz solcher nützlichen Begriffe wie Bezugsgruppe oder vorweggenommene Sozialisation nicht vollständig mit dem Konzept der sozialen Beziehung erfaßt werden kann.

Krisensituationen haben in allen Gesellschaften Handlungsweisen zur Folge, die als pathologisch gewertet werden können. Der Arbeitslose sieht sein Vermögen zu organisatorischen Beziehungen geschwächt; das politische Chaos führt zum Einsatz von Gewalt und damit zum Abbruch von Einflußbeziehungen.

Vom Thema der Anomie bis zu dem der Dekadenz ist die Soziologie bisher immer von der *Desorganisation* des gesellschaftlichen Lebens, d.h. der Beziehungen zwischen den Akteuren, fasziniert gewesen, einer Desorganisation, die ebenso den Konflikt wie die Integration betrifft und auf allen von mir unterschiedenen drei Ebenen auftreten kann. Freilich bleibt es eine Tatsache, daß sich für diese Erscheinungen vor allem die konservativen Geister interessiert haben: ist es doch verlockend, der Desorganisation einen harmonischen Ablauf des gesellschaftlichen Spiels entgegenzusetzen.

Den zweiten Bereich der Pathologie sozialer Beziehungen bildet die *Macht*, d.h. der Abbuch einer sozialen Beziehung durch die Identifizierung eines Akteurs mit dem System, worin die Beziehung ihren Platz hat. Macht stellt das Vermögen eines Mitgliedes der Kollektivität dar, dieser seine Orientierungen, seine Führungs- oder Funktionsweise aufzuzwingen. Die voranstehenden Seiten lassen sich so zusammenfassen: Der »Sinn« eines sozialen Systems ist außerhalb der sozialen Beziehungen, die das System konstituieren, nicht zu bestimmen. Dies gilt ebenso für eine der Ständeordnung verhaftete Sicht der Gesellschaft, nach der jeder eine spezifische Funktion zu erfüllen hat, wie für ein Gesellschaftsbild, das den Klassenkampf herausstellt und Werte, die vom gegenwärtigen Interessenkonflikt unberührt wären, nicht gelten lassen will. Sinn beansprucht Macht allein für den, der sie in Händen hält. Sie unterscheidet nur zwischen denen, die durch Autoritätsübertragung oder schlichten Gehorsam an der Macht partizipieren, und denen, die in den Nicht-Sinn zurückgeworfen und als un-soziale Wesen nur noch benutzt werden.

Es gibt keine Gesellschaften ohne Macht, wenn es auch politische Systeme ohne Staat gibt. Jede Gesellschaft zerstört demnach ihre gesellschaftliche Realität, zerschneidet ihre sozialen Beziehungen, entstellt den anderen, desozialisiert ihn durch Vorurteil, Feindschaft, Repression oder Ausbeutung.

Die Macht hüllt sich in *Positivität*, die des Staates oder die der Ideologie. Das führt uns zum Ausgangspunkt zurück. Der Soziologe trifft nicht zuerst auf die gesellschaftliche »Realität«, sondern auf die Macht. Zu seinem Gegenstand vorstoßen kann er nur, wenn er die *Macht kritisiert*, wenn er sie als das erkennt, was sie ist, nämlich die Verkehrung der sozialen Beziehungen, und wenn er zudem lernt, die Reaktionen auf die Macht zu entziffern: die Negation der Negation, die nicht Diskussion, Kontestation oder Kampf, sondern einzig und allein Flucht oder Gewalt, Schweigen oder Zurückweisung der pervertierten Beziehung sein kann; dies ist freilich eine schwierige Aufgabe.

Die Agenten sozialer Kontrolle haben eine Vorliebe dafür, bestimmte Individuen als abweichend zu klassifizieren. Dies ist in dem Maße gerechtfertigt, wie sie eine Anomalie des Verhaltens unterstellen, die nicht gesellschaftlich bestimmt ist und sich der Vererbung, einer organischen Krankheit usw., verdankt.

Sehr häufig kommt jedoch eine soziale Bewertung ins Spiel: Deviant ist, wer sich nicht gemäß den geltenden Werten verhält, oder weitergehender, wer Störungen hervorruft und die soziale Organisation gefährdet. Eine für den Soziologen *unannehmbare* Definition. Auf eine exemplarische Weise hat Durkheim darüber reflektiert, als er die Anomie zu einem Zustand des Sozialsystems erklärte. Auf gleiche Weise, nur auf andere Handlungssysteme angewendet, müssen alle Formen der Ausbeutung und Hegemonie als pathologisch bezeichnet werden, und die aus ihnen hervorgehenden Verhaltensweisen sind gerade in dem Maße normal, wie sie pathologisch sind, d. h. der Situation angepaßt, der sie unterworfen sind. *Entfremdung* ist das Auseinanderfallen einer Persönlichkeit, die auf widersprüchliche Weise leben muß: gemäß der Logik ihrer sozialen Position und der Logik, die ihr innerhalb dieser Position der Herrschende aufzwingt, der ihre sozialen Beziehungen zerstört oder untersagt.

Deshalb sind die Reaktionen auf die Macht am schwierigsten zu erforschen. Wie soll man den Sinn von Verhaltensweisen verstehen, wenn dieser Sinn, d. h. die sozialen Beziehungen, die dem Akteur seinen jeweiligen Platz zuweisen, abwesend ist, wenn der Akteur nicht mehr kommuniziert, vielmehr sich unterwirft, verbirgt oder sträubt?

Fast sind wir außerstande, die ins Licht zurückzuführen, die zu einem Schattendasein oder zum Schweigen verurteilt sind.

5. *Die Soziologen*

Die Soziologen können je nach dem Sozialsystem und den sozialen Beziehungen, denen sie am meisten Aufmerksamkeit widmen, klassifiziert werden: also Organisationssoziologen, Soziologen der politischen Institutionen, der Historizität und der Klassen, mit anderen Worten Soziologen der Funktionssteuerung oder der Produktion der Gesellschaft. Noch besser können freilich drei Formen des Temperaments der Soziologen ausgemacht werden. Die einen wollen zum Kern des sozialen Lebens vorstoßen, wo die *Beziehungen* und die *Konflikte* zu finden sind. Sie leisten einen unentbehrlichen Beitrag zur Erkenntnis. Wo immer sie sich hinwenden mögen, sie entschlüsseln das Netz der sozialen Beziehungen und dringen zur Struktur der Gesellschaft vor. Andere sind polemischer; sie ebnen den Weg für die Erbauer der Soziologie, indem sie ohne Unterlaß gegen die *Macht*, gegen ihre Diskurse, ihre Kategorien und auch gegen ihre Repression und ihre Ausschließungen angehen. Es ist schwer, auf Dauer so zu handeln, ohne von einem heiligen Zorn beseelt, folglich ohne selbst mit einer Ideologie belastet oder Träger von Interessen einer bedrohten Gemeinschaft zu sein. Ohne sie aber wären die *Wissenschaftler* stets der Gefahr ausgesetzt, den Neigungen der Intellektuellen für die Macht zu erliegen.

Schließlich sind da die Soziologen der Nacht: sie hören denen zu, die nicht mehr sprechen, schauen mit denen, deren Augen erloschen sind. Als Entdecker von Welten jenseits der Mauern der »Zivilisation« ist ihr Forschungsgebiet der unermeßliche Bereich des *Ausgeschlossenen*. Heute, da die Dunkelheit von Scheinwerfern durchschnitten wird, lehrt uns der Soziologe, jene zu sehen, die unter uns leben, aber durch den Staat und die soziale und kulturelle Organisation mundtot gemacht wurden. Er befragt jene, die die herrschende Organisation als Monster oder Außenseiter abtut. Der vollkommene Soziologe müßte den analytischen Geist der ersten, den Zorn der zweiten und das Mitgefühl der letzteren in sich vereinigen. Aber es gibt keinen vollkommenen Soziologen und keine gleichgewichtige Synthese zwischen derart konträren Anforderungen, kein Ruhen des göttlichen Blicks auf der Schöpfung. Soziologe sein – und da dies nicht nur für die gilt, deren Metier es ist, so sage ich denn bescheidener: ein sozialer Akteur sein – heißt gegen den Schein ankämpfen, mit dem sich die Macht umgibt, und sich der zentralen Forderung der soziologischen Erkenntnis beugen: der Einsicht, daß der Sinn einer Handlung niemals voll und ganz durch das Bewußtsein das Handelnden gegeben ist. Damit ist jede Identifikation untersagt. Die Kritik der Macht wird nicht für eine Gegen-Macht geführt; Wissenschaft bereitet nicht die Ordnung von morgen vor.

Heißt dies, daß der Soziologe vom Wegesrand aus der vorbeiziehenden Karawane zuschaut, ohne die Hoffnungen und Leiden derer zu teilen, die handeln und leiden? Ein recht armseliges und enttäuschendes Bild, denn es gibt keinen Wegesrand, und selbst das Bild von der Karawane ist nicht neutral: es reduziert Gesellschaft auf eine Unternehmung.

Je mehr er die Macht, ihre Regeln und Behauptungen kritisiert, desto weniger betrachtet er die Gesellschaft als eine Maschine, die nach Weisungen funktioniert, und desto mehr lernt er, durch dieselbe Bewegung, das Eigentümliche der Gesellschaft, die Natur eines Systems zu erkennen, das seinen Sinn produziert, indem es gegenüber sich selbst die Distanz einnimmt, die ebenso der Reflexion wie der Investition eigen ist.

Eine Gesellschaft kann nur aus der Spannung leben zwischen der Distanz zu sich selbst und der Einwirkung, die sie auf ihre Praxis ausübt und aus der auch die Macht hervorgeht. Strom der Klassenkämpfe, der Innovation, der Beziehungen, Rückstrom hin zur Integration, zur Gemeinschaft, zur Macht und zur Eroberung.

Das Unglück des Soziologen liegt darin, daß er niemals die Freuden der *Gemeinschaft* genießen kann. Und wie sollte er nicht von dem angezogen werden, was ihm verboten ist, sich aber mit einem Teil seiner selbst verbündet: Macht und Eroberung bei den einen, Kameraderie oder Disziplin bei den anderen. Unablässig hat er gegen die zu kämpfen, denen er doch am nächsten steht und deren Ideologie sein Urteil zu verfälschen droht. Wird Soziologie zwischen diesen beiden widersprüchlichen Anforderungen unmöglich? Nein, denn die Voraussetzungen ihrer Existenz sind zugleich die Bedingungen ihrer *Freiheit*.

Es gibt keine Soziologie in einer unfreien Gesellschaft. Und Freiheit ist keine Summe schützender Maßnahmen und keine politische Institution; sie ist das, was die Forderung des Volkes, aus der Diktatur und Terror werden kann, mit der Kritik der Macht verbindet, die zur Verteidigung von Privilegien geraten kann. Zweifelt der Soziologe an der Bedeutung seines Werkes, so sollte er sich doch zumindest sagen, daß sein Vorhandensein ein Zeichen von Freiheit ist, und daß er für sie zu kämpfen hat, selbst wenn er sich nicht sicher ist, ob er sie verdient hat.

Warum nicht das Paradoxon der soziologischen Tätigkeit anerkennen? Sie entfaltet sich in den liberalen Gesellschaften und allgemeiner gesagt dort, wo eine gewisse Verschiebung zwischen ökonomischer Macht, politischer Hegemonie und kultureller Kontrolle besteht. Wo diese drei Herrschaftsbereiche sich decken und die kritische Analyse der Gesellschaft nur mehr vom guten Willen eines aufgeklärten Herrschers abhängt, da sind ihr nahezu alle Existenzbedingungen entzogen.

Daher lastet ein beträchtlicher Druck auf der Soziologie: ständig ist sie versucht, sich mit den Gesellschaften, in denen sie sich am besten entwickelt, und mit den Kräften und den Werten, die dort vorherrschen, zu identifizieren. Dennoch kann hier nicht von einem Verhängnis gesprochen werden. Diese Situation nötigt dem Soziologen nur die beharrliche Anstrengung ab, sich von dem Ort zu distanzieren, von wo aus er spricht. Ich bezweifle, daß man Soziologe werden kann, ohne je die Erfahrung von Gesellschaften und von sozialen Milieus gemacht zu haben, die weitab von jenen liegen, in denen man gewöhnlich lebt. Jenseits dieser persönlichen Bildung muß die berufliche Situation ihm überdies erlauben, dem kulturellen und sozialen Druck, dem er ausgesetzt ist, zu widerstehen. Soziologie kann nur in einer gesellschaftlichen Umwelt gedeihen, welche die soziale Ungleichheit nicht reproduziert sondern abzubauen trachtet. Kann man sich Sozialforschungszentren in den führenden Industrienationen vorstellen, in denen sich die Stimme der unterdrückten Völker nicht beständig und kräftig hören ließe? Kann man abgeschlossene Universitätsbereiche, verbotene Städte zulassen, in denen die Angehörigen der künftigen Elite und ihre nächsten Diener heranwachsen?

Es geht nicht darum, die Soziologie in Ghettos zu sperren, deren offensichtliche Isolierung für die etablierte Sozialordnung allzu bequem wäre: also kritisches Denken ebenso einzusperren wie Geisteskranke oder Delinquenten, und derselben Ordnungsgründe wegen; es muß einmal mehr daran erinnert werden, daß die Arbeit des Soziologen eine ununterbrochene Anstrengung voraussetzt, die Ordnung beiseite zu schieben, die wie eine Steinplatte die Struktur der sozialen Beziehungen bedeckt, und eine kritische Analyse der Kategorien, Normen und Diskurse der gesellschaftlichen Praxis vorzunehmen.

6. Die Ansätze der Soziologie

Der Gegenstand der Soziologie ist nicht zu bestimmen, wenn nicht auch die Beziehung des Soziologen zu seinem Gegenstand skizziert wird. Dieser zweifache Ansatz muß oder müßte zur Definition der Methode oder der Methoden der Soziologie führen, dies Wort in seiner bescheidensten Bedeutung genommen: Wie kann der soziologische Gegenstand sichtbar gemacht werden? Die Soziologie tut sich schwer mit den Methoden, die sich ihr anbieten. Das beruht auf einer Verwechslung. Es ist müßig, über die relative Stichhaltigkeit der qualitativen oder der quantitativen Analyse zu debattieren. Auf diese Frage verlangt die Soziologie keine Antwort. Von höchster Wichtigkeit ist dagegen, wenn sie fordert, daß die Behandlung von Informationen sich auf vom Soziologen konstruierte *soziologische* Tatsachen und nicht auf abgetrennte soziale Tatsachen wie die Lebenseinschnitte innerhalb der gesellschaftlichen Praxis zu erstrecken habe. Nicht die statistische oder mathematische Analyse trägt die Verantwortung für den Mangel an Methode, der gesellschaftlich nicht neutral ist, sondern zur Durchsetzung der sozialen Ordnung beiträgt. Unterscheiden wir demzufolge den soziologischen Ansatz, der den Übergang vom Sozialen zum Soziologischen gewährleisten muß, von den in der Soziologie anwendbaren Methoden, die nicht gänzlich auf sie allein spezifiziert sein können und ausschließlich nach ihrer Fruchtbarkeit beurteilt werden dürfen. Die Arbeit des Soziologen besteht darin, Soziologie zu *treiben*, den soziologischen Gegenstand sichtbar zu machen – jenseits der Normen, Kategorien und Kontrollen der sozialen Organisation. Der Ansatz muß folglich je nach Art der sozialen Beziehungen und je nach betrachtetem Sozialsystem variieren.

1. Den augenscheinlich einfachsten Fall stellen die *organisatorischen Beziehungen* dar. Fällt hier nicht der soziologische mit dem sozialen Gegenstand zusammen, insofern es darum geht, das Funktionieren einer Organisation oder einer territorialen Kollektivität zu untersuchen? In Wirklichkeit ist die Situation jedoch nicht so einfach, und gerade in diesem Bereich konnte die Soziologie einige ihrer erfolgreichsten Durchbrüche verzeichnen. Wo liegt die Schwierigkeit? In der *Verwechslung des Funktionierens mit der Ordnung*. In einem Unternehmen zum Beispiel existieren Beziehungen, die durch die Interdependenz von hinsichtlich Beruf und Rangordnung differenzierten Elementen definiert sind. Diese Beziehungen können von spezifischen Formen der Desorganisation betroffen werden. Dies ist der Fall, wenn etwa die Statuskonsistenz schwach entwickelt ist, d. h. zum Beispiel ein Akteur hinsichtlich seiner Qualifikation und seines Lohns unterschiedliche Rangstufen einnimmt. Diese Organisation der Arbeit stellt aber überdies eine Machtformation und folglich die Bildung eines Destruktionsapparates von sozialen Beziehungen dar. Niemand hat je im Ernst angenommen, daß die Autoritätsbeziehungen zwischen dem Arbeiter und dem Werkmeister sich durch den Rekurs auf die berufliche Natur der Arbeit oder gar nur auf allgemeine kulturelle Normen erklären ließe. Die Klassenverhältnisse dringen in die Werkstatt ein und bis zum Arbeitsplatz vor. Wäre dem nicht so, gäben sie allenfalls ein ideologisches Thema ab.

Von daher die Notwendigkeit, die Verhaltensweisen zu beobachten, und die exemplarische Bedeutung der ersten großen amerikanischen Studien der Industriesoziologie, speziell bei der Western Electric. Die Industriesoziologie ist aus der Einsicht in das Phänomen des *Bremsens*, der Leistungszurückhaltung, hervorgegangen, d. h. des Abstandes zwischen dem Paar: Leistungsanreiz–Bremsen und den organisatorischen Beziehungen. Allgemeiner gesagt: die Soziologie konstituiert ihren Gegenstand, wenn sie den Begriff der Rolle in Frage stellt. Die Rolle bildet das Ensemble der Verhaltensweisen, die von einem Akteur legitimerweise seitens seiner Partner erwartet werden. Diese legitimen Erwartungen stellen die Anwendung sozialer Normen dar, die selbst in kulturellen Werten gründen. Diese Gesamtheit von Definitionen ist in sich nicht zu erschüttern. Aber entsprechen denn die sozialen Beziehungen diesem Modell? Spielen die Akteure ihre Rollen? Sehr selten und sehr begrenzt. In jeder konkreten Organisation werden die organisatorischen Beziehungen durch politische und mehr noch durch Machtbeziehungen, folglich durch Klassenverhalten überdeckt, dessen primäre Gestalt die Defensive, der Rückzug, die Weigerung ist, eine Rolle zu spielen, die faktisch weniger eine Position im Rahmen sozialer Beziehungen darstellt als den von einem strategischen Plan zugewiesenen Platz.

Gerade wegen seiner karikaturistischen Form ist das stereotype Bild von der Armee adäquat: Das Publikum wird zum Lachen gebracht, indem man ihm die Ärgernisse und den Verdruß des Soldaten erzählt, der sich bemüht, zu kommunizieren, und in seiner Naivität weder die Machtordnung noch die Verteidigungsmechanismen wahrnimmt, die die Gruppe der Soldaten ihm entgegensetzt. Der Soziologe geht zunächst so vor: er »geht hin und sieht sich das mal an«. Da die Kritik an der Ideologie und die Warnung vor ihr selbst Ideologien transportieren und ihrerseits anderen Mächten dienen können, bleiben sie nutzlos, solange sie nicht die Mittel bereitstellen, die Organisationspraxis und das zu beschreiben, was sich in einer Fabrik, einer Schule, einem Gefängnis abspielt und was vollkommen anders ist, als die Inhaber der Macht es darstellen. Führungskräfte, die eine Modernisierung anstreben und deshalb eine Strategie gegen die überkommenen herrschenden Kräfte verfolgen, unterstützen manchmal eine solche kritische Beobachtung, und sei es nur, um eine ineffizient gewordene soziale Kontrolle durch eine effizientere zu ersetzen. Desgleichen rufen die sich formierenden sozialen Bewegungen nach einem solchen Beobachtungstyp. Es ist mir unbegreiflich, warum die erste Ausbildungsphase eines Soziologen nicht um eine solche direkte Beobachtung eines Sektors der sozialen Organisation zentriert wird.

2. Ein zweiter Ansatz, der sich an den ersten anzuschließen hätte, entspricht der Aufdeckung der *politischen Beziehungen*. Seit gut

zwanzig Jahren sind in diesem Bereich, zum Beispiel in der Stadtsoziologie, die meisten Errungenschaften verzeichnet worden. Wie wurde diese oder jene stadtplanerische Entscheidung getroffen? Das Studium von Dokumenten, die Befragung der Akteure selbst ebnet den Weg für den Einsatz komplexerer Methoden, etwa der Untersuchung von Planspielen und der Simulierung von Entscheidungsmechanismen.

Der Soziologe ist nicht mehr bloß Beobachter. Gezwungenermaßen gerät sein Forschen zu einem *Eingriff*, selbst wenn dieser zurückgewiesen und dessen Wirkungen annulliert werden. Nach ihrer Aufarbeitung wird die Information dem Informanten zurückvermittelt. Die Forschung erreicht dann ihren größten Erfolg, wenn es dem Soziologen gelingt, Veränderungen im Verhalten seines Informanten vorauszusehen, die durch die Übermittlung einer Information hinsichtlich seines eigenen Verhaltens ausgelöst werden.

Die Analyse erstreckt sich hier auf sehr viel klarer umrissenes Beziehungsgefüge als im ersten Fall; auf der politischen Ebene ist es nicht mehr möglich, die Untersuchung der Organisation von der des Verhaltens zu trennen; die Position der Handelnden ist weniger abstrakt, kann nicht mehr in bezug auf soziale Schichtung, auf den Abstand zwischen Zugehörigkeitsgruppe und Bezugsgruppe usw. definiert, sondern muß unmittelbar in Begriffen des Einflusses seitens des Handelnden auf Entscheidungen, die ihn berühren, ausgedrückt werden. Auf die Beobachtung »abstrakter« sozialer Beziehungen innerhalb einer Organisation folgt die Aktions-Forschung in Hinblick auf Entscheidungsmechanismen. Ist das Untersuchungsfeld auch weniger eingegrenzt, so sind doch die untersuchten Beziehungen leichter zu identifizieren, da der Handelnde sich direkt in bezug auf andere Handelnde definiert und nicht in bezug auf Regeln oder Rangordnungen.

Schon unternimmt die Soziologie erste Schritte in diesem für sie neuartigen Bereich, der sie mit der Vorstellung brechen läßt, eine Gesellschaft funktioniere nach kodifizierten und von Sanktionen aufrechterhaltenen Regeln.

3. Das Gefühl, vollkommenes Neuland zu erforschen, überkommt die Soziologie allerdings dann, wenn sie sich nach dem Vorgehen fragt, das gegenüber dem Studium der Historizität und der Klassenverhältnisse angemessen ist.

Dennoch scheint hier alles zum klassischen Bestand zu gehören.

Haben nicht die Historiker, vor allem seit Beginn des 19. Jahrhunderts, die Untersuchungen zur Sozialgeschichte, die den Zielen jener Makro-Soziologie entsprechen, in zunehmendem Maße vorangetrieben? Haben nicht die Wirtschaftswissenschaftler ihrerseits die Klassenverhältnisse, die Formen ökonomischer Herrschaft isoliert? Dieser zweifache Beitrag ist in der Tat wesentlich und ohne ihn gäbe es gewiß keine Soziologie der Historizität – er dispensiert freilich die Soziologie nicht von der Aufgabe, eigene Anstrengungen zu unternehmen.

Der *Historiker* steht dem Soziologen um so näher, als er seit längerem schon begonnen hat, sich von den Ereignissen und den Absichten der Handelnden zu lösen, um statt dessen ökonomische und kulturelle Gesamtheiten zu erstellen.

Doch sind sie beide auf Grund zweier Unterschiede voneinander abgehoben, deren einer auf ihre jeweilige Arbeit, deren anderer auf den Typ von Gesellschaft, den sie untersuchen, zurückgeht. Geht der an Hand von Dokumenten arbeitende Historiker daran, ein systematisches Bild der Gesellschaft zu erstellen, dann erfaßt er faktisch nur die Ebene der Ordnung, der Herrschaft, der Macht und deren Mittel zur sozialen Kontrolle oder die metasozialen Garanten der sozialen Ordnung. Damit all das wieder zum Vorschein kommt, was durch die Ordnung ausgeschlossen, unterdrückt oder ausgebeutet wurde, müßte er den Wandel untersuchen. Liegt hier nicht auch seine ureigenste Domäne? Seine Analyse ist aber nur ergiebig, weil sie auch Synthese ist, weil sie im Wandlungsprozeß die Interdependenzen zwischen allen Ebenen der Analyse festhält. Hat nicht das Studium der Krisen und Veränderungen schon immer die bedeutendsten Werke der Geschichtswissenschaft hervorgebracht? Die Schwierigkeit, auf die der Historiker bei seinem Versuch, zu den gesellschaftlichen Verhältnissen vorzudringen, stößt, ist deshalb so groß, weil er Gesellschaften untersucht, in denen die Teilnahme am öffentlichen Leben, und folglich die Hervorbringung historischer Dokumente, sehr beschränkt ist. Mit der Erforschung des materiellen Lebens, mit der Ethnographie der vergangenen Gesellschaften haben die Historiker ihr Terrain wohl enorm ausgedehnt, aber werden sie jemals die Bauern der Vergangenheit so kennen, wie wir heute die Arbeiter kennen können, von deren Streiks uns Zeugen berichten, und die über ihre Meinungen und ihre Teilnahme am gewerkschaftlichen und politischen Leben befragt werden? Wir können die sozialen Beziehungen beobachten und kurz darauf uns entschließen, sie variieren zu lassen. Der Historiker steigt von den Objekten, den Gesetzen, der ökonomischen Organisation, den Texten auf zu den sozialen Beziehungen und kulturellen Orientierungen. Wir können versuchen, diese unmittelbar zu erfassen und ausgehend von ihnen zur Bildung der politischen Mechanismen und den Formen der sozialen Organisation hinabzusteigen. Eine Schranke zwischen der Untersuchung der bestehenden und der vergangenen Gesellschaften kann es nicht geben, aber es ist ganz normal, daß die verschiedenen Typen der untersuchten Gesellschaften jeweils unterschiedliche Vorgehensweisen erfordern.

Was die *ökonomische* Analyse angeht, so konnte man eine Epoche lang glauben, daß die soziale Ordnung ökonomischen Gesetzen unterworfen sei, wie man zu anderen Zeiten gedacht hat, daß die Gesellschaft den Regeln des Rechts oder den Anordnungen der göttlichen Vorsehung unterworfen sei. Heute erscheinen unsere industrialisierten Gesellschaften unmittelbar als Resultat sozialer Beziehungen, von Entscheidungsmechanismen und Organisationsformen. Das beläßt dem ökonomischen Kalkül und der ökonomischen Analyse einen großen Anwendungsbereich, schließt aber die Erklärung sozialer Tatsachen durch ökonomische Tatbestände aus.

Wir müssen auf die erste Definition des Gegenstandes der Soziologie erneut zurückgreifen. Sind es die sozialen Beziehungen, so müssen zweifelsohne sie beobachtet werden. Eine evidente Wahrheit, und doch wie schwer ist sie anzuwenden und selbst zu explizieren. Was heißt: die Klassenverhältnisse untersuchen? Es heißt zunächst, die kollektiven Verhaltensweisen zu betrachten und die konfliktbestimmten unter ihnen auszusondern, bei denen es um die Orientierung der Gesellschaft und ihre Fähigkeit zur Zielbestimmung geht: Verhaltensweisen, die man *soziale Bewegungen* nennt. Die Erhebung bei den Individuen, die Prüfung politischer Verhandlungen und Auseinandersetzungen, zum Beispiel der gewerkschaftlichen Aktion, mögen sehr viel Informationen liefern, können hier aber nicht den zentralen Platz einnehmen. Wie sollte also eine soziale Bewegung untersucht werden?

Kollektives Verhalten ist noch keine soziale Bewegung: es kann deren Zeichen sein, kann aber ebenso als politischer Druck oder organisatorische Forderung verstanden werden. Diese erste Schwierigkeit läßt sich überwinden. Die Beziehungen zwischen den Partnern und ihr gemeinsamer Bezug zum Einsatz ihrer Beziehung unterscheiden sich erheblich, je nachdem ob organisatorische oder politische Verhaltensweisen oder solche der Historizität betrachtet werden. In jedem einzelnen konkreten Fall können demnach die Beziehungen zwischen diesen sehr unterschiedlichen Arten kollektiven Verhaltens bestimmt werden.

Die Hauptschwierigkeiten liegen woanders: Zunächst ist das Klassenverhalten Träger eines sozialen Konflikts und wird zugleich durch ein positives oder negatives Verhältnis zur Macht bestimmt. Die Klassenverhältnisse bestehen gleichzeitig aus Konflikten und Widersprüchen. Der Kampf der Arbeiter ist auf ein, zumeist sozialistisch genanntes, Gegenmodell einer industriellen Gesellschaft, aber ebenso auf die Zurückweisung der unternehmerischen Macht und der in diese Macht begründeten Arbeitsbedingungen hin orientiert.

Kampf und Revolte bewegen sich gleichermaßen im Bereich der Revolution wie dem von Reformen. Demzufolge ist eine soziale Bewegung zugleich Kontestation und Gegen-Macht, Befreiung und Organisation des Kampfes.

Es wäre widersprüchlich, wollte man zu einer sozialen Bewegung wie zu einer Berufsorganisation gelangen und zunächst ihre Ziele und dann ihre Mittel festlegen. Würde man sich bei einer Untersuchung des religiösen Lebens mit der Beschreibung der Organisation und dem Wirken einer Kirche zufriedengeben?

So steht der Soziologe niemals *vor* einer sozialen Bewegung wie der Betrachter vor einem Bild. Er steht inmitten von Elementen, die voneinander getrennt sind und sich auf systematische Weise wechselseitig anziehen und abstoßen: Forderungen der Basis und Aktion der Führenden, Masse und Partei, Kampf gegen und Kampf für die Macht, Ausbeutung und Entfremdung. Wie weit sind wir entfernt von Vorstellungen einer »bewußten und organisierten« Klasse, eines äußerlich geknechteten aber moralisch freien, eines geschändeten aber unschuldigen Volkes als dem Träger von moralischen Werten der ganzen Menschheit! Dieses moralisierende Bild war der Erkenntnis der sozialen Bewegungen ebenso hinderlich wie jenes Zerrbild der Polizei von dunklen Verschwörungen, angezettelt von machthungrigen und zerstörungswütigen ausländischen Rädelsführern.

Der Soziologe hat die Existenz sozialer Bewegungen nicht zu bestätigen. Hier wie anderswo auch darf er sich nicht mit dem Akteur identifizieren. Die soziale Bewegung definiert sich nicht als solche. Im allgemeinen sträubt sie sich sogar davor, auf diese Weise analysiert zu werden. Denn sie will glauben, daß sie im Namen von Gleichheit, Freiheit, Kollektivität gegen das Privileg, den Aberglauben, das Privatinteresse kämpft. Die soziale Bewegung ist immer in einen Todeskampf verstrickt, selbst wenn dessen Ausgang ausgehandelt werden muß. Sie vermag nicht anzuerkennen, daß die Produktion der Gesellschaft durch sich selbst über die Zerrissenheit und den Klassenkonflikt führt. Jede Klasse proklamiert ihre Werte, identifiziert sich mit dem Einsatz des gesellschaftlichen Verhältnisses, will die Dialektik der gesellschaftlichen Verhältnisse auf einen integrierten, natürlichen, positiven gesellschaftlichen Zustand zurückschrauben.

Die Untersuchung einer sozialen Bewegung wird folglich erst möglich, wenn der Soziologe die *Einheit* getrennter Elemente ausfindig macht, eine Einheit, die der Logik eines Handelns entspricht, das zwischen Affirmation und Verweigerung, Spontaneität und Mobilisierung hin- und hergerissen ist.

Die Aufgabe, die sich dem Soziologen mit größter Dringlichkeit stellt, ist die Entwicklung von Verfahren, die die tiefliegenden und durch die Positivität der Macht und der Ideologien erfolgreich verschleierten gesellschaftlichen Verhältnisse sichtbar zu machen gestatten. Allzuoft noch ähnelt die Soziologie dem Boulevard-Theater. Bevor man den Akteuren in ihren Interaktionen zusieht und zuhört, hat man vorgängig den kulturellen und sozialen Rahmen als gegeben akzeptiert. Dieser Realismus hat sich auch noch einen soziologischen Namen beigelegt: das Studium der Institutionen. Alle Gegebenheiten der gesellschaftlichen Tätigkeit sind gemäß Regeln organisiert, weisen ihre Gesetze auf. Man sollte dieser allzu passiven Soziologie aus dem Wege gehen, denn sie zollt der bestehenden Ordnung allzusehr Respekt. Es geht darum, die dem Verhalten zugrundeliegenden gesellschaftlichen Verhältnisse aufzufinden, darum, die Macht, den Einfluß, die Konformität oder den Konflikt hinter den Akteuren offenzulegen. Keinesfalls kann man sagen, der Soziologe beobachte eine soziale Bewegung, denn da diese ein Konzept und keine Praxis ist, läßt sie sich ohne die Intervention des Soziologen nicht vollständig konstituieren. Das heißt nicht, daß der Soziologe wie ein Magier den Gegenstand seiner Untersuchung erfinden muß, der nur ein Geschöpf seiner Einbildungskraft wäre: der Soziologe wäre dann nur die lächerliche Kopie eines totalitären Führers. Freilich muß die Forschung sich auf Eingriffe einlassen, will sie nicht Gefangener der herrschenden Kategorien der Praxis bleiben.

Muß sich der Soziologe dazu in der Bewegung, die er untersucht, engagieren? Er muß *sich in der Bewegung engagieren*, gewiß; er muß aber auch *Distanz gegen deren Organisation bewahren*. Engagement ist nötig, weil die soziale Bewegung die Ordnung und den Schein ihrer Positivität zerreißt. Ohne soziale Bewegungen gäbe es keine Soziologie. Sie muß den Parallelismus von sozialer Kritik und soziologischer Erkenntnis anerkennen. Wer nicht von der Woge sozialer Bewegungen getragen wird, bleibt in den Konventionen der sozialen Ordnung gefangen. Mag er in durchaus nützlicher Weise die metasozialen Beziehungen, das Funktionieren der Macht und die Form der Ideologien studieren; er wird nicht zu den sozialen Beziehungen vordringen, wenn er nicht akzeptiert hat, den Schrei oder das Schweigen derer zu vernehmen, die ausgeschlossen und entfremdet sind. Aber auch Distanz ist erforderlich, da eine soziale Bewegung sich niemals trennen läßt von einer Politik und einer Organisation; und wenn man sich mit einer Vereinigung identifiziert, so läßt man sich darauf ein, die Ebenen im Handeln zu vermischen, welche die Analyse auseinanderhalten muß.

Daher studiert der Soziologe am liebsten schwach integrierte soziale Bewegungen, deren Macht noch nicht ganz von einer mit Unfehlbarkeit ausgestatteten Führung kontrolliert wird. Denn er versteht eher den Protest als die Strategie. Das sollte ihn an die Begrenzungen seines Territoriums und an das Interesse erinnern, das er der Arbeit seines Nachbarn, des Politologen, entgegenzubringen hat, der über den Staat, die Strategien und Kriege besser Bescheid weiß.

Es ist heute möglich geworden, den Gegenstand der Soziologie zu bestimmen. Wie andere habe ich viele Jahre damit verbracht, einige einfache Ideen und Vorstellungen zu ordnen, um endlich ein im eigentlichen Sinne soziologisches Bild der Gesellschaft entwerfen zu können. Aber man sollte sich auch nicht allzu lange damit aufhalten, Kategorien zu präzisieren, geht es doch eigentlich um den Aufbau einer soziologischen Theorie. Die erste Etappe bestand darin, den Standpunkt der Soziologie, die notwendigen Bedingungen soziologischer Erkenntnis zu bestimmen. In der zweiten Etappe – sie ist von der ersten nicht zu trennen – geht es darum, eine soziologische Haltung einzunehmen, d. h. eine kritische Sicht der sozialen Ordnung zu gewinnen; in der dritten Etappe schließlich werden Vorgehensweisen bestimmt und so gut es geht soziologische Eingriffe vorgenommen. So werden nach und nach nicht mehr Elemente der Analyse, sondern präzise Sätze über die sozialen Mechanismen formuliert.

Nachdem sich heute zum Glück genügend Zweifel in Hinblick auf die parteiischen Naivitäten des Positivismus, der den Soziologen als einen Betrachter der gesellschaftlichen Realität begriff, breitgemacht hat, ist nun zu vermeiden, daß sich die Arbeit des Soziologen auf einen Diskurs über die Soziologie reduziert und diese nicht das schlechte Gewissen und die Ernüchterung überwindet – was nur möglich ist, wenn der Soziologe, jenseits der kritischen Distanz, die er in bezug auf die Formen der gesellschaftlichen Praxis einnehmen muß, Verhältnisse, Konflikte und Krisen selbst dann *sichtbar* zu machen weiß, wenn sie dem Bewußtsein der Handelnden nicht eingeschrieben sind.

Der Soziologe ist nicht in die Betrachtung von Akteuren versunken, die ein Stück aufführen; er trägt dazu bei, das Stück allererst zu entdecken, das eines Tages geschrieben werden wird, weil es zunächst gespielt worden war. Besser noch, er arbeitet mit den Akteuren, damit sie gemeinsam erkennen lernen, was überhaupt gespielt wird.

II. Zehn Ideen zu einer Soziologie

Die Wissenschaft von der Gesellschaft hat zunächst die Erforschung von Prinzipien oder Faktoren, die außerhalb des Bereichs des Sozialen liegen, überwinden müssen; sie hat gelernt, gesellschaftliche Situationen zu erkennen und zu analysieren; dann hat sie im Raum und in der Zeit von einer Definition ihrer Gegenstände Abstand genommen und versucht, Funktionen und Mechanismen zu isolieren. Dieser Fortschritt führte zu einer zunehmenden Spezialisierung der Forschung, und heute zweifelt niemand mehr daran, daß die allgemeine Soziologie, dies Gemisch aus vergleichender Geschichte und Sozialphilosophie, durch Untersuchungen auf präzis abgesteckten Bereichen mit dem Ziel, Sätze »mittlerer Reichweite« zu formulieren, ersetzt werden muß. Wenn die Forschungen sich freilich immer mehr spezifizieren, dann zeigt sich auch immer deutlicher, daß sie nur zu einem guten Ende geführt werden können, wenn sie zum Aufbau einer Erkenntnis der Gesellschaft beitragen, die so einfach und so kohärent wie möglich sein muß. Andernfalls hängen die Forschungen im Leeren oder führen wieder zu einem unseligen Rekurs auf Wesenheiten und Ideologien. Die im folgenden dargelegten zehn Ideen zielen darauf ab, ein Bild der Gesellschaft zu verdeutlichen und die Einzelanalysen, die einem jeden ihrer Elemente gewidmet sind, zu integrieren. Sie geben keine Beschreibung der Gesellschaft: in ihnen ist nicht von der Ökonomie, der Politik, der Religion oder der Erziehung die Rede. Sie möchten eine Gesamtheit von Begriffen, eine soziologische Sprache erstellen und kein verkleinertes Modell der gesellschaftlichen Realität anbieten.

1. Soziologie ist das Studium sozialer Beziehungen

Soziales Verhalten muß durch die sozialen Beziehungen, in die es eingebunden ist, erklärt werden. Dies kann ebensowenig durch das Verstehen des Sinns, den der Akteur seinem Handeln gibt, geschehen wie durch seine Integration in ein vorgeblich Sinn tragendes Ganzes, sei es 1. ein konkretes Ganzes: Zivilisation, Epoche, Nation; 2. eine Tatsachenkategorie: ein Staats- oder Stadt-, Familien- oder Informationstypus; 3. ein abstraktes Prinzip: die menschliche

Natur, das Wesen des Politischen, Grundbedürfnisse des Menschen, der Sinn der Geschichte.

Jede soziale Beziehung ist die Praxis von Handelnden in einem sozialen System; sie wird durch einen Einsatz definiert, der das Einheitsprinzip dieses Systems bildet.

Den Gegenstand der Soziologie bilden weder objektive Situationen noch subjektive Dispositionen, sondern die sozialen Beziehungen, durch die soziale Systeme, d. h. die Bildungsmechanismen der Formen gesellschaftlicher Praxis, in Gang gesetzt werden.

2. Produktion, Anpassung und Organisation der Gesellschaft

Eine Gesellschaft produziert sich, paßt sich an und funktioniert. Sie bildet eine Hierarchie von Systemen.

– Die Historizität der Gesellschaft ist deren Vermögen, ausgehend von ihrer Aktivität ihre sozialen und kulturellen Orientierungen zu erzeugen und ihren Formen der Praxis Sinn zu verleihen.

– Die politischen Institutionen passen die Regeln der Gesellschaft den innerhalb oder außerhalb einer Kollektivität auftretenden Wandlungen an.

– Die Organisationen halten ihr internes und externes Gleichgewicht in Abhängigkeit von ihren Zielen und mittels Normen aufrecht.

– Die Historizität determiniert die Bedingungen des politischen Spiels, das selbst die Regeln hervorbringt, in deren Rahmen die Organisationen wirken. Allerdings sind die Institutionen und Organisationen autonom, denn ihre historische Basis ist komplex, und ihre Entscheidungen und ihr Funktionieren werden von einer Vielzahl gesellschaftlicher Kräfte beeinflußt.

3. Historizität und gesellschaftliche Klassen

Jede Gesellschaft, in der ein Teil des Produzierten der Konsumtion entzogen und akkumuliert wird, ist von einem Klassenkonflikt beherrscht. Abgesehen von dem Fall, wo Produktion und Konsumtion sich unmittelbar und vollständig entsprechen, ist keine klassenlose Gesellschaft möglich.

Die Natur des Klassenverhältnisses wird bestimmt durch den Charakter der Akkumulation und die Art des kulturellen Modells, d. h. des Bildes, das die Gesellschaft sich von ihrer Fähigkeit macht, auf sich selbst einzuwirken.

Die Klassenverhältnisse schieben sich zwischen die an die Historizität gebundenen Orientierungen und die institutionellen und organisatorischen Mechanismen. Die Gesellschaft wird nicht durch Werte gesteuert, aus denen unmittelbar Normen hervorgingen, vielmehr gehört der Klassenkonflikt zum jeweiligen Stand der Historizität.

4. Konflikt und Herrschaft

Die führende Klasse steuert die Historizität und identifiziert sie dabei mit ihren partikularen Interessen. Das Volk wehrt sich gegen diese Herrschaft und beruft sich ebenfalls auf die Historizität, wobei es deren Aneignung durch die herrschende Klasse in Frage stellt.

Die Klassenverhältnisse sind offen, voller Konflikte zwischen Klassen, die um die Leitung im Prozeß gesellschaftlicher Selbststeuerung kämpfen, und zugleich geschlossen durch die Herrschaftsausübung einer Macht, die zur Reproduktion der bestehenden Ordnung und Herrschaft eine Ideologie und einen Staatsapparat einsetzt.

5. Das historische Handlungssystem

Die Klassenherrschaft steuert das politische System, das wiederum die Ausübung der Macht in den Organisationen bestimmt.

Parallel dazu steuert die Historizität über das historische Handlungssystem die politischen Institutionen sowie die soziale und kulturelle Organisation. Das historische Handlungssystem bildet die Gesamtheit der Modelle, die den Praxisformen der Arbeit ihre Richtung geben: Produktion, Organisation, Verteilung und Konsumtion; es stellt das Einwirken der Historizität auf die Ressourcen dar, die diese benutzt und mobilisiert. Seine Elemente sind kraft ihres Gegensatzes miteinander verbunden. Es bildet nicht den

Geist einer Zivilisation oder eine spezifische Stellung auf einer allgemeinen Evolutionslinie. Es ist das Feld und der Einsatz der Klassenverhältnisse.

6. Gesellschaft und Staat

Der Staat verbindet ein Historizitätsfeld (historisches Handlungssystem und Klassenverhältnisse) mit einem Institutionensystem und einer sozialen Organisation innerhalb einer konkreten Kollektivität.

Seine Macht gründet gleichermaßen auf seiner institutionellen Legitimität wie auf Gewalt. Er gestaltet die Beziehungen zu anderen Staaten.

Der Staat ist um so schwächer, je direkter er durch die Klasse kontrolliert wird, die effektiv die zentrale Wirtschaftstätigkeit leitet. Er gewinnt an Autonomie, wenn er zum Agenten der Reproduktion einer sozialen Herrschaft oder zum Interventionsinstrument von sozialen Kräften wird, die dem politischen System nicht eingegliedert sind. Seine Rolle erscheint um so wichtiger, je unmittelbarer der soziale Wandel zum Gegenstand der Analyse wird.

Die gesellschaftliche Praxis rückt den Staat gewöhnlich ins Zentrum ihres Gesellschaftsbildes. Die Untersuchung von Sozialsystemen ordnet dagegen die Betrachtung des Staates der Analyse der Gesellschaft und ihrer Historizität unter; ebenso ist auch die Untersuchung der sozialen Bewegungen der Analyse von Kämpfen um die Macht im Staat vorausgesetzt.

7. Kollektive Verhaltensweisen

Die kollektiven Verhaltensweisen gehen aus einem oder aus mehreren Typen hervor, von denen jeder einem System sozialer Beziehungen entspricht.

– Die im Hinblick auf die Normen oder das Funktionieren einer Organisation günstigen oder ungünstigen Reaktionen. Sie suchen entweder ein Gleichgewicht wiederherzustellen oder ein neues zu schaffen.

– Die auf ein Entscheidungssystem ausgeübten politischen Pressionen.

– Die sozialen Bewegungen, die die Klassenverhältnisse in Gang setzen und in denen es um die Kontrolle der Historizität geht.

Klassenverhalten kann sich erst entwickeln, wenn es das institutionelle und organisatorische Verhalten integriert und überschreitet.

Diese sozialen Verhaltensweisen können entweder mit Historizitätsverhalten verbunden werden, das dem Wandel der Historizität und des historischen Handlungssystems wohlwollend oder feindlich gegenübersteht, oder mit Aggressions-, Konkurrenz- oder Abwehrstrategien gegenüber Akteuren, die keinem der sozialen Systeme angehören, an denen der betrachtete Akteur selbst teilhat.

8. Struktur und Wandel

Synchronische Analyse einer Gesellschaft und diachronische Analyse des Wandels müssen auseinandergehalten werden. Entwicklung und Fortschritt eines Gesellschaftstyps sind dessen Struktur nicht eingeschrieben. Die Verwechslung der beiden analytischen Ebenen kennzeichnet gerade die Geschichtsphilosophie.

Man kann nicht von Transformationen eines Gesellschaftstyps sprechen, sondern vom Übergang einer Kollektivität von einem Historizitätsfeld zu einem anderen, vom Übergang eines Zustandes des Institutionensystems zu einem anderen oder einer organisatorischen Funktionsweise zu einer anderen.

Die Entwicklung bezeichnet den Übergang einer Gesellschaft von einem Historizitätsfeld zu einem anderen. Sie ist niemals auf Modernisierung und Wachstum allein beschränkt. Der Verlauf, den sie nimmt, hängt von Klassenverhältnissen, politischen Mechanismen, vom organisatorischen Funktionieren der jeweiligen Gesellschaft und von deren Herrschafts- oder Abhängigkeitsverhältnissen zu anderen Gesellschaften ab.

9. Die Rechte, das Zentrum und die Linke der Soziologie

Die Soziologie stellt sich in den Dienst des Staates und der herrschenden Klassen, wenn sie die Kategorien der Gesellschaftspolitik akzeptiert, ohne nach deren Daseinsberechtigung zu fragen, des weiteren, wenn sie die Gesellschaft als Ansammlung technischer Hilfsmittel im Dienste von Prinzipien und Werten begreift.

Weist sie den Entscheidungen und der Steuerung des Wandels eine zentrale oder autonome Rolle zu, dann steht sie mehr mit den Modernisierungs- und Reformtendenzen im Bunde.

Deckt sie auf, daß die Gesellschaft das Produkt ihres eigenen Wirkens ist, daß sie ihre Orientierungen erzeugt und durch die Klassenkonflikte hindurch ihre Praxis bestimmt, dann betätigt sie sich als Kritikerin der Ideologien und des vom Staat und den herrschenden Klassen angeleiteten Integrations- und Repressionswerks. Diese kritische Rolle der Soziologie, die ihr Engagement verlangt, erlaubt es ihr, die hinter der Herrschaft kaschierten gesellschaftlichen Verhältnisse zu erfassen. Die soziologische Analyse kann zu keiner Zeit mit dem Diskurs der Macht übereinstimmen.

10. Die Entstehung der Soziologie

Soziologie ist erst möglich geworden, als die Gesellschaften als Produkt ihres eigenen Handelns begriffen wurden. Ihre Herausbildung macht mit der Unterordnung der sozialen Tatsachen unter andere analytische Ordnungen – der religiösen, juristischen oder ökonomischen – Schluß. Die Soziologie, als Erklärung sozialer Systeme und sozialer Beziehungen, ersetzt so die Interpretationen, die frühere Gesellschaften von ihrer Organisation und ihrer Evolution gegeben haben: Ihr Fortschritt ist an die Erkenntnis der Historizität und der gesellschaftlichen Verhältnisse durch die Gesellschaften gebunden. In diesem Sinne stellt sie ein Mittel der Innovation und der Befreiung dar.

Kommentare

Kommentar zur ersten Idee

1. Der Teilnehmer am sozialen Leben findet sich vor bestimmte soziale Organisations- und Interventionsformen gestellt. Er arbeitet in einem Büro oder einer Fabrik, wird bei öffentlichen Verwaltungen vorstellig, schickt seine Kinder auf Schulen, hört Radio und schaut dem Fernsehen zu, benutzt Straßen oder öffentliche Verkehrsmittel usw.

Von daher erklärt sich die spontane Bewegung, die zur Folge hat, daß man in mehr oder minder tiefgründiger Weise über die Arbeit, den Staat, die Erziehung und die Massenkommunikation, die Stadt nachdenkt und die Natur oder die Gesetze der Wirtschaft, der Macht, der Kultur und Information, der Stadtökologie zu erforschen trachtet. Die Soziologie schlägt den umgekehrten Weg ein: sie bricht die Spezifizität der Kategorien und Tatsachen, die durch die Praxis konstituiert werden, sowie die Rhetorik, die von den Verwaltern eines jeden Sektors der sozialen Aktivität entfaltet wird, denn jene Spezifizität verschleiert gerade die allgemeinen Mechanismen der Gesellschaft. So löst sie auch die historischen Einheiten auf und enthält sich des Gebrauchs solcher Begriffe wie die griechische Zivilisation, der Geist der Renaissance, das englische politische System oder die amerikanische Wirtschaft.

Noch entschiedener weist sie jede Beurteilung einer sozialen Situation zurück, die auf deren Vergleich mit einer Norm oder einem »natürlichen« Zustand beruht.

Es mag wohl gerechtfertigt sein, eine soziale Situation im Hinblick auf einen Normalzustand zu beurteilen, der im Rahmen einer anderen Tatsachenordnung, etwa der Biologie, definiert wurde, aber ein solches Vorgehen sollte nicht mit einer soziologischen Analyse verwechselt werden. Auszusprechen, daß Fließbandarbeit oder das Leben in den Zentren der Großstädte unmenschlich ist, kann ein gesellschaftliches Problem sichtbar machen, läßt aber dessen Natur vollkommen unbestimmt. Häufig stellt der *Moralismus* sogar eine Abwehr gegen die soziologische Analyse dar, die zwangsläufig die sozialen Beziehungen und im besonderen die Klassen- und Machtverhältnisse zur Diskussion stellt.

2. Mit der gleichen Entschiedenheit müssen die Soziologien der *Intention* zurückgewiesen werden. Meinungen erscheinen um so besser formuliert, je entschlossener und bereitwilliger man sich in die soziale Organisation selbst begibt und folglich die normale Ordnung der Analyse umkehrt. Die Demokratie ist keine Registratur von Meinungen innerhalb eines Sozialsystems, von politischen Institutionen und als erworben erachteter Sitten und Gebräuche. Sie beruht auf der Fähigkeit der größtmöglichen Anzahl von Akteuren, den sozialen Beziehungen gemäß zu handeln, in die sie effektiv eingebunden sind, und nicht ausgehend von Objekten, Kategorien und Regeln, die angeblich außerhalb jedes sozialen Eingriffs begründet sein sollen.

3. Es ist leicht, die Soziologie zu verfehlen. Es genügt schon, die Erklärung für die Reaktionen von Akteuren in ihrer Situation zu suchen und diese in Begriffen zu fassen, denen die sozialen Beziehungen fremd sind: etwa der Stellung in Raum und Zeit, der ökonomischen Konjunktur, dem Stand der Technologie, der Religionszugehörigkeit usw. Soziologie beginnt mit der Anerkennung einer Kategorie von Tatsachen, die weder objektiv noch subjektiv genannt werden dürfen: der sozialen Beziehungen. Der Gesamtbereich soziologischer Analyse gliedert sich nach den verschiedenen Arten sozialer Beziehungen. Klassenverhältnisse, politische Einflußbeziehungen, Organisationsrollen und zwischengesellschaftliche Beziehungen sind deren wichtigste Vertreter.

Eine Situation und eine Verhaltensweise zueinander in Beziehung zu setzen trägt nur in dem Maße zur soziologischen Analyse bei, wie die Situation und die Handlungen in soziale Beziehungen übertragen werden können.

4. Besondere Bedeutung hat dieses analytische Prinzip im Bereich sozialer Pathologie. Unablässig wird von Devianz und Außenseitertum, von Wahnsinn und Verbrechen, d. h. von der Nicht-Konformität mit einer Regel, einem Brauch, einer Gruppe, gesprochen. Solche Verhaltensweisen müssen jedoch durch den Bruch der sozialen Beziehungen, folglich durch die Auflösung eines Sozialsystems erklärt werden. Das Verhalten kann mit der Isolation eines Akteurs oder mit der Inkohärenz von Normen und Anreizen zusammenhängen; es kann die Antwort eines Akteurs auf mangelnden Einfluß gegenüber den Entscheidungen, die ihn berühren, sein oder Auswirkung des Erstickens der Klassenbeziehungen unter Herrschaft und Entfremdung; es kann schließlich eine Reaktion sein auf kulturelle Veränderungen, die die Beziehungen zwischen Hoffnungen und Erwartungen erschüttern.

5. Soziale Beziehungen sind, ausgenommen im Krieg, niemals face-to-face-Beziehungen. Keine soziale Tatsache kann durch Austauschbeziehungen zwischen den Handelnden, durch die Strategien und Absichten eines jeden von ihnen vollständig erklärt werden.

Der Akteur wird durch die Beziehung definiert; diese stellt sich nicht erst zwischen Akteuren her, die unabhängig von ihr gesetzt sind. Die Analyse der sozialen Beziehungen ist demzufolge von der eines Sozialsystems, das eine spezifische Einheit aufweist, nicht zu trennen: Innerhalb einer Organisation sind die Handelnden durch das Autoritäts- oder Schichtungssystem oder durch eine Gesamtheit von Normen festgelegt. In einem politischen System geschieht dies durch ihre Rolle im Rahmen der Entscheidungsbildung; auf der höchsten Ebene stehen die gesellschaftlichen Klassen im Konflikt miteinander, sie kämpfen um die Aneignung des gesellschaftlichen Selbststeuerungsprozesses, um den Sinn, den die Gesellschaft ihrer Praxis gibt.

Es ist demnach unmöglich, System und Akteure zu trennen. Wollte man es doch tun, müßte sich die Soziologie zwischen der Erforschung der Naturgesetze des Systems und der Berufung auf Bedürfnisse, den Willen und die historische Bedeutung der Akteure aufreiben. Gibt es noch eine Soziologie der Industriegesellschaften, wenn die Analyse des Kapitalismus von der der Arbeiterbewegung getrennt wird?

Kommentar zur zweiten Idee

1. Die wissenschaftliche Erklärung besteht stets darin, Beziehungen herzustellen und jeden Rekurs auf Wesenheiten und Zwecke zu unterbinden. Wie aber soll dieser Grundsatz respektiert werden, wenn der Gegenstand der Forschung soziales Verhalten ist, d. h. ein an Zielen und Normen ausgerichtetes Handeln? Woher stammt der »Sinn« sozialer Verhaltensweisen? Ist einmal jeder Rekurs auf den Finalismus, mag er göttliche Vorsehung oder Sinn der Geschichte heißen, ausgeräumt, dann gilt es anzuerkennen, daß die Gesellschaft ein System von Beziehungen zwischen Elementen darstellt, zwischen Elementen besonderer Art freilich. Die Gesellschaft ist um keinen Code und keine Mechanismen zur Aufrechterhaltung des internen oder externen Gleichgewichts aufgebaut, oder dieser Systemtyp repräsentiert nur eine Funktionsebene der Gesellschaft, deren Autonomie um so mehr abnimmt, je mehr man sich Gesellschaften nähert, die ein großes Wandlungspotential aufweisen. Tatsächlich sind die Gesellschaften in der Lage, ihre Normen zu ändern; die Erfahrung eines internen oder externen Ungleichgewichts führt nicht immer zu einem Eingriff, der das beobachtete Verhalten auf das von der Norm vorgesehene, das erwartete Verhalten zurückführen soll, sondern kann auch zu einer Modifikation der Norm selbst, zum Erlernen neuer Verhaltensformen führen.

Was die Psychologie »Lernen« nennt, heißt in der Sprache der Soziologie »Politik«.

Jenseits dieser Anpassung an Wandlungsprozesse, die die Normen durch Verträge und Transaktionen ersetzt, haben die menschlichen Gesellschaften überdies die Fähigkeit, ihre Orientierungen zu produzieren, Normen zu setzen. Sie unterwerfen ihre Praxis einem freiwilligen Eingriff durch sich selbst, den ich ihre Historizität nenne.

Dieser Eingriff beruht auf technischen, ökonomischen und kulturellen Bedingungen. Eine Gesellschaft wirkt zunächst deshalb auf sich selbst ein, weil sie mit sich nicht übereinstimmt: ihr eignet ein symbolisches Vermögen, eine Erkenntnisfähigkeit, d.h. die Fähigkeit, ihr Verhältnis zur Umgebung in Abhängigkeit von ihrer Identität zu organisieren. Gewiß ist jede Gesellschaft Teil der Natur, jedoch legt sie sich nicht auf eine Ordnung fest, sondern verändert diese Ordnung durch ihre Arbeit. Zweitens, diese Distanz zu sich selbst gerät in dem Maße zu einer realen Handlung, wie ein Teil des konsumierbaren Produkts nicht konsumiert, sondern akkumuliert und auf eine Weise, die die ökonomische Organisation festlegt, investiert wird. Schließlich wird diese Fähigkeit, kraft Erkenntnis und Akkumulation auf sich einzuwirken, selbst noch erfaßt, wird zum Gegenstand einer Repräsentation. Auf diese Weise tritt der »Sinn« hervor, den ich als kulturelles Modell bezeichnet habe: Eine Gesellschaft wirkt dem Bild gemäß auf sich ein, das sie von diesem schöpferischen Vermögen besitzt – je nachdem, ob dieses als wissenschaftliche oder technische Praxis, oder vielmehr als metasoziales Wesen gefaßt wird, findet sich die gesellschaftliche Praxis entweder durch ein ökonomisches Entwicklungsmodell oder aber durch ein Modell der Transzendenz gestaltet.

2. Selbstproduktion, Anpassung, Organisation bilden die drei Funktionsebenen der Gesellschaft. Sie stehen allerdings in einem Bestimmungsverhältnis. Die Historizität wirkt auf die Praxis ein; das historische Handlungssystem setzt ein kulturelles Modell, einen Mobilisierungsmodus der sozialen Ressourcen, ein Hierarchisierungsprinzip und eine Definition der Bedürfnisse durch, d.h. es setzt die Kategorien durch, welche die durch die Arbeit definierten Praxisbereiche beherrschen: Produktion, Organisation, Verteilung und Konsumtion.

3. Ein historisches Handlungssystem ist allerdings keine konkrete soziale Gesamtheit, wie auch eine Produktionsweise nicht mit ei-

ner nationalen Gesellschaft identifiziert werden darf. Es handelt sich um eine abstraktere Einheit. Dagegen entspricht ein politisches System notwendig einer konkreten, durch Grenzen abgesteckten Kollektivität, in der Entscheidungen getroffen werden, bei deren Ausführung allein legitimerweise auf Gewalt zurückgegriffen werden darf. Die Anpassung einer Gesellschaft an Veränderungen ist also ein Untersuchungsgegenstand, der auf ein komplexes, zwischen einem soziologischen Typ und einer historischen Einheit stehendes Ensemble verweist.

Eine Organisation stellt eine in Raum und Zeit bestimmte Einheit dar, gleich ob es sich um ein Unternehmen, eine Stadt oder eine nationale Gesellschaft handelt. Sie besitzt Normen und einen Autoritätsapparat, wirkt aber nur innerhalb eines politischen Systems und im Rahmen seiner Gesetze, wie auch dieses nur innerhalb eines historischen Handlungssystems agiert. Eine Organisation ist demnach der Ort, an dem sich in hierarchischer Anordnung Produktion, Anpassung und Steuerung der Gesellschaft verbinden.

4. Die Hierarchie dieser Systeme darf keinesfalls mit der Hierarchie von Kategorien sozialer Tatsachen verwechselt werden, als steuerten zum Beispiel die ökonomischen Tatsachen die politischen und diese wiederum die Ideologien oder kulturellen Praktiken. Die Produktion der Gesellschaft durch sich selbst ist weder eine ökonomische Tatsache, noch das Resultat einer Idee oder einer Absicht. Die Historizität einer Gesellschaft ist nicht von ihrer Aktivität, ist nicht von dem zu trennen, was man die Produktivkräfte nennen kann; sie bringt aber auch, durch Erkenntnis, Akkumulation und Repräsentation der Kreativität, den Sinn der Aktivität hervor. Die Historizität ist eine Aktion. Desgleichen ist die soziale Organisation Technik und Norm, Macht und Gleichgewicht in einem.

Die Autonomie des politischen Systems und der sozialen Organisation bezüglich des historischen Handlungssystems beruht in erster Linie auf der Tatsache, daß diese Systeme nicht denselben realen Einheiten entsprechen. Sie manifestiert die Autonomie jeder historischen Einheit gegenüber einem soziologisch definierten Ensemble.

5. Die Soziologie analysiert alle Systeme sozialer Beziehungen, vermittels derer eine Gesellschaft auf sich einwirkt. Sie darf nicht mit Sozialwissenschaft schlechthin gleichgesetzt werden. Denn jene Einwirkung ist auf Natur gerichtet und verwendet materielle

Hilfsmittel. Die Historizität geht von einer gesellschaftlichen Tätigkeit aus und kehrt, ihr einen Sinn verleihend, wieder zu ihr zurück. Sie reißt sich von ihr los und unterwirft sie ihrer Macht, sie erzeugt sie nicht. Die Erkenntnis aller Gesellschaften ist folglich auf Soziologie und Anthropologie verteilt: die Anthropologie ist die Naturwissenschaft des gesellschaftlichen Lebens und befaßt sich mit Systemen, in die der Sinn von Handlungen nicht hineinspielt.

Kommentar zur dritten Idee

1. Der Begriff der Gesellschaftsklassen ist für die historische Forschung unentbehrlich: ein analytisches Instrument der Soziologie ist er nicht. Diese Funktion kommt vielmehr dem Konzept der Klassenverhältnisse zu. Die Versuchung ist stets groß, die Geschichte als den Aufstieg des dritten Standes oder der Arbeiterklasse zu lesen, die derart gleichsam zu einem »natürlichen« Wesen wird, das sich von den Fallen und Hindernissen frei macht, die die herrschenden Klassen aufgestellt haben. Der Akteur, ob er nun eine Klasse ist oder etwas anderes, muß aber ausschließlich durch seinen Platz innerhalb einer sozialen Beziehung, innerhalb eines spezifischen Modus des Einwirkens der Gesellschaft auf sich, definiert werden.

Die Klassenverhältnisse setzen die Produktion der Gesellschaft durch sich selbst in Gang; die Klassen stellen die in Konflikt stehenden Akteure der Historizität dar. Allerdings verwendet die Alltagssprache den Begriff der Klasse im Sinne von Kategorie. Es müssen also unterschieden werden:

– die Statusgruppen oder besser: die sozio-professionellen Gruppen, die durch ihre jeweilige Stellung innerhalb einer differenzierten und hierarchisierten sozialen Organisation bestimmt werden;

– die Interessengruppen, definiert durch ihren Einfluß im Entscheidungssystem und allgemeiner im Staat. Ist von Mittelklassen die Rede, werden am häufigsten solche Kategorien bezeichnet, die sich auf dieser Ebene definieren, die einen gewissen politischen Einfluß besitzen. Die organisierten Berufe, die Verwaltungsangestellten, bestimmte Kategorien von Produzenten sind Beispiele dafür;

– die gesellschaftlichen Klassen selbst. Wohlgemerkt, ein und dasselbe Individuum, ein und dieselbe Gruppe kann sowohl einer sozio-professionellen Kategorie, Interessengruppen und einer Klasse angehören. Die Bedeutung dieser Positionen wechselt allerdings je nach Gruppe und Situation.

2. Die Klassenverhältnisse sind von der Historizität nicht zu trennen, denn der Klassengegensatz sorgt für die Distanz, welche die Gesellschaft sich selbst und der Aktion gegenüber einnimmt, die sie gegen sich selbst vollzieht.

3. Die Klassenverhältnisse werden immer zunächst ökonomisch definiert. Die Oberklasse ist jene, die die Akkumulation steuert, die sie vom konsumierbaren Produkt abzweigt und so der Masse der Produzenten vorenthält.

Mag sie eine zentrale Rolle in der Produktion innehaben oder durch religiöse, militärische oder staatliche Funktionen definiert werden, führende Klasse ist sie nur, wenn sie über die Akkumulation und demzufolge über die Produktionsweise gebietet.

Diese Klasse nimmt jedoch die gesamte Historizität in Beschlag und nicht allein die Akkumulation. Sie wird demnach auch durch ein kulturelles Modell und eine Erkenntnisweise definiert, die sie sich anzueignen trachtet, obwohl beide niemals vollkommen auf ihre Ideologie reduzierbar sind.

Es ist müßig, die ökonomischen und die sozio-kulturellen Aspekte einer Klasse voneinander abzuheben. Das Feld der Klassenverhältnisse ist weder ökonomisch, noch politisch, noch kulturell; es bildet das Feld der Historizität, also einer bestimmten Aktion der Gesellschaft gegenüber sich selbst, die sich ebenso in der ökonomischen Aktivität verkörpert wie kulturell orientiert ist.

Daraus ist der Schluß zu ziehen, daß die in Konflikt stehenden Klassen demselben Historizitätsfeld zugehören. Zu keiner Zeit hat die beherrschte Klasse die Nachfolge der herrschenden Klasse angetreten. Sie verschwindet oder wird mit dieser an den Rand gedrängt. Ihre Lösung erfahren die historischen Klassenkämpfe nicht durch den Umsturz der Herrschaft, sondern durch einen Wechsel der Historizität.

4. Die Klassenverhältnisse bilden folglich eine doppelte Dialektik. Es ist die Historizität, Bildung des Sinns der Verhaltensweisen, auf die hin die Oberklasse in ihrer Eigenschaft als führende Klasse die Gesellschaft als ganze zieht. Aber nicht die Gesellschaft selbst wirkt auf sich ein: Die Gesellschaft kann nicht zugleich sie selbst und das andere, die eigene Produktion und die eigene Reproduk-

tion sein. Die führende Klasse ist demzufolge nicht das universelle Bewußtsein der Gesellschaft, sondern nur eine partikulare Gruppe, die partikulare Interessen verfolgt und durch die Herrschaft definiert wird, die sie der Gesamtgesellschaft aufzwingt. Als herrschende Klasse identifiziert die Oberklasse die Historizität mit ihren Interessen, verdinglicht sie und verwandelt konsequenterweise die Produktion in ein Erbgut, die innovative Aktion in erworbene Interessen. Eine herrschende Klasse weist so die Tendenz auf, in einem Block herrschender Interessen aufzugehen, worin alte und neue Herrschaftsklassen sowie ihre politischen, ideologischen und staatlichen Agenten verschmelzen.

Die Volksklasse setzt sich aus all denen zusammen, die die Akkumulation des Teils ihres Arbeitsproduktes nicht verwalten und die derart Kategorien der gesellschaftlichen Praxis, Entscheidungsmodi und einer direkten Herrschaft unterworfen sind, die in den Händen der gegnerischen Klasse liegen.

Gegen diese Herrschaft, die sich auf die Historizität beruft, aber für partikulare Interessen eingesetzt wird, sucht die Volksklasse sich zu schützen, indem sie sich auf die Erhaltung der Formen ihres gesellschaftlichen und kulturellen Lebens zurückzieht. Also Abkapselung ins Milieu, in die Nachbarschaft, die Verwandtschaft, die Sprache, die Volksgruppe, das Geschlecht, das Alter usw., je nach Situation.

Doch empört sie sich auch gegen jene private Aneignung und kämpft für die kollektive Wiederaneignung der Historizität.

Klassenverhältnisse und Klassenhandeln haben zwei Seiten. Die Utopie einer Klasse bildet deren Identifikation mit der Historizität. Der Gegner wird auf den Status des Nicht-Sinns degradiert. Die Ideologie ist die Zurückführung der Historizität auf den Akteur und folglich die Entstellung des Gegners zur Anti-Historizität, zum Prinzip des Bösen. Jedes Klassenhandeln ist zugleich Beziehung zur Historizität und zum Gegner. Privilegiert die Utopie die erste Beziehung, so läßt die Ideologie die erste in der zweiten aufgehen.

5. Der umfassende Zusammenhang, der zwischen der Historizität und den gesellschaftlichen Klassen besteht, führt zur Zurückweisung des Wertbegriffs, zumindest in der Bedeutung, die ihm die soziologische Analyse gewöhnlich zugeschrieben hat. Ein sozialer Wert erstellt ein Trennungsprinzip für die als gut oder schlecht bewerteten Verhaltensweisen innerhalb einer gegebenen Kollektivi-

tät. Die den Begriff des Wertes ins Zentrum der Analyse stellen, bekräftigen folglich die Kontinuität der Bewegung, die, kraft zunehmender Differenzierung, von den kulturellen Werten zu den sozialen Klassen, dann zu den Rollen führen, d. h. zu den normalerweise von den Partnern erwarteten Verhaltensweisen. Diese Kontinuitätsvorstellung muß verworfen werden. Die kulturellen Orientierungen werden nicht durch Differenzierung zu Normen; zwischen die Orientierungen und die Normen schieben sich die Klassenverhältnisse, dergestalt, daß die Normen die Herrschaft einer Klasse, deren institutionelle Hegemonie oder organisatorische Macht und zugleich die Orientierungen des historischen Handlungssystems zum Ausdruck bringen. Von Werten zu sprechen heißt, die Ideologie der herrschenden Klasse zu übernehmen, die ihre Existenz und ihre Interessen in eins setzt mit der Historizität und so mit der Gesamtgesellschaft.

6. Die Klassenverhältnisse sind ein Konzept der synchronischen Analyse der Gesellschaft, zur Untersuchung dessen, was man gemeinhin die Sozialstruktur nennt. So macht die historische Beobachtung nicht unmittelbar die Existenz einer Oberklasse oder einer Volksklasse sichtbar, sondern eher Gesamtheiten, die durch ihre Rolle innerhalb eines gesellschaftlichen Wandlungs- und speziell eines Entwicklungsprozesses, d. h. des Übergangs von einem Gesellschaftstyp zu einem anderen, definiert werden.

Wir wollen als Führungselite die Gruppe bezeichnen, die die Entwicklung lenkt, und als Masse die Gesamtheit derer, die darin mitgezogen werden. Diese Gruppen sind niemals mit den Klassen deckungsgleich. Fast sind sie es dann, wenn nach dem Abbau des vorangehenden Gesellschaftstyps ein neuer Gestalt gewinnt. Demgegenüber ist der Unterschied zwischen beiden dann extrem ausgeprägt, wenn die Entwicklung eine Umwälzung der früheren politischen, sozialen und ökonomischen Ordnung, die ihrer Transformation Widerstand entgegensetzt, zur Voraussetzung hat. Die Führungselite allerdings, die um Fraktionen der alten führenden Klasse, um den Staat oder um eine revolutionäre Volkspartei aufgebaut sein kann, beansprucht in der Gesellschaft, die sie entstehen läßt, auch eine Rolle als führende und herrschende Klasse.

Kommentar zur vierten Idee

1. Die Klassenverhältnisse weisen zwei Aspekte auf, insofern jede Klasse zu der anderen in Gegensatz steht und zugleich auf ein historisches Handlungssystem hin orientiert ist.

Das scheidet zwei extreme und allzu einfache Vorstellungen aus: Der ersten zufolge bildet das historische Handlungssystem eine Gesamtheit von Werten, auf deren Kontrolle gegensätzliche gesellschaftliche Gruppen ihren Anspruch geltend machen; für die zweite stellt die Gesellschaft nur mehr eine Menge politischer und ideologischer Mittel dar, die den Fortbestand einer durch Privatinteressen oder ökonomische Mechanismen bestimmten Klassenherrschaft garantieren.

Die erste Vorstellung nötigt zur Aufgabe des Klassenbegriffs und zu der Annahme, daß ein kultureller Bereich existiert, dessen Bestimmung unabhängig von den Verhältnissen zwischen gesellschaftlichen Akteuren erfolgt und der nur auf seiner eigenen Ebene, durch seinen spezifischen Platz innerhalb der Evolution von Werten, innerhalb der Geschichte der Menschheit, expliziert werden kann. In diesem Sinne wurde die Soziologie mit evolutionären Schemata vollgestopft, die den Übergang von der Gemeinschaft zur Gesellschaft, von der mechanischen zur organischen Solidarität, von der »folk-culture« zur Stadtkultur, vom Partikularismus zum Universalismus beschrieben. Solche stets ethnozentrischen Geschichtsphilosophien stellen freilich nur Hindernisse für die Analyse dar.

Definiert man umgekehrt die soziale Herrschaft und die Klassenverhältnisse in Kategorien nicht-sozialer Art, d. h. ohne die Handlungsorientierungen zu berücksichtigen, dann muß man zwangsläufig einen Gegensatz zwischen dem Privatinteresse und den fundamentalen Bedürfnissen des Menschen, einer menschlichen Natur postulieren, die sich wie die Existenz Gottes jeder soziologischen Analyse entzieht. Mehr noch, man unterbindet damit jede Verbindung zwischen der Untersuchung eines ohne jeden Bezug auf die Verhaltensweisen definierten Systems und der Untersuchung der Verhaltensweisen, die durch den Bezug auf jene Natur bestimmt sind.

2. Das System der Klassenverhältnisse bestimmt wohl die Verhaltensweisen der Klassenakteure, muß aber selbst auch als ein Handlungssystem definiert werden. Die Klassenverhältnisse stellen das

konfliktreiche (nicht widersprüchliche) Ingangsetzen der Historizität, der Produktion der Gesellschaft durch sich selbst dar. Allerdings werden die Klassenverhältnisse ständig durch die herrschende Ordnung zerstört, wird der Konflikt unaufhörlich durch den Widerspruch verdrängt.

Würden wir von führender oder herrschender Klasse sprechen, wenn die gegensätzlichen Klassen mit gleichwertigen Waffen kämpften? Gewiß nicht. Die Wahl der Waffen ist Sache der Oberklasse: sie verfügt über die Panzer und die Maschinengewehre – dem Gegner läßt sie die Pflastersteine.

Keine Oberklasse, die nicht eine gewisse politische Hegemonie und organisatorische Macht, d. h. eine bestimmte Fähigkeit besäße, die Spielregeln, die Normen einer Kollektivität festzulegen. Dabei werden die Konflikte entschärft, wird das antagonistische Verhältnis durch den Gegensatz von Eingeschlossenem und Ausgeschlossenem ersetzt. Es wird der Widerspruch proklamiert: Dieses Verhalten gefährdet die Gesellschaft, ist unannehmbar, muß unterdrückt werden, ist skandalös.

– Die erste Aufgabe der Soziologie bestand und besteht darin, diese »Positivität« der sozialen Ordnung, die Scheidung des Normalen und des Pathologischen, des Legalen und des Illegalen bloßzustellen. Hinter technischen oder »natürlichen« Kategorien findet die Soziologie Formen von Politik, Entscheidungen und Interessen wieder. Niemals wird sie akzeptieren, daß ein Akteur im Namen der Gesellschaft spricht, ohne seine Verhältnisse zu den anderen Akteuren klarzustellen. Allerdings verläßt man auch das Terrain der Soziologie und betritt das der Ideologie, wenn man erklärt, die gesellschaftliche Praxis sei nichts anderes als die Ideologie der herrschenden Klasse.

Die gesellschaftliche Praxis ist ebensowenig der Diskurs eines Akteurs wie der Diskurs der Werte:

– zum ersten, weil die gesellschaftliche Praxis immer die Praxis einer historischen Einheit ist, die keine soziologische Einheit aufweist;

– zum zweiten, weil sie die Klassenverhältnisse, die politischen und die organisatorischen Beziehungen vereinigt, die nie zur Deckung kommen – es sei denn, sie würden von einem totalitären Staat absorbiert, und in diesem Fall kann von einer herrschenden Klasse nicht mehr gesprochen werden;

– zum dritten, weil keine beherrschte Klasse vollkommen zum

Schweigen verdammt ist. Wohl mögen es die offiziellen Diskurse, die Historiographen des Königs zustande bringen, daß ihre Stimme nicht mehr gehört wird. Doch wird die erste Aufgabe des Soziologen, des Historikers und des Ethnologen darin bestehen, denen wieder Gehör zu verschaffen, die keinen Zugang zu den Informationsmitteln besitzen;

– zum letzten, und dies ist der entscheidende Punkt, weil der Klassenkonflikt nur deshalb besteht, weil in ihm ein Einsatz zum Tragen kommt, weil die Gegner dieselbe Sprache sprechen, demselben historischen Handlungssystem angehören. Liberalismus und Sozialismus sind klassenspezifische, folglich konfligierende Vorstellungen des Fortschritts, dieses kulturellen Modells der Industrialisierung. Der Staat und die Nation stellen die entgegengesetzten Bilder des kulturellen Modells der Souveränität dar, das den handeltreibenden Gesellschaften eigentümlich ist. Gerade heute gehen jene, die sich auf den Konsum berufen, und jene, die ihn im Namen einer notwendigen Kulturrevolution ablehnen, in gleicher Richtung über die Kultur der industriellen Epoche hinaus und richten sich in einer Gesellschaft ein, in der die Kultur zum Terrain sozialer Herrschaft und zur Stätte der Kontestation geworden ist.

3. Die Klassenverhältnisse nehmen unterschiedliche Formen an, je nachdem, ob die Führungs- oder die Herrschaftsrolle der Oberklasse stärker im Vordergrund steht, und je nachdem, ob die Volksklasse eher defensiv oder eher kontestierend eingestellt ist. Je mehr das Paar Führung–Kontestation überwiegt, um so direkter bezieht sich der Konflikt auch auf die Historizität; je mehr demgegenüber das Paar Herrschaft–Verteidigung überwiegt, um so stärker ist der Konflikt in einen komplexeren Kampf gegen oder für die herrschende Ordnung eingebunden; um so mehr steht auch die Reproduktion dieser Ordnung zur Debatte, während sich die Produktion der Gesellschaft in der Vorstellung und im Verhalten der Akteure auflöst.

Je direkter sich der Klassenkampf auf der Ebene des historischen Handlungssystems abspielt, desto »praktischer«, ökonomischer, erscheint er, desto mehr kann er sich allerdings auch auf Verhandlungen beschränken.

Tritt er vor allem auf der Ebene der Klassendeterminanten des institutionellen Systems auf, dann erscheint er politischer, verschmilzt aber leicht mit dem Verhalten von Interessengruppen und politischen Koalitionen.

Tritt er schließlich nur auf der Ebene der sozialen Organisation in Erscheinung, dann reagiert er auf deren Schein von »Positivität« und begibt sich auf die Ebene der Ideologie. Allerdings kann er mit der Nichtanpassung verschmelzen.

Diese Formen von Klassenhandeln, die sich im Bewußtsein der Akteure widerspiegeln, geben dem Soziologen niemals das Recht zur Annahme voneinander getrennter ökonomischer, politischer und ideologischer Bereiche der Gesellschaft. Vielmehr können die Klassenverhältnisse sowie die politischen Beziehungen direkt oder nur über einen »konkreteren« Bereich der gesellschaftlichen Wirklichkeit in Erscheinung treten.

4. Die Formen des Klassenverhaltens, worunter die historischen Bewegungen als deren spezifischste Form zu zählen sind, weisen demgemäß zwei komplementäre Aspekte auf. Zum einen den Kampf gegen die gegnerische Klasse und die Bezugnahme auf soziale und kulturelle Orientierungen, den Einsatz in diesem Kampf. Zum anderen die Errichtung oder die Ablehnung einer gesellschaftlichen Ordnung, die sich nicht als das Werk eines Klassenakteurs, sondern als ein Gesamtgefüge von Zwängen darstellt, die sich gegenüber allen Akteuren durchsetzen und auf diese Weise die Arbeiter noch tiefer in Abhängigkeit und Entfremdung verstrikken.

Die erste dieser beiden Formen von Kontestation nenne ich soziale Bewegungen, die zweite: kritische Aktion. Eine historische Bewegung vermag beide nicht zu trennen. Würde sie in einer gänzlich abgeschlossenen Situation agieren, dann kämpfte sie global gegen eine Klassenherrschaft, eine institutionelle Blockierung, eine organisatorische Krise, einen allgemeinen Archaismus, und ihr Handeln geriete zu etwas vollkommen Unbestimmtem, zu einer Verweigerung, die nur mehr zu einem Instrument in den Händen einer neuen Klasse oder einer neuen Führungselite werden könnte.

Wäre der Konflikt dagegen gänzlich offen, so, weil die führende Klasse keinen Einfluß auf die Sozialordnung ausübte, der Konflikt folglich ganz und gar institutionalisiert wäre. Eine solche Situation ist nur bei einem umfassenden Verlust der Historizität, nur in einer Gesellschaft denkbar, die sich Sorgen allein um die Verteilung und nicht um die Produktion macht, einer in Verfall und Auflösung begriffenen Gesellschaft. Den sozialen Bewegungen kommt in den Gesellschaften größerer Bedeutung zu, die homogener sind, d.h.

die beim Eintritt in ein neues historisches Handlungssystem das alte System zerstören; je heterogener dagegen eine Gesellschaft ist und je mehr die Macht in den Händen eines Blockes – nationaler oder ausländischer – herrschender Klassen liegt, desto größere Bedeutung gewinnen die kritischen Aktionen.

Kommentar zur fünften Idee

1. Historizität einer Gesellschaft ist keine Ansammlung von Vorstellungen, kein »Ideal«, vielmehr die Arbeit einer Gesellschaft an sich selbst. Sie übt auf die Formen gesellschaftlicher Praxis Einfluß aus: zunächst auf die Institutionen, d.h. auf die Mechanismen der Bildung der als legitim erachteten Erscheinungen, dann auf die Organisationen, d.h. auf die Produktionseinheiten von Gütern und Dienstleistungen, die ihre Ziele und Normen festlegen und ihre Austauschbeziehungen mit der Umgebung und ihre internen Gleichgewichtslagen kontrollieren.

Mittels des historischen Handlungssystems wird die Historizität zum Sinn der Praxisformen. Jenes ist durch den Gegensatz zwischen dem, was Orientierungen vorgibt, und dem, das sich Orientierungen vorgeben läßt, gekennzeichnet. Selbst die Gesellschaft, die über die größtmögliche Fähigkeit verfügt, auf sich einzuwirken, ist kein Demiurg. Unablässig stößt sie auf »Natur«, folglich auf eine Ordnung, die nicht auf einem Willen beruht. Je mehr das kulturelle Modell auf ein metasoziales Bild der Kreativität verweist, desto enger ist es an die elementaren Strukturen einer Gemeinschaft gebunden. Je klarer dieses Modell als Aktion des wissenschaftlichen Denkens auf die Praxis erscheint, desto stärker verbindet es sich mit und hebt es sich zugleich ab von den humanen und nicht-humanen Mitteln wie der Technologie, der Sprache, dem Leib und besonders dem Gehirn und der Umwelt.

Das historische Handlungssystem verbindet überdies Ordnung und Bewegung. Das kulturelle Modell muß sich in das Prinzip sozialer Hierarchisierung und in die Bestimmung kultureller Bedürfnisse verwandeln.

Schließlich ist es sozial und kulturell in einem, Beziehungsfeld einer Kollektivität in Hinblick auf ihre Handlungsbedingungen und Beziehungsbereich der Angehörigen einer Kollektivität.

Diese drei Gegensatzpaare – Orientierungen/Ressourcen, Bewegung/Ordnung, Kultur/Gesellschaft – bilden in ihrer Verbindung das historische Handlungssystem, dessen Spannungen das historische Handlungsfeld und den Zugriff der Historizität auf die Praxisformen zum Vorschein bringen, die sich ihr doch auch wieder entziehen.

2. Demnach wird die Gesellschaft unter dem Gesichtspunkt der sozio-kulturellen Orientierungen wie der Klassenverhältnisse nicht von einem Korpus von Werten, auch nicht von Widersprüchen beherrscht, sondern von ihrer eigenen Aktion gegenüber sich selbst, die durch Distanz gegenüber der Aktivität bei gleichzeitigem Zugriff auf die Praxis gekennzeichnet ist, durch Klassenkonflikte und nicht durch die Mobilisierung einer Gemeinschaft.

Alltagsleben und soziale Herrschaft zeichnen das Bild einer Gesellschaft, die durch Prinzipien oder Interessen, durch einen Staat oder eine Oligarchie gelenkt wird. So ist in der Tat die soziale Ordnung ein »naturalisiertes« Bild der sozialen Organisation. Dieses Trugbild müssen wir beiseite schieben und die Produktion der Gesellschaft durch sich selbst, ihre Nicht-Übereinstimmung mit ihrem Funktionsablauf wiederfinden, wir müssen die dem historischen Handlungssystem eigentümlichen Spannungen und die doppelte Dialektik der gesellschaftlichen Klassen aufdecken. Die soziologische Analyse darf niemals, will sie über die naiv konformistische Beschreibung der sozialen Ordnung hinausgehen, einen Akteur oder eine soziale Tatsache als einen einfachen Punkt darstellen. Beide können nur als eine doppelte Bewegung begriffen werden: die Abstandnahme der Historizität gegenüber der Aktivität und ihre Hinwendung zu den Praxisformen, denen sie die Richtung gibt.

3. Die Vorstellung ist verlockend, daß eine vollkommen »moderne« Gesellschaft, die fähig wäre, die metasozialen Garanten der Ordnung zu zerschlagen, das Schaffen als ihr eigenes Vermögen zur Transformation zu erkennen und ihre Situation als Produkt ihres eigenen Handelns zu bestimmen, sich der hier entwickelten Analyse entzöge, folglich nicht mehr durch die Spannung zwischen Ordnung und Bewegung und auch nicht mehr durch den Klassenkonflikt gekennzeichnet wäre. Verwandelte sie sich nicht in eine Organisation, die praktisch, je nach Erfordernis, ihre Beziehungen zur Umgebung steuert, indem sie ihre Kosten zu vermindern und ihre Entscheidungen in Abhängigkeit von der Vielzahl der auf sie einströmenden Einflüsse zu optimieren trachtet?

Diese Vorstellung nimmt die liberale Ideologie wieder auf und vergröbert sie noch. Wie diese bildet sie, mehr als die Analyse der Gesellschaft, ein Instrument in den Händen der führenden Klasse. Es ist normal, daß in dem Augenblick, da ein neuer Typ von Gesellschaft Gestalt annimmt, es auf der einen Seite die Ideologie der führenden Klasse und auf der anderen Seite die Revolte gegen die Kultur und die obsolet gewordenen gesellschaftlichen Verhältnisse sind, die sich als erste zu Wort melden. Die eine wie die andere sind auf Modernisierung eingestellt und »vergessen« das Vorhandensein gesellschaftlicher Verhältnisse und kultureller Spannungen, die sich noch nicht mit ausreichender Klarheit abzeichnen.

Doch nichts darf vergessen machen, daß jede Gesellschaft zum Zwecke ihrer Transformation auf sich selbst einwirkt und folglich in sich gespalten ist. Die Entwicklung, der Wandel einer Gesellschaft vollziehen sich nicht pragmatisch, nicht auf »harmonische Weise«. Geschichte ist wie die Entstehung einer Persönlichkeit immer ein Drama. Die Macht der Apparate, die Gefährdungen des Totalitarismus, das Aufeinanderprallen von Wissenschaft und Macht, das Auftreten neuer sozialer Bewegungen sollten eigentlich von der Notwendigkeit überzeugen, die neuen Formen der Selbstproduktion der Gesellschaft zu suchen.

Wir sollten weder den fälschlich »realistischen« Illusionen eines Bildes von der Gesellschaft als einem politischen, sozialen und ökonomischen Markt verfallen, noch der regressiven Utopie einer Menschheit anhängen, die sich in die Nischen des Öko-Systems zurückzieht und von dort aus aufs Neue die heilige Ordnung der Dinge betrachtet.

Kommentar zur sechsten Idee

1. Der Staat scheint die Gesellschaft zu personifizieren. Er ist es, der entscheidet, organisiert, der integriert und ausschließt. Daher beginnt die Erkenntnis der Gesellschaft mit dem Zweifel an der Souveränität des Staates und mit der Erforschung der sozialen Beziehungen aller Ordnungen, die eine Gesellschaft konstituieren und in die der Staat interveniert. Dieser ist keine Ebene und kein Sektor der Gesellschaft. Er verwandelt die Gesellschaft in einen historischen Agenten. Deshalb darf er auch niemals auf ein System sozialer Beziehungen, speziell auf das politische System, reduziert

werden. Bestand hat der Staat nur soweit, wie er kraft seiner Aktion das Historizitätsfeld, die Institutionen und die Organisation einer Gesellschaft miteinander vereinigt. Die einzigen Beziehungen, die im eigentlichen Sinne das staatliche Handeln charakterisieren, sind die Beziehungen zwischen den Gesellschaften: der Staat führt Krieg und leitet die Diplomatie. In soziale Beziehungen ist er nicht einbezogen.

2. Eine führende Klasse könnte in einer Gesellschaft, in der jegliche Vergangenheit abgeschafft, die also homogen wäre, ihre Herrschaft ohne den Rückgriff auf den Staat ausüben. Dieser ginge einfach zugrunde, vor allem, wenn das politische System offen genug wäre, um eine weitgehende Institutionalisierung der Klassenkonflikte zu erlauben. Das ist der Traum der Liberalen. Die Aussage, der Staat sei das Instrument einer führenden Klasse, ist folglich konfus und nahezu nutzlos. Der Staat agiert innerhalb eines Historizitätsfeldes dergestalt, daß er faktisch kein Souverän, vielmehr der führenden Klasse unterworfen ist. Doch da diese nicht die gesamte Bühne beherrscht, besitzt er auch Autonomie. Zunächst einmal, weil auch jene führende Klasse Herrschaft ausübt und als solche an das Erbe der Vergangenheit, folglich auch an die alten herrschenden Klassen gebunden ist. Der zaristische Despotismus ist kein Instrument der Bourgeoisie, er verteidigt vielmehr die überkommenen Formen sozialer Herrschaft. Umgekehrt können die alten führenden Klassen zu den Eliten werden, die den Wandel steuern. Dem Staat wird dabei noch eine zentrale Rolle zugewiesen. Autonom ist der Staat auch, weil er ein Agent der sozialen Intervention sein kann, der, die Grenzen des politischen Systems überschreitend, die Kräfte des Volkes mobilisiert oder ausnutzt. Für die Volksbewegungen gewinnt die Aktion über den Staat um so mehr an Bedeutung, je nachdrücklicher sie auf eine zugleich geschlossene und krisenhafte soziale Ordnung treffen. In einem solchen Fall spricht die Volksbewegung dann eher von der Übernahme der Staatsmacht als vom Umsturz der Klassenherrschaft. Und je mächtiger eine revolutionäre Bewegung ist, desto stärker ist der Staat, den sie hervorbringt; er mag sogar in der Lage sein, unter seiner Autorität die ganzen Systeme sozialer Beziehungen zu vernichten. Der Staat ist am schwächsten, wenn die führende Klasse hegemonistisch ist; er gewinnt in dem Maße an Stärke, wie er sich entweder an die alten herrschenden Klassen oder an die aufbegehrenden Klassen bindet.

3. In bestimmten Gesellschaften übernimmt der Staat auch andere Funktionen.

In den handeltreibenden Gesellschaften bildet er den Vermittler eines kulturellen Modells, das der Souverän, der Fürst ist, der die Tauschbeziehungen und die Verteilung regelt sowie die Staatskasse verwaltet. Einige industrialisierte Länder wie Frankreich haben reichlich Mühe, sich dieses metasozialen, sakralen Staates zu entledigen, der einer Industriegesellschaft nicht mehr angemessen ist. Es waren demnach die handeltreibenden Gesellschaften, in denen der Staat als Vereinheitlichungsprinzip seine größten Triumphe gefeiert hat und in denen die Juristen die privilegierteste Gruppe der Intellektuellen bildeten. Freilich kann der Souverän nie ganz mit dem Staat verschmelzen: ist der erste der Agent des Sakralen, so der zweite ein Verwalter.

In den industrialisiertesten Gesellschaften gerät der Staat dagegen mehr und mehr zum Verwalter von Organisationen, zuweilen von Industrieunternehmen, von Kliniken, fast überall von Forschungszentren und von wissenschaftlich-militärischen Einrichtungen, wo immer es sie gibt. Der Staat agiert als führende Klasse. Wird diese Funktion allerdings zur vorherrschenden, dann löst sich der Staat faktisch zugunsten einer Technokratie auf. Diese ist eine führende Klasse und keine Form des Staates. Der Staat kann weder in den handeltreibenden Gesellschaften auf den Souverän, noch in den postindustriellen Gesellschaften auf die Technokratie reduziert werden. In allen Gesellschaften stellt er eine Gesamtheit von Bindungen zwischen den die Gesellschaft konstituierenden Systemen dar – und folglich einen bedeutenden Akteur des sozialen Wandels.

4. Nichts ist einer sozialen Bewegung fremder als der Staat in seiner Eigenschaft als Agent des sozialen Wandels und als Träger der intentionalen Beziehungen.

Dieser Gegensatz findet sich in wechselnden Ausprägungen in allen Gesellschaftstypen wieder. Die Strategen des Staates geben sich realistisch: ihr Ziel ist die Verteidigung des Nationalstaates gegenüber anderen Staaten, die Wahrung seiner Einheit und Integrität; das kann zu Modernisierung führen oder, umgekehrt, zu deren Abwehr. Die soziale Bewegung spricht unmittelbar im Namen einer Klasse und aus einem Gesellschaftstyp heraus. Ihre Aktion wird nicht bestimmt durch eine territoriale Kollektivität und deren Beziehungen zu anderen Gesellschaften, sondern durch ein historisches Handlungssystem und durch Klassenverhältnisse. Wenngleich soziale Bewegungen und starker Staat in der soziologischen Analyse Gegensätze sind, so stehen sie doch in der historischen Praxis in einem engen Verhältnis. Eine soziale Bewegung, die sich nur in der »bürgerlichen Gesellschaft« verankerte, wäre vollkommen institutionalisierbar. Umgekehrt ist der Staat nie stärker als gerade dann, wenn er eine neue Gesellschaft hervorbringt, während die neue führende Klasse unfähig ist, sich aus eigener Kraft zu entwickeln.

Seit der Französischen Revolution ist die Idee der Nation von der Vorstellung bestimmt, daß Volksbewegung und Staat sich entweder vermischen oder entgegensetzen oder aufeinander folgen. Die Soldaten der Revolution werden die des Empire und bleiben doch die der Nation. Die kommunistischen Bewegungen werden zum kommunistischen Staat, ohne daß dabei der Wille zu nationaler Unabhängigkeit und nationaler Entwicklung an Stärke verliert.

Die im Kampf mit einer sozialen Herrschaft stehenden sozialen Bewegungen zielen alle darauf ab, die Einheit einer Gemeinschaft, die Übereinstimmung von revolutionärem Akteur und Kollektivität wiederzufinden. Sie können sich nicht allein durch ihre Feinde definieren – sie müssen auch eine Fahne hissen, um die sich das Volk sammeln soll. Der Revolutionär steht allemal dem Eroberungswillen, dem Expansionismus und dem Hochmut des Volksstaates nahe.

Wenn auch der zeitliche Abstand zwischen der sozialen Bewegung und dem Staat oft sehr kurz ist, so ist doch der soziale Abstand stets groß: Viele Revolutionäre, Kämpfer und Intellektuelle wurden denn auch von dem Abgrund zwischen beiden verschlungen. Hier muß die Soziologie noch mehr als sonst auf den Positivismus von Beschreibungen und Klassifikationen verzichten. Die sozialen Bewegungen und der Staat sind nicht Teile eines Puzzles. Sie definieren sich ausschließlich durch ihre doppelte Bewegung wechselseitiger Anziehung und Abstoßung. Eine steigende Flut sozialer Bewegungen, die den Staat überspült, bevor dann der Rückfluß die mit Strandgut umlagerten Felsen wieder freilegt. Wie die Historizität selbst ist die soziale Bewegung zugleich Kritik und Ausrichtung des staatlichen Handelns.

Kommentar zur siebten Idee

Es existieren drei allgemeine Kategorien kollektiver Verhaltensweisen.

1. Die Formen des Historizitätsverhaltens sind durch Erneuerung oder durch Bewahrung bestimmt. Sie erfinden eine neue Erkenntnisweise, neue Formen der Akkumulation, ein neues kulturelles Modell oder sie verteidigen ein kulturelles Erbe. Sie treten demzufolge entweder auf der Ebene des historischen Handlungssystems, der Entdeckung neuer Formen der sozialen Mobilisierung und Hierarchisierung oder der Bestimmung kultureller Bedürfnisse auf. Ihrem Prinzip nach von den Formen des Klassenverhaltens unabhängig, verschmelzen sie doch häufig mit diesen. Der Wille zur Modernisierung kann mit dem Auftreten einer neuen führenden Klasse im Zusammenhang stehen, oder aber mit dem Kampf revoltierender Kräfte gegen die Wahrung einer traditionalistischen Sozialordnung, die die überkommenen Formen der Klassenherrschaft perpetuiert.

Je schneller der Wandel vonstatten geht, um so größere Bedeutung erfährt die Infragestellung der Macht. Sie ist nicht voll einer Klassenaktion gleichzustellen. Nicht alle kollektiven Aktivitäten, die mit einem Wechsel der Historizität einhergehen, dürfen als soziale Bewegungen bezeichnet werden.

2. Inter-soziales Verhalten tritt nicht nur im Rahmen inter-nationaler Beziehungen auf, sondern überall dort, wo die Akteure ausschließlich durch Beziehungen der Gewalt oder der Konkurrenz aneinander gebunden sind, ohne dabei demselben sozialen Ensemble anzugehören. Die Konkurrenz zwischen Unternehmen oder ein Streik weisen inter-soziale Beziehungen auf, können in strategischen Begriffen untersucht werden, obwohl eine solche Analyse außerstande ist, grundlegende Aspekte dieses Verhaltens, das die Klassenverhältnisse ins Spiel bringt, zu erfassen.

3. Die im eigentlichen Sinne sozialen Verhaltensweisen sind durch ihre Zugehörigkeit zu einem System von Akteuren bestimmt, das jenes der gesellschaftlichen Klassen, der politischen Kräfte oder der Organisationsrollen sein kann.

Die gesellschaftlichen Praxisformen gehen aus der Verbindung dieser drei Verhaltenstypen zu allen möglichen Kombinationen hervor. Die organisatorischen Verhaltensweisen definieren sich in bezug auf Normen und Autorität. Es sind positive oder negative

Reaktionen auf die jeweilige Position des Akteurs. Sie geraten in eine Krise, wenn das System der Normen anomisch wird, wenn es in willkürlicher Weise manipuliert wird oder sich in instabile Transaktionen auflöst.

Die institutionellen Verhaltensweisen akzeptieren einen Modus der Erzeugung legitimer Entscheidungen oder weisen ihn zurück, je nach dem Einfluß, den der Akteur auf diesen Prozeß ausübt oder auszuüben hofft.

Formen organisierten Klassenverhaltens sind die sozialen Bewegungen. Innerhalb eines gegebenen Gesellschaftstypus kann es entweder nur eine soziale Bewegung der führenden Klasse oder der Volksklasse geben, allerdings splittert sich eine solche Bewegung im allgemeinen auf, denn sie erreicht ihr Ziel nur vermittels organisatorischer Forderungen und Pressionen gegenüber dem politischen System.

Eine soziale Bewegung, die sich völlig und unmittelbar auf die Ebene der Klassenverhältnisse stellte, wäre nichts als Klassenideologie. Sie gewinnt nur auf Dauer Gestalt, wenn sie die Forderungen und Pressionen aufnimmt und überschreitet. Es gibt keine Arbeiterbewegung ohne die Forderung nach höheren Löhnen und besseren Arbeitsbedingungen; es gibt keine Arbeiterbewegung, die keinen Druck ausübte, um in die Entscheidungen, die die Arbeiter angehen, einzugreifen.

4. Die sozialen Bewegungen sind die bedeutendsten kollektiven Verhaltensweisen. Je stärker die metasozialen Garanten der Sozialordnung sind, desto umfassender werden jene an ihrer Manifestation gehindert und müssen in der Gegenkultur der Beherrschten gesucht werden. Das trifft auch für die kolonisierten Gesellschaften zu.

Die sozialen Bewegungen sind stets zugleich durch ihr Verhältnis zum Gegner wie ihr Verhältnis zum historischen Handlungssystem bestimmt. Ihre Entwurfebene bildet die Integrationsstufe dieser beiden Verhältnisse.

Innerhalb eines Historizitätsfeldes können die sozialen Bewegungen nie vollständig institutionalisiert werden. Ein Klassenkonflikt, der in einer historischen Einheit zentrale Bedeutung noch nicht erlangt hat oder nicht mehr besitzt, ist nicht in der Lage, eine soziale Bewegung höheren Niveaus entstehen zu lassen; er führt entweder zu einer in den Reaktionen auf soziale Krisen eingebetteten Utopie oder zu einem institutionellen Druck oder aber zu einer einfachen Klassensubjektivität. Keine soziale Gruppe stellt die gesamte Geschichte hindurch einen privilegierten Träger von sozialen Bewegungen dar. Diese lassen sich nicht von jeweiligen Klassenverhältnissen und von den Orientierungen des historischen Handlungssystems trennen.

5. Wie es durch organisatorische Krisen determinierte Verhaltensweisen gibt, so auch solche, die sich durch den Zerfall oder die Desorganisation der Entscheidungsmechanismen oder der Klassenverhältnisse erklären lassen. In allen Fällen sind die verschiedenen Formen von Krisenverhalten, die bis zu den als pathologisch etikettierten Verhaltensmustern reichen können, durch die fehlende Kommunikation mit einem Gegner oder Konkurrenten, durch den Verlust an sozialer Lokalisierung ausgezeichnet. Sie verwandeln einen Ausschluß oder eine gesellschaftliche Außenseiterstellung in »psychologische« Probleme, in ein Zurückziehen auf als deviant erachtete Verhaltensmuster, in Schuldgefühle, in Aggressivität ohne spezifisches Objekt. In den industrialisierten Gesellschaften, in denen die Klassen unmittelbar durch ihr jeweiliges Verhältnis zueinander statt durch ihre Attribute als reale und stabile Gruppen bestimmt werden, in denen die Entscheidungen, die das Individuum betreffen, aus der Ferne und unter Zuhilfenahme von Mitteln getroffen werden, die der Kenntnis der Mehrzahl der Betroffenen entgehen, kommt diesen Formen krisenhaften, aus dem Zusammenbruch geborenen Verhaltens eine wachsende Bedeutung zu. Sie dokumentieren die Schwierigkeit der Diskussion in technisch-bürokratischen Systemen und die Hindernisse, die sich der Klassenaktion im Rahmen einer durch Apparate und Wandlungsprozesse gekennzeichneten Gesellschaft stellen.

6. Die Entfremdung resultiert aus dem Widerspruch zwischen den einem Akteur der Volksklasse eigentümlichen Verhaltensweisen und jenen, die ihm durch die soziale Herrschaft aufgezwungen werden, aus dem Widerspruch zwischen konfliktbestimmter und abhängiger Partizipation. Diese Abhängigkeit kann direkt sein: Unterwerfung unter die Interessen der herrschenden Klasse, oder indirekt: Unterwerfung unter institutionelle oder organisatorische Praktiken, die die Hegemonie- oder Machtverhältnisse kaschieren.

Kommentar zur achten Idee

1. Begreift man Gesellschaft als eine Organisation, die durch Normen gesteuert wird, so läßt sich sozialer Wandel nur durch die Akkumulation von Abweichungen erklären, die aufgrund ihrer besseren Anpassung an die Umwelt oder durch Gewalt aufrechterhalten und verstärkt werden.

Insbesondere sind nicht alle Akteure derart sozialisiert, daß sie dazu beitragen, den früheren Zustand der Gesellschaft zu reproduzieren; ihre Individualität, ihre Lebensgeschichte, die Umstände können einige von ihnen dazu bringen, ein Ereignis zu initiieren und die soziale Organisation zu ändern, was um so einfacher ist, je schwächer und je uneinheitlicher die Mittel der sozialen Kontrolle sind. Der soziale Wandel wird dann als exogen angesehen; dafür ist er auch unbegrenzt, da nichts die Grenzen festzulegen vermag, innerhalb derer die Veränderung sich zu halten hätte.

Ein politisches System wandelt sich durch Lernen, d. h. indem es sich den Veränderungen seiner Umgebung und seinen internen Transformationen anpaßt, indem es seine Integrationsfähigkeit zu maximieren trachtet. Dieser Wandel kann weder als exogen noch als endogen bezeichnet werden; er ist begrenzt, weil das politische System innerhalb kultureller Orientierungen und einer Klassenherrschaft agiert, die in ihren wesentlichen Dimensionen durch Anpassungsmechanismen nicht verändert werden können.

Ein Historizitätsfeld kann interne Wandlungen, z. B. einen ökonomischen Wachstumsprozeß, durchmachen; es kann auf den Wandel hin ausgerichtet sein, in dem Maße, wie der Konflikt zwischen der führenden und der aufbegehrenden Klasse stärker ist als der Gegensatz zwischen einem Block herrschender Klassen und einer Volksklasse in Verteidigungsstellung, aber es kann sich nicht in ein anderes verwandeln. Auf dieser Ebene ist die Geschichte diskontinuierlich.

2. Wie kann man dann Entwicklung, d. h. den Übergang von einem Historizitätsfeld zu einem anderen, erklären? Das ist nur möglich, wenn man eine konkrete Gesellschaft betrachtet, mit anderen Worten, wenn die Wirkungen der Verschiebung beobachtet werden, die zwangsläufig zwischen den verschiedenen Funktionsebenen besteht. Es gilt, drei hauptsächliche Fälle voneinander abzusetzen.

Im ersten Fall stoßen neue Produktivkräfte, die sich an den Rändern der Gesellschaft herausgebildet hatten oder aus dem Ausland eingeführt wurden, auf die Blockade des Institutionensystems, auf die Krise oder die Rigidität der sozialen Organisation, auf die Hegemonie alter herrschender Klassen, auf einen repressiven Staatsapparat. Kritische Aktionen, ausgeführt von den Volksklassen oder von Teilen der führenden Klasse, die in Verbindung mit dem Staat stehen, reißen dann die Schranken ein, die der Veränderung im Wege stehen, vergrößern die Fähigkeit zur Investition oder zur Mobilisierung des Volkes und setzen eine voluntaristische Veränderung in Gang. Die auf den Volksschichten aufbauenden historischen Bewegungen können hier die Gestalt revolutionärer Transformationen annehmen.

Im zweiten Fall, der den heterogeneren Gesellschaften entspricht, in denen das Gewicht der überkommenen gesellschaftlichen Formen geringer ist, hat die im Innern sich vollziehende Modernisierung institutionelle Reformen und kulturelle Erneuerungen zur Folge, wodurch der Übergang ohne Bruch vonstatten gehen kann. Jedoch ist ein solcher konfliktlos ablaufender Prozeß nur schwer vorstellbar. Die historischen Bewegungen werden hier unmittelbar durch den Klassenkampf und dessen institutionelle Bedingungen bestimmt.

Im dritten Fall geht es um die abhängigen und kolonisierten Gesellschaften. Diese sind durch die Spaltung zwischen den führenden Wirtschaftskräften und den gesellschaftlichen Verhältnissen, also durch die wechselseitige Abhängigkeit des Modernen und des Traditionellen und durch eine mangelhafte nationale Einheit gekennzeichnet. Die sozialen Bewegungen, die Klassenbewußtsein, kulturelle Modernisierung und Kampf für nationale Unabhängigkeit vereinigen müssen, bilden sich nur mühsam heraus und sind dem Zugriff des Staates ausgesetzt, dessen Aktion sich entweder zugunsten der Stärkung einer mit dem Ausland verbündeten führenden Klasse oder zugunsten einer stärkeren Integration und nationalen Mobilisierung auswirken kann.

3. Bestimmt man eine Gesellschaft durch ihre Funktionsweise, sei diese nach dem Modell eines Organismus oder dem einer Maschine entworfen, dann ist man außerstande, von den Wandlungen, durch die sich die Gesellschaften auszeichnen, Rechenschaft abzulegen. Jedes soziale System, ob Organisation, Institution oder Historizitätsfeld, weist eine gewisse Einheit auf und vermag sich demzufolge nicht auf rein kontinuierliche Weise zu transformieren. Iso-

liert läßt sich die Mehrzahl der sozialen Tatsachen auf einer Entwicklungslinie anordnen; man kann das Wachstum der Energieressourcen, die Körpergröße der Rekruten oder die Zahl derer überprüfen, die die Messe besuchen – aber derart präsentiert, eignen sich diese Tatsachen nicht mehr zur soziologischen Erklärung. Die wird erst dann möglich, wenn die »Tatsachen« erneut in soziale Systeme eingefügt werden.

Es ist ein müßiges Unterfangen, über die Zukunft des Wirtschaftswachstums zu debattieren; sinnvoll ist es jedoch, sich über die Grenzen der Industriegesellschaft und über die Erscheinungsformen einer postindustriellen Gesellschaft Gedanken zu machen.

Es würde allerdings bedeuten, sich den Leichtfertigkeiten einer vergleichenden Geschichte hinzugeben, wollten wir globale Typen entwerfen, die unmittelbar historischen Einheiten entsprechen sollten. Entwerft solche Typen, und ihr seid in ihnen gefangen. Der Wandel wird dann unerklärbar.

Man kann ihn aber erklären, sobald man sich in Erinnerung ruft, daß sich nicht der Typus wandelt, sondern daß die Gesellschaft von einem Typus zu einem anderen übergeht, weil in ihr stets eine Kluft zwischen der Sozialstruktur und der historischen Realität besteht.

4. Eine solche Trennung von synchronischer und diachronischer Analyse steht im Gegensatz zum Bewußtsein der Akteure. Die Volksbewegungen wollen eine andere Zukunft. Der Staat möchte eine neue Gesellschaft schaffen, und die führende Klasse verkündet, sie werde die Gesellschaft dem Überfluß zuführen. In Wirklichkeit bilden die gesellschaftlichen Verhältnisse, die Handlungsmuster und die gesellschaftlichen Ideologien ein geschlossenes Ganzes. Gemeinsam mit der Gesellschaft sterben auch deren Klassenkämpfe und deren Ideologien ab. Von einer Gesellschaft zur anderen erneuert sich alles: die kulturellen Orientierungen, das Erkenntnissystem, die Akkumulationsmechanismen, die Form der Arbeitsorganisation, das Hierarchieprinzip, die Definition der Bedürfnisse, die Akteure, das Feld und der Einsatz der Klassenverhältnisse.

Das Gesellschaftsdenken ist bemüht, so lange wie möglich den neuen Wein in die alten Schläuche zu gießen, aber dieses Unterfangen, schon seit jeher vergeblich, ist es heute mehr denn je zuvor, da sich in allen Bereichen die Veränderungen häufen und uns eigentlich davon überzeugen müßten, daß unter unseren Augen tatsächlich ein neuer Gesellschaftstyp im Entstehen begriffen ist.

5. Die Entwicklung, der Übergang von einem Historizitätsfeld zu einem anderen, resultiert ebenso aus »negativen« Faktoren – der Schwächung der sozialen, politischen und kulturellen Kontrolle seitens der alten Ordnung, sowie der ökonomischen oder strategischen »Öffnung« der Gesellschaft auf eine neue Umgebung hin – wie aus »positiven« Faktoren – der Herausbildung einer Führungselite, die eine alte oder neue gesellschaftliche Klasse oder eine politische Kraft sein kann, und der Mobilisierung der Volksmassen, d. h. der Formulierung von Erwartungen und Ansprüchen, die innerhalb der alten Sozialordnung keine Befriedigung finden. Das jeweilige Gewicht der Verknüpfung dieser Faktoren hängt von allen Aspekten der Funktionsweise der Gesellschaft ab. Die Vorstellung, daß die Gesellschaften auf ein und derselben Evolutionslinie aufeinander folgten und demgemäß durch ihre Stellung auf der Achse Tradition–Moderne bestimmt werden könnten, muß zurückgewiesen werden.

Dies bedeutet nicht, daß den evolutionären Vorstellungen jeglicher Sinn abgesprochen werden müßte. Hier wie anderswo besteht der fundamentale Irrtum in der Identifizierung einer historischen Gesamtheit auf der Ebene der soziologischen Analyse – ein Vorgehen, das gerade den Geschichtsphilosophien eigentümlich ist. Eine evolutionäre Linie läßt sich ziehen, wenn bestimmte soziale Phänomene auf die gleiche Stufe gestellt werden. Es ist legitim, von mehr oder minder starker Differenzierung, von Produktivitätszuwachs oder von der Erhöhung des Pro-Kopf-Einkommens, von der Ausdehnung der sozialen Kontrolle, von der Erweiterung der politischen Partizipation und Kommunikation zu sprechen. Das gibt aber weder das Recht, alle sozialen Phänomene auf diesen Typ zurückzuführen, noch zu meinen, daß die Evolution sich über zunehmende Differenzierung, Produktivität und Partizipation vollziehe.

Kommentar zur neunten Idee

1. Die Soziologie darf sich niemals mit einem Akteur identifizieren, sie darf nicht einmal annehmen, dieser sei Träger des Sinns seines Handelns.

Sie muß jede epische Darstellung der Geschichte vermeiden: Geschichte als Kampf des Lichts mit der Finsternis oder als Aufsteigen der sozialen Evolution zu einem Endpunkt. Kein historischer Akteur entspricht unmittelbar und vollkommen einem Element der Analyse.

2. Es ist der Staat und es sind die Inhaber der Autorität, die eine solche Entsprechung von Faktum und Norm herzustellen trachten. Sie belohnen und bestrafen, sie entwerfen Tätigkeitsprogramme und verteilen Rechte und Pflichten.

Je mehr die Mitglieder einer Gesellschaft derartige Kategorien übernehmen, um so mehr schwinden die Chancen für die Soziologie, sich zu entwickeln. Sie kann in einem totalitären Staat nicht leben.

3. Der Soziologe steht keiner gesellschaftlichen Realität gegenüber, die er zu beschreiben hätte. Er nimmt zunächst gesellschaftliche Praxisformen in Augenschein, die durch Kategorien konstituiert sind, die gleichermaßen von einem kulturellen Feld wie von gesellschaftlichen Verhältnissen bedingt werden. Ein solches Vorgehen würde allerdings schlicht ideologisch, wenn es akzeptierte, nur das zu sehen, was im Licht steht, und zu mißachten, was im Verborgenen liegt. Die Lektüre des sozialen »Textes« darf ausschließlich zu einer kritischen Analyse führen, die aufweist, daß der Text nicht nur einen einzigen Autor besitzt, daß er ein Konglomerat von Entwürfen unterschiedlichen Alters und verschiedener Herkunft bildet und daß sich hinter der Fassade von Kontinuität kulturelle Spannungen und soziale Konflikte verbergen. Zu Recht darf die Soziologie in der Gesellschaft ein kohärentes Ganzes von Praxisformen erblicken – doch die werden durch Macht und Herrschaft gelenkt und nicht durch Funktionen oder Werte. In Wahrheit ist der Abstand zwischen den beiden offenbar gegensätzlichen Positionen ziemlich gering.

Das Thema der sozialen Schichtung kann ebenso mit konformistischen wie kontestierenden Konnotationen behaftet sein – konservativ ist es in beiden Fällen.

Es ist wichtig zu wissen, ob ein Soziologe sich dieser oder jener politischen Kraft oder gesellschaftlichen Klasse verbunden fühlt. Die konservative Soziologie zeichnet sich durch die Behauptung aus, die gesellschaftliche Praxis sei ein kohärentes und integriertes Ganzes.

4. Gegen diese Tendenz richtet sich zunächst ein liberales Denken. Es privilegiert als analytische Ebene die Institutionen, vor al-

lem, wenn diese die zentrale Vermittlungsinstanz sozialen Wandels zu sein scheinen. Die liberale Soziologie ist auch reformistisch. Ihr gebührt das große Verdienst, sich in den Gesellschaften, die sich schnell wandeln, für die Entscheidungsprozesse, für die Herausbildung der Politiken zu interessieren. Stellt es denn nicht einen bedeutsamen intellektuellen Fortschritt dar, sich zu fragen, wie Entscheidungen hervorgebracht werden, die unsere Städte formen, statt danach, welche Funktion der Urbanität zukommt? Diese Vorgehensweise, deren elaborierteste Gestalt sich in der politischen Soziologie finden läßt, die aber auch die Organisationssoziologie von Grund auf erneuert hat, postuliert freilich auf eine nicht zu akzeptierende Art, daß die Institution in Abhängigkeit von den Ansprüchen, die aus dem sozialen Umfeld kommen, und nach internen Auswahlkriterien entscheiden: also im Hinblick auf eine Verminderung von Spannungen, auf die Schaffung von Gleichgewichtslagen, auf soziale Integration usw. Damit leugnet man aber, daß die gesellschaftlichen Verhältnisse und die Orientierungen des historischen Handlungssystems in das politische System eindringen, indem sie die Grenzen und in mehr oder minder starkem Maß auch die allgemeinen Orientierungen festlegen.

Überdies weist ein solches Vorgehen die Tendenz auf, sich mit denen, die die Entscheidungen treffen, zu identifizieren, weil sie im Besitz komplexerer Strategien sind, häufiger verhandeln und über mehr Informationen und bessere Kommunikationsmöglichkeiten verfügen. Man wird hier häufig zu der Meinung verführt, die Führenden hätten, ausgestattet mit Simulationsmodellen und technologischem, ökonomischem, soziologischem und politischem Wissen, auch die entwickeltste und angemessenste Sicht aller Probleme und Perspektiven einer Gesellschaft. Da reicht es schon, wenn man ihnen ihr Verantwortungsgefühl und ihre Sorge um das Gemeinwohl glaubt. Die erste Pflicht des Soziologen besteht jedoch offenbar gerade darin, an so etwas nicht zu glauben – weniger aus Mißtrauen gegenüber den Führenden, sondern aus der Ablehnung solcher rein ideologischen Ausdrücke wie ›Verantwortungsgefühl‹ und ›Gemeinwohl‹ heraus.

5. Die »kritische« oder linke Soziologie entfernt sich am weitesten vom Diskurs der Gesellschaft und von den Ideologien, um derart gesellschaftliche Verhältnisse zu erfassen, und damit zwangsläufig die durch die gesellschaftliche Praxis vorgegebenen Beobachtungseinheiten aufzubrechen. Wer auf den Besonderheiten der Si-

tuation in Argentinien oder Ungarn besteht, kehrt der kritischen Soziologie den Rücken, da dieser der Analyse des historischen Handlungssystems und der Klassenverhältnisse, die in keinem territorialen Rahmen definierbar sind, den Vorrang einräumt.

Sie ist ständig der Gefahr ausgesetzt, sich von der Ideologie der herrschenden Klasse nur abzusetzen, um sich mit der Ideologie der gegnerischen Klasse zu identifizieren, was sie darauf vorbereitet, an dem Tag konservativ zu werden, da eine Klasse oder Elite ihre Gegner davonjagt.

Dessen ungeachtet muß sie mit allen ihren Kräften gegen die Ideologie der herrschenden Klasse und speziell gegen deren Anstrengung angehen, die Herrschaftsverhältnisse hinter »positiven«, technischen, hinter »natürlichen« Kategorien zu verschleiern. Soziologie ist eine kritische Lektüre der gesellschaftlichen Praxis; sie beschreibt nicht den Verschleiß an Normen und Rollen; sie analysiert die Produktion von Praxisformen ausgehend von kulturellen Orientierungen und gesellschaftlichen Verhältnissen.

Diese Soziologie kann nur von denen geschaffen werden, die sich gleichermaßen stark mit der Historizität einer Gesellschaft, deren bedeutenden kulturellen Orientierungen identifizieren und gegen die herrschende Klasse und deren Staatsmacht opponieren. Darin sollte die Rolle der Universität liegen: zugleich der wissenschaftlichen Kreativität und der politischen Kritik zu dienen, anstatt ein Erbe weiterzugeben und junge Menschen zu sozialisieren.

6. Jede dieser »Schulen« verfällt, wenn sie sich nicht im richtigen Verhältnis zu den anderen situiert, wie überdies auch jede Ebene der gesellschaftlichen Realität in ihrer hierarchischen Abhängigkeit und in ihrer Autonomie anerkannt werden muß. Eine kritische Soziologie zerstört sich selbst, wenn sie nicht den Abstand anerkennt, der Klassenverhältnisse, politische Entscheidungen und organisatorisches Funktionieren trennt. Sie wird dann nämlich zum Gegenteil ihrer selbst, zur Ideologie im Dienste einer neuen Führungselite und einer neuen Staatsmacht. Allerdings bedarf die Soziologie auch keiner eklektizistischen, wohlabgewogenen Mischung verschiedener Schulen. Einzig eine Soziologie des Handelns, die nur kritisch sein kann, vermag die Gesamtheit des soziologischen Feldes zu organisieren. Ihre zentrale Rolle kann sie aber nur erfüllen, wenn sie Kritik der anderen analytischen Ebenen ist, wenn sie das, was ihr unterworfen ist, von dem trennt, was Autonomie besitzt und immer auch auf Geschichte verweist.

7. Die erste Pflicht der Soziologie besteht darin, nach dem zu sehen, was verborgen ist, das auszusprechen, was verschwiegen wird, den Riß in einem Diskurs und den Abstand sichtbar zu machen, der das Reden vom Handeln trennt.

8. Die Kritik der Soziologie hat sich auch gegen sich selbst zu richten. Der Intellektuelle steht nicht über der Gesellschaft. Er bringt die professorale und universitäre Rhetorik zum Ausdruck, er ist Schöpfer von Erkenntnis. Er macht eine Gratwanderung zwischen zwei Abgründen: entweder begibt er sich im Namen des Positivismus in den Dienst der etablierten Ordnung, oder aber er schließt sich, aus Angst, in die Falle der gesellschaftlichen Ordnung zu tappen, in ein Spiegelkabinett ein; dort fühlt er sich frei und ist doch nur gefangen in einer Welt ohne Zwänge und Progressionen der Rhetorik und der Reproduktion.

Kommentar zur zehnten Idee

Die Soziologie kann nur vernommen werden, wenn die zwei Stimmen leiser werden, die sie zu übertönen suchen.

1. An erster Stelle die Stimme der herrschenden Ideologie. Wird diese Ideologie vom Staat selbst, im Verbund mit einer führenden Klasse, verbreitet, so daß die Gesellschaft eine Art Block oder das Werk eines Diskurses bildet, dann unterliegt die Soziologie der Ächtung, dann wird sie negiert und verfolgt. Unter solchen Umständen kann die Analyse der Gesellschaft nur mehr zum Kommentar der offiziellen Deutungen geraten.

Je stärker der Staat das Funktionieren der Gesellschaft bestimmt, desto weniger kann diese eine Kenntnis ihrer selbst, die sich vom Willen des Staates absetzt, erwerben. In den liberalen Gesellschaften, d. h. solchen, in denen der Klassenherrschaft, der politischen Führung und der organisatorischen Macht jeweils größere Autonomie zukommt, stößt sich die Soziologie noch an andere integrative Kategorien. »Naturalisieren« einige die soziale Ordnung, die nur durch ihre »Modernität« oder »interne« Differenzierung bestimmt wird, so berufen sich andere auf Wesenheiten, um die gesellschaftlichen Verhältnisse zu verschleiern.

Der Fortschritt der Soziologie setzt allgemein gesprochen eine Krise der Sozialordnung und zugleich das Vorhandensein sozialer Bewegungen voraus, die unter der Oberfläche der Institutionen oder der Kategorien gesellschaftlicher Praxis rumoren und sie zu zerschlagen drohen. Wenn es den von der Sozialordnung hervorgebrachten Deutungen nicht mehr gelingt, von den als »wild« deklarierten sozialen Verhaltensmustern angemessen Rechenschaft abzulegen, wenn die Zensoren den Verfall der Sitten und die unheilvolle Rolle der Intellektuellen denunzieren, wenn sie verkünden, daß tödliche Gefahren auf unsere Zivilisation lauern und unsere Gesellschaft sich von ihren Grundprinzipien lossagt, dann bricht für die Soziologie der Tag an. Sie kann weder eine auf den »gesunden Menschenverstand« gegründete resignative Beobachtung des Laufs der menschlichen Angelegenheiten noch ein gesellschaftliches Integrationsinstrument sein; sie steht mit all den Anstrengungen im Bunde, die der Erkenntnis zum Durchbruch verhelfen, daß die Gesellschaft das Werk von Handlungen und gesellschaftlichen Verhältnissen ist. Das Gesellschaftsdenken deutet die soziale und kulturelle Organisation und sucht die Absichten des Staates zu entziffern; die Soziologie dagegen löst einen positiven Diskurs in seine Bestandteile auf, rückt von den üblichen Auffassungen ab und unternimmt den Versuch, die gesellschaftlichen Verhältnisse und ihre Veränderungen aufzudecken.

2. Solange die Reflexion über die Gesellschaft gefangen bleibt in den Kategorien der sozialen und kulturellen Praxis, ist sie versucht, sich mit dem kulturellen Modell und den metasozialen Garanten der Sozialordnung zu identifizieren, Sozialphilosophie zu werden. Als Suche nach der Welt der Vorsehung, den Naturgesetzen, der sozialen Ordnung und dem Sinn der Geschichte preist das Gesellschaftsdenken eine Welt der Schöpfung, die von den menschlichen Handlungen, über die sie gebietet, abgelöst ist. Aber da man nicht vorgeben kann, von den Menschen zu sprechen, wenn man ausschließlich von Göttern spricht, ist es gespalten durch den Widerspruch zwischen dem Prinzip, das die Gesellschaft leitet, und einer Menschennatur, die diesseits von ihr liegt. In seiner jüngsten Gestalt wurde dieser Widerspruch gelebt als jener zwischen dem Fortschritt, diesem Sturm, der sich auf der Erde erhoben hat, und den fundamentalen, natürlichen Bedürfnissen, kraft derer die Menschen der von der Evolution initiierten Bewegung – Unternehmensgeist, Profit, Entdeckungen – widerstehen. Ein Widerspruch, dessen Überwindung die Sozialphilosophie jenseits oder diesseits der Geschichte sucht, was allemal die Soziologie unmöglich macht.

Diese kann erst in Erscheinung treten, wenn eine Gesellschaft entdeckt:

daß sie endlich ist und an keiner metasozialen Ordnung partizipiert – für die Soziologie schlägt die Stunde erst nach dem Tod der Götter und im besonderen des letzten unter ihnen: des Menschen;

daß sie ein Teil der Natur ist und nicht Stätte der Verbindung von Geist und Körper, Schuld und Gnade, daß sie folglich als System verstanden werden kann;

daß das Sein der Gesellschaft ihr Handeln, ihre Fähigkeit ist, die Orientierungen ihrer eigenen Praxis hervorzubringen, daß ihre Zukunft nur das Resultat von gegenwärtigen Entscheidungen, d. h. eines Historizitätsfeldes – von kulturellen Orientierungen und Klassenverhältnissen – ist.

3. Doch das Auftreten von Gesellschaften eines neuen Typs bringt nicht alle Risiken der Sozialphilosophie zum Verschwinden. Die im sozialen Diskurs verstrickte Interpretation ist gefährlicher denn je, denn die Fähigkeit der Gesellschaft, auf sich einzuwirken, wächst stetig; das kann zur Bildung eines totalitären Staates führen, der die Soziologie in dem Augenblick, da sie sich entwickeln könnte, auch schon verbietet.

Die Weigerung, die Gesellschaft als ein Netz von Handlungen und sozialen Beziehungen anzuerkennen, schlüpft in neue Gewänder. Erneut wird ein metasoziales Prinzip, Wachstum und Nachfragedruck, einer Natur entgegengesetzt, die den menschlichen Handlungen, die nur in ihrem Rahmen wirksam werden können, ihre Ordnung aufprägt.

Das einzig Neue daran ist, daß dieses Mal der Teufel Schöpfer und der Engel Natur ist. Während man sich noch von diesem neuen Märchen einlullen läßt, sind neue Formen von Herrschaft und Ausbeutung, von Macht und Ideologie im Entstehen, ohne daß jemals einer daran dächte, sie zu benennen.

4. Die gegenwärtige Aufgabe der Soziologie besteht darin, die Gesellschaft zur Erkenntnis ihres eigenen Handelns zurückzuführen. Sie übernimmt dann, wie einst die Ökologie in der Industriegesellschaft oder die politische Philosophie in der handeltreibenden Gesellschaft, eine zentrale Rolle in der programmierten Gesellschaft.

III. Systeme und Konflikte

Einführung

Welche Rolle kommt der Technologie zu? Entweder erscheint sie als eine autonome Welt, als eine Gesamtheit von Zwängen, an die sich die als Subjekt begriffene Gesellschaft anpaßt, gegen die sie sich wehrt oder denen sie unterliegt, oder aber sie ist in sich selbst Ausdruck eines Eroberungswillens; in diesem Fall bilden der Gebrauch und die Entwicklung der Technologie selbst nur das Resultat einer komplexeren Gesamtheit von Elementen, die um die Bildung dieses Willens konkurrieren, also einer Politik. So wird der technologische Fortschritt alternativ präsentiert zum einen als Kraft, als konstitutives Prinzip der gesellschaftlichen Realität – dabei bleibt freilich die Verschiedenheit der sozialen Organisationsformen unverständlich, die einem gegebenen Stand der Technologie entsprechen –, zum anderen als ein zunehmend wirksameres Instrument im Dienste gesellschaftlicher Ziele – und dann spielt sie in der Gesellschaftsanalyse keine Rolle mehr, da sie nur Mittel hervorbringt und keinen Einfluß auf die Entscheidung, folglich auf die soziale Organisation, ausüben kann.

Derartige Alternativen können wir nur ablehnen. Zugleich müssen auch die Annahmen zurückgewiesen werden, die sie zur Voraussetzung haben.

In der Tat treten sie nur auf, weil die Gesellschaft als ein funktionierendes Ganzes, vielleicht sollte man sagen, als ein funktionierendes System, angesehen wird. In diesem Sinne wird dann konstatiert, daß jede Gesellschaft ebenso Techniken wie Werte besitzt und man zu ihrer Entschlüsselung von den Techniken zu den Werten aufsteigen kann – oder umgekehrt. In beiden Fällen stößt man auf Widersprüche: Einerseits, warum können die Werte im Gegensatz zu den Techniken stehen, warum steht die Weisheit im Gegensatz zur Macht? Und schon ist man im Gegensatz von Geist und Körper gefangen. Andrerseits, warum widersetzen sich die Techniken den Werten; warum kann eine Gesellschaft nicht das machen, was sie will, warum bewirken die technischen Veränderungen zuweilen so unausweichliche gesellschaftliche Folgen, daß die Werte häufig als Ideologien erscheinen?

Wer die Gesellschaft als System begreifen will, findet sich

zwangsläufig vom Monismus des Anfangs auf einen Dualismus verwiesen: Die Technik determiniert die Gesellschaft, aber diese determiniert wiederum die Techniken.

1. Verschiedenheit und Hierarchie der Systeme

Die Historizität

Die Gesellschaften sind nicht durch ihren Funktionsablauf, sondern durch ihre Fähigkeit zur Selbstveränderung bestimmt. Ihr ökonomisches System wird nicht durch das Gleichgewicht von Produktion und Konsumtion, vielmehr gerade durch deren Ungleichgewicht und die Entnahme eines Teils der Produktion von der Konsumtion zum Zwecke der Akkumulation und Investition definiert. Die Technologie bildet ein Funktionsmittel, aber auch ein Instrument zur Veränderung des Funktionsablaufs, und diese Unterscheidung nimmt in dem Maße an Bedeutung zu, wie die Gesellschaften aufhören, Konsumgesellschaften zu sein und statt dessen Investitions- und Entwicklungsgesellschaften werden, in dem Maße also, wie die Ausrüstungsgüter und die Kapitalgüter einen wachsenden Teil der Gesamtmenge der Produktion ausmachen.

Unter Historizität wollen wir diese Arbeit an der Arbeit, diese Veränderung der Gesellschaft durch sich selbst verstehen.

Es ist unmöglich, sie durch die Technologie, d.h. ein Instrumentarium, zu definieren. Es handelt sich um eine gesellschaftliche Aktion, die durch ihren Sinn, ihre Zielsetzung ebenso definiert werden muß wie durch ihre Techniken.

Diese Kreativität erhält ihre Bestimmung in der Interdependenz dreier Komponenten, deren Reihenfolge der Präsentation demnach unwichtig ist.

1. Eine Akkumulationsweise. Dieses Element läßt sich am leichtesten bestimmen, da man dabei von einer allgemeinen Analyse der Wirtschaftstätigkeit ausgehen kann. Es gibt ein Fortschreiten der Akkumulationsformen. Zunächst kommt die Akkumulation von einfachen Bestandteilen der Wirtschaftstätigkeit. Eine Wirtschaftseinheit akkumuliert Samenkörner in ihren Speichern, oder Arbeitskraft in Gestalt von Kindern, Verwandten oder Sklaven, oder Land und Arbeitsgeräte.

Es folgt die Akkumulation von Tauschmitteln, von Geld oder wertvollen Metallen, d. h. von Distributionsmitteln. Danach kommt die Akkumulation von Kapital durch die Arbeitsorganisation, wie sie sich in den Manufakturen, den Werkstätten und Fabriken vollzieht. Schließlich akkumulieren die ökonomisch fortgeschrittensten Gesellschaften das Kreativitätsvermögen, das wissenschaftliche und technische Wissen.

Der Akkumulationstyp legt unmittelbar einen Typus von Klassenverhältnissen fest – ein Thema, das wir in der Folge noch eingehender behandeln wollen.

2. Diese Fähigkeit zur Akkumulation, folglich zur Arbeit an der Arbeit, ist innerhalb der mit einem symbolischen Vermögen ausgestatteten menschlichen Spezies untrennbar mit einem Erfassen, mit einer Repräsentation der Kreativität verbunden. Ist die Arbeit an der Arbeit gering, die Akkumulation auf die einfachen Elemente der Wirtschaftstätigkeit beschränkt, und ist die Historizität einer Gesellschaft schwach ausgebildet, dann kann die Kreativität einer Gesellschaft nicht als »praktische«, sondern nur als »theoretische« gefaßt werden. Eine solche Gesellschaft postuliert eine Ordnung der Kreativität, die metasozial ist und zugleich über die soziale Ordnung gebietet. Deren metasoziale Garanten werden in dem Maße schwächer, wie sich die praktische Kreativität entfaltet. Die religiöse Welt sinkt erst auf die Stufe einer politischen Ordnung, dann einer ökonomischen Ordnung herab, bis sich am Ende das praktische Erfassen der Kreativität durchsetzt, das man Entwicklung nennt. Dieses Erfassen der Kreativität, von mir kulturelles Modell genannt, ist weder ein System von Werten noch eine Ideologie. Es konstituiert ein kulturelles Feld; keineswegs legt es gute oder schlechte Verhaltensweisen, also Normen, fest.

In unserem Gesellschaftstyp ist Entwicklung demnach keine Verfassung von Dingen, kein Funktionstypus, der durch die Überfülle und die Geschwindigkeit von Tauschakten, einen hohen Grad an Arbeitsteilung und Differenzierung sozialer Rollen gekennzeichnet wäre; sie bildet vielmehr ein kulturelles Modell, eine Gesamtheit von Zielvorstellungen. Ebensowenig wie jede andere mit Historizität versehene Gesellschaft ist auch die unsere nur in Funktionsbegriffen bestimmbar. Auch sie ist nicht von Problemen und Konflikten frei, die ihrer Einwirkung auf sich selbst entspringen. Wenn ich diese Behauptung gleich zu Beginn aufgestellt habe, so um auf die leitende Idee dieser Überlegungen hinzuweisen, und um mich sogleich von jeglicher funktionalistischen Sicht abzusetzen, mag diese sich in ihren traditionellen vom Finalismus gekennzeichneten Formen oder in ihren modernen Ausprägungen zeigen.

3. Schließlich sind die Akkumulation und das kulturelle Modell nicht von einem Erkenntnismodell zu trennen, oder, um einen Ausdruck von S. Moscovici wieder aufzugreifen, von einem spezifischen »Stand der Natur«, d. h. von der kulturellen Konstruktion des Verhältnisses zwischen Mensch und Materie. Eine menschliche Gesellschaft ist in der Lage, symbolische Systeme zu erzeugen und anzuwenden, die sich zwischen Stimulus und Response schieben. Aller Wahrscheinlichkeit nach besteht diesbezüglich kein fundamentaler Bruch zwischen humaner und tierischer Welt; der menschlichen Gesellschaft ist allerdings eigentümlich, daß sie über eine höher entwickelte symbolische Aktivität verfügt, die überdies mit der Veränderung der Umwelt durch Jagd, Landwirtschaft oder Industrie verbunden ist.

Der mechanistische Ansatz ist mit der Akkumulation von Tauschmitteln und folglich auch mit der Macht der politischen Ordnung, der der Stadt oder des Staates, verbunden, wohingegen der historizistische Ansatz der Akkumulation von Kapital und einem »ökonomischen« kulturellen Modell entspricht. Die Akkumulation der Kreativität und das kulturelle Modell der Entwicklung sind nicht von einem Stand der Natur zu trennen, den man systematisch nennen kann. Eine Kultur, die eine ihrem Prinzip nach unbegrenzte Aktion gegenüber sich selbst vollzieht, kann sich nicht anders begreifen und analysieren als über die Interdependenz ihrer Elemente, folglich als System – und nicht, indem sie in ihren Explikationen auf Wesenheiten oder Lebenskräfte rekurriert.

Die drei Dimensionen der Historizität definieren das Eigentümliche menschlicher Gesellschaften: sie haben die Fähigkeit, ihren Sinn zu produzieren. Bilden sie Systeme, Gesamtgefüge aus interdependenten Elementen, so sind sie doch nicht durch einen Code oder durch die Erfordernisse des Überlebens oder des Gleichgewichts determiniert.

Soziale Systeme sind nicht geschlossen, sondern offen, reproduzieren sich nicht, sondern passen sich an, entziehen sich dem Prinzip der Energieabnahme, das die physischen Systeme kennzeichnet, gehen über die homöostatische Regulierung hinaus und verfügen über ein morphogenetisches Vermögen. Der Gegensatz zwischen der Geschlossenheit des Systems und der vitalistisch begriffenen Kraft zur Veränderung muß einer umfassenden Sicht des sich entwickelnden Systems Platz machen, das durch positiven und nicht mehr allein nur negativen *feed-back* vorangetrieben wird.

Diese Konzeption bleibt noch zu verschwommen. Bemühungen um die Entwicklung einer allgemeinen Systemtheorie haben diesen Mechanismen, die über die Reproduktion hinausgehen und die Produktion der Gesellschaft durch sich selbst gewährleisten, eine präzisere Bedeutung gegeben.

Indessen muß man diese Reflexion auch von der soziologischen Analyse her weiterentwickeln, will man nicht Gefahr laufen, die Gesellschaft als vollkommen offen, d. h. als reinen Wandlungsprozeß vorzustellen, derart das Modell des Marktes zu generalisieren und zu vergessen, was den Reichtum und die Unebenheit des gesellschaftlichen Lebens ausmacht. Nicht von der Gesellschaft im allgemeinen darf die Rede sein, vielmehr gilt es, die verschiedenen Funktionsebenen zu unterscheiden. Im besonderen darf das Vorhandensein dessen nicht unberücksichtigt bleiben, was entweder Produktionsweise oder historisches Handlungssystem genannt werden kann. Desgleichen muß vermieden werden, ein metasoziales Wandlungs-, Bewegungsprinzip in Gestalt einer mit ihrer Führungselite identifizierten Unternehmer-Gesellschaft wieder einzuführen.

Wir werden im Gegenteil dazu gebracht, die Gesellschaft als eine Hierarchie von Systemen zu denken. Das höchstliegende System ist das der Historizität, d.h. das der Transformation der Gesellschaft durch sich selbst. Es wird nicht mehr als eine Ausrichtung der Gesellschaft auf eine transzendente Ordnung, jener von Gott, des Souveräns oder des Menschen, begriffen, sondern als eine Dialektik von Eingebundensein und Überschreitung, von Natur und Kultur. Auch wird es als soziales System erkannt, das durch den Konflikt zwischen Führungselite und Geführten, der Volksklasse, bestimmt wird.

Diese Dialektik der Historizität steuert andere Ebenen der gesellschaftlichen Realität, die andersartige Systeme konstituieren: das politische Entscheidungssystem, das durch Einflußbeziehungen zwischen Partnern gekennzeichnet ist, die an der Herbeiführung von Entscheidungen beteiligt sind, die auf eine konkrete soziale Einheit appliziert werden können; das organisatorische Funktionssystem, das durch das Zusammenspiel von Elementen bestimmt ist, deren Bewegungen jeweils Funktionen der anderen bilden. Diese Systeme sind von oben nach unten determiniert, verfügen aber auch über eine gewisse Autonomie. Nichts erlaubt, sie auf eine Einheit zurückzuführen, Gleichgewicht und Bewegung, Konflikt und Integration im Rahmen eines allgemeinen Dynamismus zu verschmelzen, der sich durch Transaktionen und Lernen und ohne strukturell gesetzte Grenzen vollzieht. Wie mir scheint, können wir deshalb die Gesellschaft nicht als einen reinen Prozeß kumulativer Veränderungen begreifen, weil jeder Rekurs auf das, was sich einer am Systembegriff orientierten Analyse entzieht, weil jeder Rekurs auf Wesenheiten, mögen diese nun Gott oder Wandel heißen, strikt vermieden werden muß. Wir wollen im Folgenden diese verschiedenen Systeme zu beschreiben versuchen und beginnen mit dem organisatorischen Funktionieren, weil sich nach unserer Ausgangshypothese darin die Aktion der übergeordneten Systeme auswirkt.

Die Organisation

Betrachten wir sogleich die postindustriellen Gesellschaften, also jene, die durch die Akkumulation der Produktivität, das kulturelle Modell der Entwicklung sowie das systemische Erkenntnismodell bestimmt sind und die sich folglich von den industriellen Gesellschaften, die durch die Akkumulation von Kapital, die Anerkennung einer ökonomischen Ordnung und das historizistische Erkenntnismodell ausgezeichnet sind, unterscheiden. Von der industriellen zur postindustriellen Gesellschaft erweitert sich zunehmend der Anwendungsbereich von Organisation. Seit Anfang des 19. Jahrhunderts ist von der Organisation der Arbeit und der Werkstatt die Rede, in der Folgezeit dringt dann in den Bereich der Unternehmensverwaltungen und von Einrichtungen mannigfacher Art das ein, was häufig Rationalisierung genannt wird. Seit dem 2. Weltkrieg dringt sie in den Bereich der Entscheidungen ein; die ersten Beispiele dieses Fortschreitens sind in der Anwendung der operations research auf militärische Probleme in Großbritannien und den USA vorgeführt worden.

Dieser Fortschritt der Rationalisierung markiert einen grundlegenden Wandel in den Produktionsformen. Die traditionelle Arbeit kann als Energieproduktion angesehen werden, sei es durch menschlichen Antrieb oder durch Maschinen, die entweder unmittelbar oder nach deren Transformation natürliche Energiequellen benutzen. Der Arbeiter besitzt unter diesen Umständen eine spezifische berufliche Autonomie dadurch, daß er den Gebrauch seiner physischen Kraft, seiner Geschicklichkeit und seiner Tätigkeit kontrollieren kann. Zugleich ist er unmittelbar einer sozialen Herrschaft unterworfen, die eine mehr oder minder sichtbare Form der Ausbeutung seiner Arbeitskraft annimmt.

Die marxistische Analyse hat die Natur dieses Verhältnisses in aller Klarheit herausgeschält. Der Unternehmer eignet sich, unter dem Vorwand, die Arbeit des Arbeiters zu kaufen, dessen Arbeitskraft an.

Der Fortschritt der Mechanisierung verändert dieses Verhältnis nicht grundlegend: Daß die langen Arbeitstage durch das »höllische Arbeitstempo« in den Fabriken ersetzt werden, die in großen Stückzahlen produzieren, verändert wohl die Form der Ausbeutung, doch nicht die Natur der Arbeit selbst. Überdies kann von einer fortschreitenden Auflösung der beruflichen Arbeit gesprochen werden, die ihren Höhepunkt keineswegs in den klassischen Fließbandproduktionen findet, sondern in bestimmten automatisierten Arbeitsvorgängen, in denen der Arbeiter, einem Ausspruch G. Friedmanns zufolge, die Rolle eines »Lückenbüßers der Automation« zugewiesen bekommt.

Diese Evolutionslinie, diese Auflösung des alten Arbeitssystems, wird zunehmend von einer anderen Entwicklung überlagert, die dazu führt, nun die Produktion nach dem Modell von Informationen zu begreifen, die durch Kommunikationskanäle fließen. Der Begriff der Tätigkeit wird durch den der Berufsrolle ersetzt. Es gibt keine isolierbare Beziehung mehr zwischen verausgabter Energie und hergestelltem Produkt; der Arbeitsplatz wird durch seine Stelle innerhalb eines Beziehungsnetzes definiert. Das zeigt sich auch in der Unternehmenspolitik: die alten Qualifikationsstufen werden durch Arbeitsplatzbewertung ersetzt und die Entlohnung wird an allgemeine Funktionskriterien des Unternehmens, weniger an die Leistung des einzelnen oder der Gruppe gebunden. Diese Veränderungen wirken sich fortschreitend auf alle Typen von Arbeit, vor allem auf die Verwaltungsaufgaben, aus.

Auch der Bürokrat sieht seine Autonomie dahinschwinden, sieht sich seiner »Techniken« oder seiner Tätigkeit beraubt, und wird statt dessen nur mehr durch seinen Platz innerhalb eines Kreislaufs bestimmt.

Im Hinblick auf seine Berufsrolle wird der Leiter einer Organisation zumal seit Barnard eher als Koordinator eines Gesamtgefüges denn als jener angesehen, der eine besonders mächtige Energiequelle einführt. Diese Entwicklung zeitigt zwei Konsequenzen, die auf den ersten Blick als Gegensätze erscheinen mögen:

1. Zunächst einmal wird ein Produktionsgefüge, das ein Kommunikationsnetz konstituiert, zunehmend deutlicher zu einem System, das global gesteuert werden und mit Kontrollmechanismen ausgestattet sein muß, die jede Teilproduktion in den mit dem Funktionieren und dem Gleichgewicht des Ganzen kompatiblen Grenzen zu halten gestatten, ähnlich wie auch der Wagenstrom an einer Kreuzung so geregelt werden muß, daß er mit der Gesamtmenge der zirkulierenden Wagen in einer Stadt oder einem ihrer Teile koordiniert bleibt. Je straffer diese Koordination ist, um so stärker ist jede Gesamtheit der Gefahr einer bestimmten Rigidität ausgesetzt; daher muß die Koordination so weitgehend wie möglich sein und vor allem darf sie nicht nur die Austauschbeziehungen im Innern der betrachteten Einheit berücksichtigen, sondern muß auch die zwischen der Einheit und ihrer Umgebung in Betracht ziehen. Die Zeiten sind vorbei, in denen die Unternehmen zunächst produzieren und dann verkaufen konnten; das marketing ist weniger ein Instrument zur Erkenntnis des Marktes als ein Koordinationsmittel von Angebot und Nachfrage.

Wird heute zunehmend von Organisationen gesprochen, so um darauf hinzuweisen, daß sie, wie auch immer ihre ökonomische Natur sein mag, ob sie ein Unternehmen oder etwas anderes sind, wie Systeme funktionieren und auf allgemeine Erfordernisse eines internen und externen Gleichgewichts eingehen müssen.

Deshalb erhält der durch Cannon in die Biologie eingebrachte Begriff der Homöostase ein immer umfänglicheres Anwendungsfeld auch im Bereich der sozialen Organisation. Das soziale System, wie es T. Parsons versteht, bildet eine Organisation, die in der Lage ist, sich ihrer Umgebung anzupassen und zugleich ihre internen Spannungen zu steuern, folglich ihre Homöostase aufrechtzuerhalten.

Je stärker eine Organisation Veränderungen einiger ihrer Funktionselemente oder ihrer Umgebung unterworfen, je größer die Interdependenz ihrer Teile ist, desto klarer sind die Wirkungen der Modifikation eines ihrer Elemente auf das Gesamtgefüge aufweisbar. Dies führt dazu, daß eine »berufliche« Definition der Arbeitsplätze nach Möglichkeit ausgeschlossen wird und in der Folge die Einfluß- oder Verteidigungsmöglichkeiten der Mitglieder der Organisation vermindert werden. Damit einhergehend wird es notwendig, die Funktionen nicht durch einen fixen Kontext oder durch bestimmte Operationen zu definieren, sondern durch Variationsgrenzen, die eine angemessene Anpassung erlauben. In der Tat muß eine lokale Variation eine neuerliche Anpassung, muß sie die Suche nach einem Gleichgewicht innerhalb eines festgelegten Raumes nach sich ziehen können. Die Kunst der Organisation besteht vor allem darin, die bestmögliche Übereinstimmung zwischen der Art der Störungen und den Mechanismen zur neuerlichen Hervorbringung von Gleichgewichtslagen herzustellen. Das Gegenteil geschieht in bürokratischen Systemen, wo eine lokale Störung das gesamte Gefüge ebenso in Mitleidenschaft zieht wie eine tiefgreifende Veränderung, so daß bei fehlender Vorselektion schon die geringsten Probleme seitens der Autoritäten ebenso sorgfältige Behandlung erfahren wie die bedeutenderen Probleme. Wohl signalisiert die Integration eines Systems nicht schon dessen Rigidität – aber ebensowenig eine größere Autonomie ihrer Elemente.

Die Homöostase einer Organisation eignet folglich den offenen Systemen, wohingegen die Bürokratie ein geschlossenes System darstellt, in dem sich eine entropische Energieabnahme, ein Schwinden der Varietät, ein Abkühlen der durch eine interne Initiative oder externe Modifikation hervorgerufenen Wärme vollziehen. Wahrscheinlich gibt es keine vollkommen unbürokratische Organisation, die völlig frei von Trägheit wäre, doch wäre es willkürlich, sich das Funktionieren von Organisationen als einen gewaltsamen Zusammenprall von Initiative und Bürokratie vorzustellen. Nehmen wir vielmehr an, daß unterhalb dieser drei Systemtypen, deren hierarchische Abfolge wir uns bemühen festzuhalten, sich ein weiteres System vorfindet, das den physischen Systemen nahesteht und das mit keiner Organisation, die offener und zur Homöostase fähiger ist, verwechselt werden kann.

2. Der Funktionsablauf des Systems ist Entscheidungen unterworfen, die Ziele vorgeben. Das Gleichgewicht kann nicht unabhängig von den durch das Kontrollorgan definierten Normen bestimmt werden, von denen aus die Regelung durch Rückkopplung erfolgt. Die Rationalisierung führt zur Anpassung der Gesamtorganisation an die Entscheidungen der Macht und nicht zur Schaf-

fung eines von jedem gesellschaftlichen Willen unabhängigen rationellen und »transparenten« Ganzen. In dem Maße, wie die berufliche Autonomie dahinschwindet, werden die Tätigkeiten immer enger durch die Natur der gesellschaftlichen Zielsetzungen bestimmt, deren Mittel zur Realisierung sie bilden. Wie steht diese Abhängigkeit mit dem internen Gleichgewicht des Funktionssystems in Verbindung? Man kann sagen, daß die Leitung einer Organisation nichts weiter darstellt als deren Kontroll- und Gleichgewichtsorgan. Doch kann diese Antwort kaum befriedigen. Sie ist überdies unvereinbar mit unserem Ausgangspunkt, demzufolge unser Gesellschaftstyp durch eine Akkumulationsform gekennzeichnet ist, die gerade auf den Großorganisationen gründet. Das Wachstum impliziert Innovation und Macht zugleich, und keineswegs nur Anpassung. Dies nötigt die Führenden dazu, fortwährend auf die Organisation Druck auszuüben, um sie in einen Zustand des Ungleichgewichts zu versetzen, und zwar ebenso in Hinblick auf die zu ergreifenden Initiativen, die mit längeren Verzögerungen verbunden sind, bis sich das organisatorische Gesamtgefüge auf der gleichen Stufe mit den innerhalb eines seiner Teile eingeführten Wandlungen befindet, wie in Hinblick auf die Akkumulation von Macht, die der Organisation, hier Instrument in den Händen einer führenden Klasse, die Fähigkeit verleiht, gegenüber einer »Umwelt«, die durch Propaganda, Werbung oder andere Techniken manipuliert werden kann, ihre Interessen durchzusetzen. Umgekehrt aber ist es auch nicht möglich, die Organisation wie ein geschmeidiges Gefüge, wie einen Handschuh an der Hand der Macht, zu präsentieren.

Folglich muß man anerkennen, daß die Organisation kein integriertes Ganzes bildet, sondern den Ort, an dem das eigentliche organisatorische Gleichgewicht mit der Projektion der Wirkungen der Macht auf die Ebene der Organisation zusammentreffen.

Das soziale System ist ein Netz von Rollen, das so aufgebaut ist, daß die Rollen und die Rollenerwartungen sich entsprechen, daß die Akteure die gleiche Sprache sprechen.

Nun haben allerdings die klassischen Beobachtungen der Organisationssoziologie, und hier in erster Linie die Entdeckung der informellen Organisation, weitgehend offengelegt, daß die gesellschaftliche Realität keineswegs auf eine solche Übereinstimmung von Rollen reduziert werden kann. Niemand spielt das Spiel voll und ganz. Wesentliche Elemente einer jeden Organisation lassen sich durch den Funktionsablauf eines Funktions- oder Kommunikationsnetzes nicht erklären. Die Brüche verdanken sich nicht nur dem Fortbestand von Archaismen oder den bürokratischen Rigiditäten, sie sind auch in der Ausübung von Macht begründet, insofern diese die Entwicklung in Dienst nimmt und sich die Mittel und die Produkte der Entwicklung aneignet. Jene, die nicht über die Macht verfügen, werden folglich zu defensiven (und auch offensiven, davon später) Verhaltensweisen gedrängt, die vom Rückzug bis zum aktiven Widerstand reichen und die wiederum das Gleichgewicht zerstören.

Es darf nicht die Organisation, verstanden als Produktions- oder Distributionseinheit von Gütern und Diensten, mit einer ihrer Ebenen, der des organisatorischen Funktionierens, verwechselt werden.

Gerade die Unterscheidung verschiedener Ebenen, im besonderen die von Organisation und Macht, führt dazu, das Vorhandensein eines auf sein Gleichgewicht ausgerichteten und regulierten Funktionssystems anzuerkennen. An dieser Stelle sei noch ein wesentlicher Punkt präzisiert, der eine funktionalistische Konzeption unterbindet.

Das Gleichgewicht der Elemente des Gesamtgefüges und demgemäß die Anordnung der Akteure in einer Organisation – d. h. auf der Ebene des organisatorischen Funktionierens – ist ein im strengen Sinne technisches. Darin ist keineswegs impliziert, daß die Rollen soziale Realisierungen von Normen darstellten, die selbst wieder Spezifizierungen von Werten bildeten. Das Gleichgewicht einer Organisation ist das eines »natürlichen« und nicht sozialen Organismus. Wer immer noch diesen Funktionsablauf in Handlungs- und Orientierungsbegriffen fassen möchte, ist gezwungen, neuerlich das Konzept des homo oeconomicus einzuführen; damit lassen sich in homogener Weise die sozialen Austauschbeziehungen und ihre Gleichgewichtsbedingungen bestimmen. Man kann auch, unter einer etwas anderen Sicht, eine rein ökonomische Hypothese, das Konzept der monetären Entschädigungen, durch andere ersetzen, so durch das Streben nach dem vorteilhaftesten organisatorischen Status oder nach größtmöglicher Sicherheit. Jedenfalls sind derartige Konstruktionen eher gefährlich als nützlich und werden zudem durch die Erfahrung widerlegt. Soziales Verhalten kann nicht auf Marktverhalten zurückgeführt werden, wie immer auch dieser Markt aussehen mag.

Das Gleichgewicht des Gesamtgefüges muß nicht in Begriffen des Verhaltens von Akteuren verstanden werden können. Es ist sogar nur in dem Maße erfaßbar, wie eine starke »Entpersonalisierung« der Akteure besteht, wie die Rollen in bezug auf Gleichgewichtsbedingungen des Gesamtgefüges und nicht in Kategorien verinnerlichter Normen definiert sind. Das bedeutet ganz gewiß nicht, daß die Akteure faktisch entpersonalisiert sind, sondern daß, zumal prinzipiell, eine Trennung zwischen ihren Rollen und ihren Erwartungen besteht. Diese Trennung auf organisatorischer Ebene stellt eine soziale Tatsache von beträchtlicher Bedeutung und Neuheit dar.

Jedes soziale System verfügt effektiv über ein bestimmes Gleichgewicht und über Mechanismen zu dessen Erhaltung. Es macht die Besonderheit der Organisationen in den postindustriellen Gesellschaften aus, daß jene Mechanismen durch die Verknüpfung eines Entscheidungszentrums mit einem Apparat sichergestellt werden, der als ein natürliches Ensemble, einem Organismus gleich, angesehen werden kann. Dagegen erfolgte die Regelung in den früheren Gesellschaften über verinnerlichte Normen und Werte. Je schwächer die Historizität einer Gesellschaft ist, um so mehr wird deren Gleichgewicht durch den Einsatz solcher Mechanismen gewährleistet, deren extremes Beispiel das vor allem von C. Lévi-Strauss untersuchte Inzestverbot darstellt, die Bedingung des Fortbestandes einer differenzierten Gesellschaft insofern, als es den Austausch der Frauen zum Zwang erhebt und organisiert. Ähnlich bildet das demographische Gleichgewicht einer Bevölkerung während einer längeren Zeitperiode, wie es z. B. E. Le Roy-Ladurie analysiert, kein rein biologisches Phänomen, sondern betrifft alle Ebenen des Verhaltens, vom religiösen Glauben bis zum ökonomischen Kalkül. Das organisatorische Gleichgewicht innerhalb unseres Typs von Gesellschaft wird demgegenüber ein zunehmend technischeres, d.h. ein zunehmend gelenktes, dank der Aufnahme und Verarbeitung einer beträchtlichen Menge von Informationen durch ultra-schnelle Hilfsmittel und der Entwicklung ökonometrischer Kalküle. Die Verhaltensformen der Elemente der Organisation sind jeweils Funktion der anderen, wobei freilich in diesem Kontext der Terminus in seiner mathematischen Bedeutung genommen werden sollte und keinen Rekurs auf funktionalistische Hypothesen impliziert.

Um es deutlicher zu sagen: Die Untersuchung einer Organisation erfolgt stets in drei Stufen. Zunächst muß das System identifiziert werden und damit notwendig auch das, was ihm äußerlich ist: seine Umwelt. Diese Identifizierung scheint selbstverständlich zu sein, da der Spezialist für operations research oder Systemsteuerung durch das Entscheidungszentrum zu Beratungen herangezogen wird. Die Analyse wird dann innerhalb des Unternehmens, des Ministeriums, der Klinik usw. selbst vorgenommen. Von fundamentaler Bedeutung ist dabei allerdings die Wahl der Einheit, da unabhängig von der vorgängigen Annahme bestimmter Ziele das System nicht bestimmt werden kann.

Es ist nicht gleichgültig, ob man als Einheit etwa ein Krankenhaus nimmt und dessen Funktionsablauf zu optimieren sucht oder das Gesundheitssystem insgesamt. Vom Standpunkt des Krankenhauses aus bilden die Ausbildung der Medizinstudenten, die Weiterbildung der praktizierenden Ärzte, die Beziehungen zwischen dem Kranken und seiner Familie oder seinem sozialen Milieu Schwierigkeiten oder Belastungen; sie entspringen nicht seinem Zielsystem. Die Optimierung des Funktionsablaufs hat wahrscheinlich eine gewisse Abschließung des Kliniksystems zur Folge. Betrachtet man dagegen das gesamte Gesundheitssystem, kann man dazu gebracht werden, einigen Aktivitäten große Bedeutung beizumessen, die aus dem Blickwinkel des Kliniksystems dysfunktional erscheinen. Desgleichen stellen auch die medizinische Forschung und die Klinikbehandlung zwei unterschiedliche Einheiten dar. Die Definition eines Systems erfolgt demnach nicht durch die Erfassung einer natürlichen Gesamtheit, sondern dank einer sozialen und kulturellen Konstruktion, die die grundlegenden Aspekte der Historizität, der sozio-kulturellen Orientierungen und der Herrschaftsverhältnisse innerhalb einer Gesellschaft abdeckt.

In einem zweiten Schritt sind die Komponenten des Systems zu definieren, die Elemente, zwischen denen bestimmte Beziehungen bestehen, die man zu berechnen sucht. Auch die Komponenten stellen keine natürlichen Einheiten dar. Eine Komponente wird erst dann als solche erkennbar, wenn sie ein Einflußzentrum erstellt. Zweifellos wird die Bestimmung der Komponenten zum Teil durch die Wahl einer Gesamtheit determiniert. Doch bildet sie ebenfalls eine autonome Operation. Um noch einmal das Beispiel des Krankenhauses anzuführen: Die Beziehungen zwischen dem Behandlungsdienst und dem Laboratorium können nicht dieselben sein, wenn die Verantwortlichen der Laboratorien eine berufliche Ausbildung in Biologie haben, die sich universitär von der medizinischen Ausbildung unterscheidet, oder wenn die Ausbildung der Kliniker und der Biologen einheitlich ist. So ändert sich auch die Rolle des Psychologen, je nachdem, ob die Psychiatrie als eine medizinische Spezialdisziplin angesehen wird oder aber eine besondere Profession darstellt, deren Ausbildung nur einen bedeutenden Teil Psychologie umfaßt.

Die Untersuchung des Funktionsablaufs des Systems, der Beziehungen zwischen den Komponenten innerhalb eines Gesamtgefüges, ist demnach zweifach vorbestimmt. Man kann nicht vom Gleichgewicht einer Organisation an sich, sondern nur vom adaptiven Gleichgewicht bestimmter Gruppen in Abhängigkeit von den Zielen einer Macht sprechen.

Die Funktionalität eines Verhaltens ist nicht dessen Beitrag zum Überleben des Ganzen – eine Formulierung, die nur auf stabile Situationen anwendbar ist, in denen das Ziel der Reproduktion das des Wandels oder des Wachstums überwiegt. Jene Funktionalität ist nichts anderes als die optimale Integration in ein Zielsystem durch eine bestimmte Arbeitsteilung. Es ist der Voluntarismus der Organisation, der ein organisatorisches System als die Gesamtheit von Beziehungen zu definieren erlaubt, die die höchste Wirksamkeit eines Netzes instrumenteller Mittel ermöglichen. Das Gleichgewicht stellt nichts anderes dar als die wechselseitige Anpassung der Elemente eines Ganzen, das selbst durch ein Ziel bestimmt ist.

Deswegen vermeidet die Operationsanalyse jeden Rückgriff auf Absolutheiten des Taylorschen Typs wie die Rationalität an sich, den *one best way*, die Minderung der Kosten oder das durch die Reproduktion des Systems definierte Gleichgewicht. Ähnlich gefährlich ist es, die Verhaltensweisen so zu begreifen, als würden sie sich dank der Verinnerlichung von Normen, die ein Gleichgewicht zwischen Rollen und Rollenerwartungen herzustellen gestatten, wechselseitig integrieren.

Bevor wir in unseren Überlegungen fortfahren, sollten also einige Konfusionen hinsichtlich des Begriffs der Organisation aufgelöst werden. Die Organisation ist zunächst jene differenzierte und in Interaktion mit einer Umgebung stehende Einheit, von der wir hier sprechen. Sie bildet aber auch das umfassendere Gesamtgefüge, die Mikro-Gesellschaft, in der das organisatorische Funktionieren von einem Entscheidungssystem geleitet wird, das wiederum selbst den Klassenverhältnissen und einem historischen Handlungssystem untergeordnet ist. Die Leitung einer Organisation ist der Ort, an dem übergeordnete Systeme Einfluß auf das System nehmen, das wir organisatorisches Funktionieren genannt haben. Mit einer gänzlich ideologischen Entscheidung werden diese unterschiedlichen analytischen Ebenen häufig vermischt – dagegen haben wir an deren Trennung und vor allem an deren hierarchische Beziehungen beständig zu erinnern. Weil es diese Beziehungen und diese Trennung, die um so deutlicher hervortritt, je mehr wir uns den postindustriellen Gesellschaften nähern, zu erfassen erlaubt, ist das Organisationskonzept unerläßlich.

Die Entscheidungen

Eine Organisation kann nicht zum einen auf ein funktionales Netz von Beziehungen und zum anderen auf ein Machtzentrum und auf die Konflikte reduziert werden, die dessen Vorhandensein nach sich zieht. Nicht einmal der Zusatz genügt, daß sich zwischen den beiden Systemen ein intermediäres System einrichten muß, das die Spannungen zwischen den beiden Ebenen steuert. Vielmehr muß dem, was als politisches System einer Organisation bezeichnet werden kann, d.h. der Gesamtheit der Mechanismen, durch die sich Entscheidungen herausbilden, die in der Folge dann als Ziele des organisatorischen Funktionierens dienen, eine sehr viel größere Autonomie zuerkannt werden. Die Entscheidung darf weder mit der Macht noch mit dem Funktionieren verwechselt werden, zumindest nicht innerhalb des hier betrachteten Typs von Gesellschaft. Vom Vorhandensein eines politischen Systems ist dann zu sprechen, wenn wir beobachten, daß eine Vielzahl von Akteuren, die ein bestimmtes Maß an Einfluß besitzen und sich innerhalb von Grenzen bewegen, die durch eine Kultur und ein bestimmtes Herrschaftssystem vorgegeben sind, in den Prozeß der Herbeiführung von Entscheidungen innerhalb eines gegebenen Territoriums, in dem sie legitim und applizierbar werden, eingreifen. Stehen Unternehmen in einer effektiven Abhängigkeit vom Markt, dann wird es schwierig, sich vorzustellen, daß sie Teil eines politischen Systems sein könnten, weil sie in einem solchen Fall nur durch Konkurrenzbeziehungen, über die der Markt als Schiedsinstanz wacht, miteinander verbunden wären. Betrachten wir demgegenüber eine Organisation von der Art einer Verwaltung, die durch bürokratische Regeln gesteuert wird, und die extern getroffene Entscheidungen zur Anwendung bringt, dann ist es evident, daß sie selbst keinem politischen System angehört und schwerlich ein internes politisches System aufweisen kann.

Gerade weil sie sich von diesen beiden extremen Typen, der Verwaltung und dem reinen Konkurrenzunternehmen, abgesetzt haben, konnten die Großorganisationen zunehmend zu Elementen eines politischen Systems werden und, damit einhergehend, in ihrer Mitte politische Systeme entwickeln.

Einfacher gesagt: In den Gesellschaften, in denen die Großorganisationen eine Rolle spielen, sind diese Organisationen Systeme von Akteuren und befinden sich selbst in Systemen von Akteuren, in Entscheidungssystemen. Ein Terminus gibt diese Situation wieder: Planifikation. Ein Entscheidungszentrum definiert sich nicht durch seine Bezüge zu einem Markt, sondern im Hinblick auf andere, entweder öffentliche oder private, Entscheidungszentren.

Findet sich hier aber nicht ein wesentlicher Aspekt der Gleichgewichtssysteme wieder, die wir auf den vorhergehenden Seiten untersucht haben? Gehen die Akteure nicht Beziehungen ein, um ein Gleichgewicht aufrechtzuerhalten? Nein. Ein Entscheidungssystem ist von anderer Natur als das Organisationssystem. Es bestehen zwei wesentliche Unterschiede.

Erstens, kann von der Beziehung einer Organisation zu ihrer Umwelt gesprochen werden, so ist ein derartiger Ausdruck für das Entscheidungssystem ohne jede Bedeutung. Zwischen den Akteuren besteht eine Gesamtheit von Beziehungen, die ein politisches Feld konstituieren. Man kann nicht sagen, die gewerkschaftliche Aktion sei Teil der Umwelt eines Unternehmens; sie bildet aber ein Element innerhalb seines Entscheidungssystems. Der Staat ist nicht nur eine Gegebenheit, die das Unternehmen in Betracht zu ziehen hat. Zwischen dem Staat und dem Unternehmen oder jeder anderen Art von Organisation, sei sie öffentlich oder privat, werden Verhandlungen unterschiedlichster Art geführt.

Zweitens, das Gleichgewicht des Systems schreibt sich nicht in den Rahmen der Ziele ein, die von der Leitung beschlossen wurden. Eine Entscheidung stellt das Resultat des Zusammenspiels von Einflüssen dar. Folglich steht jeder Akteur in Verhandlungen mit den anderen, allerdings gibt es kein integratives Prinzip der Akteure, diese bleiben einzelne Spieler, die Verträge schließen, Bündnisse eingehen, in Rivalitäten geraten, und die doch niemals gänzlich durch den Platz definiert werden können, den sie in einem Beziehungsgeflecht einnehmen, zumindest dann nicht, wenn das Entscheidungssystem reale Autonomie besitzt und nicht nur einen Transmissionsriemen für die soziale Herrschaft darstellt. Daher ist die Analyse eines derartigen Systems von Spielern von anderer Natur als die der Organisationssysteme. Die Interaktion von Strategien mündet in kein Gleichgewicht, sondern führt zu besonderen Übereinkommen und Resultaten, die Entscheidungen heißen und die keineswegs Ziele hervorbringen, die zur Kontrolle späterer Interaktionen herangezogen werden könnten. Jede Entscheidung zeugt, nicht etwa von einem Gleichgewicht zwischen Einflüssen, sondern von einer Übereinkunft zwischen Strategien, die allemal nur partiell in den laufenden Verhandlungen zum Einsatz kommen. Die Analyse der Verhandlungen und Konflikte hält sich zwangsläufig auf der Ebene des Austauschs, wobei sie die Zonen absteckt, in denen sich auf unterschiedliche Weise die Möglichkeiten von Gewinn und Verlust verbinden.

Ein solches System findet sich zunehmend innerhalb der Organisationen selbst. Die Vielzahl der Ziele, Techniken oder Ressourcen auf der einen, die Notwendigkeit von immer längerfristigen Entscheidungen auf der anderen Seite führen in ihrer Verbindung zur Entwicklung dieser internen Entscheidungssysteme, denn jede Organisation braucht eine gewisse Stabilität, um ihre Existenz zu sichern und Programme auszuarbeiten.

Zahlreiche neuere Untersuchungen haben die Wichtigkeit von Übereinkommen in jeder Organisation zutage gebracht und gezeigt, wie künstlich die Vorstellung von einem System aus wohlgeordneten Rollen ist. N. Gross, der die Rolle des Schuldirektors untersuchte, A. Strauss, der die Beziehungen zwischen unterschiedlichen Personalgruppen innerhalb eines Krankenhauses analysierte und sich dabei den unter anderen von R. Turner und W. Goode entwickelten allgemeineren Überlegungen anschloß, haben deutlich gemacht, daß Rollen sich als innerhalb der »Varietät« einer Gesamtheit getroffene Wahlentscheidungen sowie als Resultat von Übereinkommen herausbilden.

Ein Entscheidungssystem ist jedoch nicht nur ein Netz von Strategien, es ist notwendig zwei vereinheitlichenden Prinzipien unterworfen.

Zum ersten: Es steuert eine Organisationseinheit, und seine Entscheidungen sind in einem bestimmten Bereich anwendbar. In diesem Sinne ist das System der internationalen Beziehungen als ein politisches System begreifbar, selbst wenn sich in ihm Konflikte und Verhandlungen abspielen. Den Entscheidungen eines politischen Systems eignet institutionelle Kraft, und somit sind sie den Zwängen ausgesetzt, die vom Organisationssystem ausgehen, das »technische« Argumente durchsetzt und in die Entscheidung nicht-strategische Momente eingehen läßt.

Zum zweiten: Das Entscheidungssystem ist niemals souverän. Es befindet sich innerhalb einer Gesellschaft, nicht in einer politischen Einheit, sondern in einem Produktionssystem, einem Produktionssystem von gesellschaftlichen Kräften und Verhältnissen, oder, gemäß dem Ausdruck, den ich verwende, innerhalb eines Historizitätsfeldes, das unter anderem die Klassenverhältnisse umfaßt. Die politischen Entscheidungen können sich einem gesellschaftlichen Wandlungsprozeß einschreiben, der in der Lage ist, diesen Rahmen zu verändern; nichtsdestoweniger sind sie doch stets von diesem bestimmt.

Daran zu erinnern ist sinnvoll, da die Entwicklung der Großorganisationen und der Planifikation in all ihren Ausprägungen zu der Meinung verleiten könnte, daß die Gesellschaft in ihren Orientierungen durch die Resultate des politischen Spiels bestimmt sei. In diesem Fall wird Macht und Einfluß, Entscheidung und Herrschaft, Sozialstruktur und Wandlungsprozeß in eins gesetzt.

In der Tat besitzt das Entscheidungssystem gegenüber dem historischen Handlungssystem reale Autonomie – und wäre es nur, weil dieses auch die organisatorischen Zwänge in Rechnung stellen muß –, doch sind die Akteure hier stets mehr als nur sie selbst: Auch in ihrer Gesamtheit gesehen bilden ihre Strategien nur einen Teil ihres Verhaltens, denn nicht alles kann zum Gegenstand von Verhandlungen gemacht werden und die Übereinkommen bilden sich ausgehend von Interessen, die nicht ganz und gar durch den Platz, den sie innerhalb eines Entscheidungssystems einnehmen, bestimmt werden können. Vorbei die Zeit, da die Unternehmensleiter in ihrem Handeln durch die Macht der Aktionäre oder deren Repräsentanten eingeschränkt waren – ganz richtig hat Berle seit den dreißiger Jahren darauf hingewiesen, daß das Unternehmen in erster Linie eine politische Einheit sei –, und dennoch hat, selbst wenn man der Analyse Galbraiths folgen wollte, das Unternehmen Interessen, nämlich seinen Fortbestand und sein Wachstum, also seine Leistungskraft, die den Funktionsablauf seines Systems der

Akteure bestimmen, wie auch eine fortgeschrittene Industriegesellschaft durch ihr Entwicklungsmodell und durch die Klassenkonflikte, die sich um es herum organisieren, beherrscht wird.

Diese höheren Interessen greifen entweder direkt oder über die Ideologien der Akteure, die sie repräsentieren, in die Entscheidungssysteme ein und stören sie, wie wir ja auch schon sehen konnten, daß sie sich mit der organisatorischen Integration überlagern.

Allerdings darf die Erinnerung an diese Zwänge und Überlagerungen nicht dazu verleiten, die Bedeutung und die Autonomie der Systeme politischer Entscheidungen zu unterschätzen. Je mehr die »Mobilisierung«, verstanden in dem von R. Deutsch und G. Germani diesem Begriff beigelegten Sinne, voranschreitet, desto aktiver gestaltet sich der Austausch und desto stärker entwickeln sich die Akteure zu Entscheidungs- und Einflußzentren.

Die Herausbildung der pressure-groups oder Interessengruppen ist häufig falsch gedeutet worden: Nämlich als Einflüsse, die das sogenannte demokratische Spiel, das mit der parlamentarischen Repräsentation in eins gesetzt wird, verfälschen sollen.

Wir müssen jedoch sehen, daß ihre wachsende Bedeutung eher das Zeichen des Übergangs von einem politischen Markt zu einem sozio-politischen Entscheidungssystem darstellt. Der Gegensatz von Privatinteressen und öffentlichem Sektor verliert in dem Maße an Bedeutung, wie der Staat stärker in das soziale und ökonomische Leben eingreift und damit aufhört, als Bereich der Prinzipien, Diskurse und des Gemeinwohls zu gelten, um statt dessen in erster Linie – wenn auch nicht ausschließlich – zur Stätte von Verhandlungen zwischen gesellschaftlichen Kräften zu werden. Es waren zunächst die Arbeitergewerkschaften, die das alte politische System zu Bruch gehen ließen – allerdings kann heute in allen fortgeschrittenen Industriegesellschaften eine Zunahme der politischen Interessengruppen aller couleurs beobachtet werden: Berufs- oder Regionalgruppen, Altersgruppen, ethnische Gruppen usw. Was die Politologen die politisch mobilisierte Bevölkerung nennen, deckt heutzutage einen sehr viel größeren Teil der Bevölkerung ab; zugleich werden auch die Beziehungen zwischen den Interessengruppen immer komplexer.

Das 19. Jahrhundert war beherrscht von der sozialen Frage, d. h. vom Arbeiterproblem, also von dem partiellen oder totalen Druck, der von außen auf das politische Entscheidungssystem ausgeübt wurde. Diese Situation gehört der Vergangenheit an, sei es, daß die Arbeiterinteressen unmittelbar mit der politischen Macht verbunden sind, sei es, daß sie im Gegenteil eine gesellschaftliche Oppositionskraft darstellen.

Das politische System läßt sich auf keine Dichotomie reduzieren, die Zahl der Akteure steigt ebenso, wie die Flexibilität ihrer Strategien zunimmt – was nicht heißt, daß der Klassenkonflikt im Netz politischer Einflüsse aufgegangen wäre.

Historizität und gesellschaftliche Klassen

In der Tat muß beständig an das Vorhandensein eines dritten Systemtyps erinnert werden, der einer anderen Ebene der gesellschaftlichen Realität entspricht und sich von den beiden vorhergehenden ebenso unterscheidet wie das organisatorische Funktionssystem vom System der politischen Entscheidungen. Über den beiden ersten Systemen ist nicht etwa ein gesellschaftlicher Wille angesiedelt, oder ein souveränes Bewußtsein, das Streben nach dem Gemeinwohl oder ein Ensemble von Werten und Normen, die den kulturellen und sozialen Rahmen absteckten, in den eine wachsende Arbeitsteilung, zunehmende Ausdifferenzierung und soziale Segmentierung die Notwendigkeit von Übereinkünften und in zweiter Linie die Zwänge organisatorischer Gleichgewichte einführte. Eine solche Vorstellung kombiniert auf recht äußerliche Weise Elemente unterschiedlicher Gesellschaften. Denn auf eine solche Einheit von Orientierungen stößt man erst dann, wenn sie sich in einem Souverän verkörpert, der die Orientierungen dem politischen System sowie jeder anderen sozialen Organisation aufzwingt, was in einer Theokratie oder in einem absolutistischen Staat der Fall sein kann, aber in einer Gesellschaft undenkbar ist, deren Entwicklungsmodell frei ist von der Abstützung durch metasoziale Garanten, in der Gott tot ist.

Eine Gesellschaft mit Historizität kann nicht durch ein System von Werten definiert werden. Allein ein naiver Soziozentrismus vermag unsere Zeitgenossen glauben zu machen, daß sie in einer dem Partikularismus der ökonomisch weniger entwickelten Gesellschaften entgegengesetzten universalistischen Gesellschaft lebten.

Jedes mit Historizität ausgestattete gesellschaftliche Gebilde, jede

Gesellschaft, die fähig ist, sich einem kulturellen Modell unterzuordnen, wird durch ein historisches Handlungssystem gelenkt, das auf elementarste Weise als System von Beziehungen zwischen Ordnung und Bewegung, Zielen und Mitteln, kulturellen Handlungsprinzipien und Prinzipien sozialer Organisation definiert werden kann. Jede Gesellschaft ist gekennzeichnet durch das Band und die Spannung zwischen ihrem Sein und der Überschreitung ihres Seins, ihrem kulturellen Modell und den von ihr benutzten »Ressourcen«. Das historische Handlungssystem stellt die Einwirkung der Historizität auf den Funktionsablauf der Gesellschaft dar. Von daher seine internen Spannungen: Es ist Überschreitung und Inkarnation in einem. Es zwingt Orientierungen auf, die das allgemeinste Feld der gesellschaftlichen Praxis festlegen. Sein erstes Element bildet das kulturelle Modell, ein Bewegungsmodell, dem ein Hierarchisierungsprinzip angefügt ist, das diese Bewegung in soziale Ordnung transformiert. Diese Untereinheit von Orientierungen ist mit einer Untereinheit von Ressourcen verbunden, die gleichzeitig zu jener in Gegensatz steht: Einerseits verkörpert sich das kulturelle Modell in der Mobilisierung, deren praktischster Aspekt die Arbeitsteilung ist, andererseits rufen das kulturelle Modell und die Hierarchisierung Bedürfnisse hervor, die gleichzeitig deren Orientierungen Widerstand entgegensetzen. Kein historisches Handlungssystem irgendeiner Gesellschaft kann auf Anordnung von Ressourcen, Organisationsformen und Bedürfnissen reduziert werden, selbst wenn es sich um Gesellschaften handeln sollte, die nur schwach auf sich selbst einwirken. Umgekehrt sind auch die ökonomisch fortgeschrittensten Gesellschaften niemals voll und ganz Herr ihrer selbst: immer noch stoßen sie auf den »natürlichen« Widerstand von Organisationsformen und Bedürfnissen. Daher sind die Gesellschaften zwischen gegensätzlichen Orientierungen hin und her gerissen und keineswegs von einem zentralen Korpus von Werten bestimmt.

Die postindustrielle Gesellschaft wird von einem kulturellen Modell geleitet, das wir Entwicklung genannt haben, aber auch von einer Art von »Bedürfnissen«, die als Genuß oder Suche nach Identität bezeichnet werden kann. Da hier nicht der Ort ist, eine solche Untersuchung in Gang zu setzen, soll es denn genügen, in der uns allen gängigen Sprache in Erinnerung zu rufen, daß diese Entwicklungsgesellschaft auch eine Konsumgesellschaft ist, daß diese auf Wandel und folglich auf das Verschwinden übertragbarer

Statusformen ausgerichtete Gesellschaft auch ein Hierarchiesystem erzeugt, und demzufolge soziale Schranken neuen Typs, die mehr auf Ausbildung gründen denn auf Geburt oder selbst Geld.

Ein solches System ist nicht als Spiel von Beziehungen zwischen einem Akteur und seiner Umwelt begreifbar; noch weniger als eine Gesamtheit von Übereinkommen zwischen denen, die an Entscheidungen partizipieren, indem sie gegenüber ihren Partnern einen gewissen Einfluß ausüben.

Es ist kein System von Akteuren, sondern von Orientierungen, ein System, das durch ein Netz von Gegensätzen zwischen seinen Elementen festgelegt ist. Das historische Handlungssystem ist nicht der Geist einer Gesellschaft, sondern das Drama, das diese mit sich selbst aufführt, weil das symbolische Vermögen den Menschen befähigt, auf sich einzuwirken, an seiner Arbeit und an seinem Sein zu arbeiten.

Ein solches System ist weder geschlossen wie ein physisches noch offen wie ein adaptives System. Es ist zugleich geschlossen, da es eine partielle Konfiguration darstellt, deren Grenzen durch ein kulturelles Modell, einen Akkumulationstypus und ein Erkenntnismodell festgesetzt sind, und offen, weil kein übergeordnetes Kontrollorgan seine Elemente in einem Konsensus, einem Korpus von Werten vereinigt.

Andrerseits aber ist dieses historische Handlungssystem an eine Akkumulationsform gebunden und daher niemals von einem System von Klassen zu trennen. Der Gegensatz zwischen Arbeit und Arbeit an der Arbeit, zwischen dem Funktionieren des Systems Produktion–Konsumtion und der Akkumulation, ist über den Klassengegensatz vermittelt.

Keine Gemeinschaft kann sich von sich selbst losreißen und sich verändern. Die Akkumulation und das kulturelle Modell, die Einwirkung der Gesellschaft auf sich selbst, können nicht von der Gesamtgesellschaft verwaltet werden. Zu den beständigsten Utopien gehört der Wunsch, im Wandel das Identische festzuhalten, der Wunsch, das Selbe möge das Andere werden, ohne doch aufzuhören, mit sich identisch zu sein, wie es etwa die russischen Volkstümler wollten, oder wie es sich die engelsgleichen Anhänger der »Entwicklung in Harmonie« vorstellten. Die Rückwendung der Gesellschaft auf sich, ihre Historizität, ist nicht vorstellbar ohne eine Teilung in sich, ohne eine Konzentration der Akkumulationsmöglichkeiten im besonderen.

Die Oberklasse ist Träger des kulturellen Modells und der Investition. Sie ist führende Klasse kraft dieser vorwärtstreibenden Rolle und herrschende Klasse, insofern sie jene allgemeinen Ziele mit ihren Privatinteressen identifiziert und ihre Herrschaft auf die Gesamtgesellschaft ausdehnt. Ihr gegenüber ist die Unterklasse in der Defensive, denn sie verteidigt ihre besonderen Interessen gegen eine Herrschaft, die sich als allgemein versteht, und zugleich in der Offensive, denn sie beruft sich gegen die Privatinteressen der führenden Klassen auf das kulturelle Modell, die Akkumulation und das Erkenntnismodell. Diese Verhältnisse bilden in ihrer Gesamtheit die doppelte Dialektik der gesellschaftlichen Klassen. Jede der antagonistischen Klassen setzt sich von der anderen ab und beruft sich dabei auf das historische Handlungssystem, den Einsatz in diesem gesellschaftlichen Konflikt. Diese Hinweise, wie schematisch sie auch sein mögen, lassen die Existenz eines komplexen Systems sozialer und kultureller Orientierungen, eines Systems von Klassenverhältnissen sichtbar werden, das als Historizitätsfeld bezeichnet werden soll.

Postulierten wir das Vorhandensein eines Korpus von Werten, dann könnten wir sagen, es bestehe keine Trennung zwischen der Ordnung der Werte, der der Politik und der der Organisation. Die Gesellschaft wäre gleichsam eine Gemeinschaft, in der die Werte sich zu Normen und diese sich zu Rollen spezifizierten. Doch ein derartiges Orientierungsprinzip einer Kultur und Gesellschaft gibt es nicht. An der Spitze steht keine Souveränität, sondern ein System von Spannungen zwischen den Elementen des historischen Handlungssystems und von Klassenkonflikten. Das erklärt die Eingriffsmöglichkeiten der übergeordneten Systeme gegenüber den untergeordneten, aber auch die Fähigkeit der untergeordneten Systeme, auf die höheren Ebenen einzuwirken.

Der Gegensatz des Historizitätsfeldes zu den anderen Ebenen der Gesellschaft gründet darin, daß auf dieser Ebene keine Differenz zwischen den interagierenden Elementen und dem Einheitsprinzip des Systems besteht. Das Gleichgewicht einer Organisation kann nur im Hinblick auf Ziele, die außerhalb festgelegt wurden, bestimmt werden. Die Einheit des Systems politischer Entscheidungen ist auf einen Ausgleich zwischen den Akteuren reduzierbar; sie rührt ebenso von den zu Beginn vom Historizitätssystem aufgezwungenen Grenzen wie vom Vorhandensein einer politischen Einheit her, in der Entscheidungen getroffen werden müssen und angewendet werden können.

Demgegenüber weisen die Beziehungen zwischen den gesellschaftlichen Klassen kein anderes Einheitsprinzip auf als nur sich selbst; es sind offene Beziehungen, denen weder die konkreten Grenzen eines politischen Feldes noch einer Organisation eigen sind. Die Verhältnisse zwischen Lehnsherren und Leibeigenen konstituieren die, zuweilen auch fälschlich Feudalgesellschaft genannte, Lehnsherrengesellschaft, eine Einheit, die nicht mit dem Königreich England oder Frankreich, die politische Einheiten darstellen, oder mit der Funktionsweise der Domänenwirtschaft verwechselt werden darf.

Nichts, auch kein souveräner Wille, hält das Gleichgewicht zwischen den Klassen aufrecht. Dafür stellen die Beziehungen zwischen diesen auch nicht nur Interaktions- oder Einflußbeziehungen dar. Es sind Herrschaftsbeziehungen, ungleichgewichtige Verhältnisse also, die um keinen »Normalzustand« fluktuieren können.

Das System der Klassen ist vor allem deshalb von den anderen unterschieden, weil es eine innere Dynamik, und noch genauer, eine naturwüchsige Geschichte aufweist. In der Tat ist das Auftreten einer Oberklasse, verbunden mit einem neuen kulturellen Modell, einer neuen Akkumulationsform und einem neuen Erkenntnismodell, wie G. Lukács bemerkt hat, notwendig durch die Vorherrschaft der Führungsrolle dieser Klasse gekennzeichnet, die sich mit dem kulturellen Modell identifiziert, aber nicht mit der Sozialordnung im Ganzen, die noch durch alte Oberklassen beherrscht wird und sich im Zustand der Auflösung und der Krise befindet. Da die Oberklasse ihnen voraus ist, entwickeln sich die Volksmassen nur allmählich zu historischen Akteuren. Erst in einer zweiten Phase gewinnt die Volksklasse ein Bewußtsein ihrer selbst, und dies dank der Generalisierung der vom neuen historischen Handlungssystem und den neuen Produktionsverhältnissen ausgeübten Hegemonie. In einer dritten Phase schließlich wird die führende Klasse in dem Maße zur herrschenden, wie sich neue Produktivkräfte herausbilden, die langsam zu einer qualitativen Veränderung des historischen Handlungssystems führen. Allerdings darf diese naturwüchsige Geschichte nicht mit der gesamten Evolution einer Gesellschaft gleichgesetzt werden; der soziale Wandlungsprozeß hängt im weiteren vom Geschehen auf den anderen Ebenen der gesellschaftlichen Realität, der des politischen Entscheidungssystems wie der Organisation, ab. Wir stoßen hier auf ein Thema, das im einzelnen schon von L. van Bertalanffy angesprochen wurde: Das System der obersten Ebene ist zu Entwicklung und Evolution fähig, was keineswegs erneut eine evolutionäre Sicht nahelegt, da jene naturwüchsige Geschichte die eines Systems ist und nicht die Geschichte der kontinuierlichen Entwicklung bestimmter Variablen.

Dagegen kann gerade auf organisatorischer Ebene legitimerweise von Evolution gesprochen werden. Die von der Macht durch die Vorgabe von Zielen ihr gegenüber vollzogene Aktion zeitigt Veränderungen, ein Anwachsen der Produktivität, hat, mit einem Wort, Formen der Modernisierung zur Folge, die gleicherweise auf den höheren Ebenen in Begriffen von Klassenverhältnissen und Einflußbeziehungen analysiert wie auf der Ebene der Organisation selbst in Begriffen von Fortschritt – eventuell auch Rückschritt –, von Arbeitsteilung und der Modifizierung sozialer Beziehungen, z. B. Ausdifferenzierung von Rollen, bestimmt werden können. Es wurde schon darauf hingewiesen, daß auch auf der intermediären Ebene von einer Evolution der Repräsentationsmodi von Interessen ausgegangen werden kann, allerdings sind hier Kontinuität und Diskontinuität sehr viel enger miteinander verschmolzen.

Die Beziehungen zwischen den Systemen

Die Gesellschaft erscheint somit als eine Hierarchie von Systemen unterschiedlicher Natur und nicht als ein globales System, das ein allgemeines Regelungssystem besitzt. Jedes System verfügt über eine bestimmte Autonomie und untersteht zugleich den höheren Systemen, für die es wiederum einen Zwang, eine Einschränkung darstellt. Im folgenden Schema sind diese Vorstellungen zusammengefaßt: Erinnern wir kurz daran, daß das Historizitätsfeld in Wirklichkeit die Projektion der doppelten Dialektik der gesellschaftlichen Klassen auf das historische Handlungssystem darstellt; es ist ein System von Akteuren und von Orientierungen gleichermaßen.

Das politische System ist autonom, insofern es durch eine politische Kollektivität, eine konkrete soziale Einheit definiert ist, die nicht unmittelbar einem Historizitätsfeld entspricht: Eine gesellschaftliche Formation ist keine Produktionsweise. Allerdings ist es

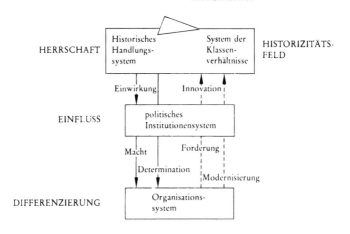

Die Natur der sozialen Beziehungen

der Historizität, d.h. den Beschränkungen eines historischen Handlungssystems sowie einer durch die führende Klasse ausgeübten Herrschaftsweise unterworfen.

Desgleichen besitzt die Organisation – oder eine als Organisation gefaßte lokale oder nationale Sozietät – eine bestimmte Autonomie, nämlich die eines Ensembles, dessen Teile interdependent, aber der Macht unterworfen sind. Die Macht ist die Projektion der sozialen Herrschaft auf jene konkrete Einheit und steuert die Autoritätsbeziehungen. Die Organisation ist überdies den Entscheidungen des politischen Systems unterworfen, die ebenfalls die Autorität in der Organisation in Mitleidenschaft ziehen.

Diesen kurzen Hinweisen muß noch ein wichtiger Punkt hinzugefügt werden, wichtig vor allem für Überlegungen hinsichtlich der gesellschaftlichen Konflikte oder des sozialen Wandels. Das gerade vorgeschlagene Schema ist nämlich geschlossen. Die verschiedenen Ebenen wirken so aufeinander ein, daß es scheinen mag, als ob ein globales Gleichgewicht herrsche. Dieses Gleichgewicht ist in der Tat vorhanden, jede Gesellschaft verfügt über eine bestimmte Einheit, konstituiert ein System von Systemen, statt nur die künstliche Teilung einer Gesamtheit von Kurven zu bilden, die die Entwicklung einer Anzahl von Indikatoren oder Variablen wiedergeben. Allerdings ist dieses Gleichgewicht partiell und der Funktionsablauf einer Gesellschaft bringt auch Phänomene hervor, die diese Gesellschaft transformieren.

Tatsächlich hat der Übergang eines Systems einer bestimmten Ebene zu einem System niederer Ebene neben der politischen und organisatorischen Inkarnation der Historizität zugleich auch die teilweise Eliminierung des Inhalts der übergeordneten Systeme zur Folge, weil das den Übergang von einem offeneren zu einem geschlosseneren System bedeutet, etwa von Klassenverhältnissen innerhalb eines Gesamtgefüges wie der kapitalistischen oder der Lehnsherrengesellschaft zu Autoritätsbeziehungen in einer Organisation.

Das politische System produziert legitime Entscheidungen, als deren klassisches Beispiel das Gesetz gilt. Dieses steht in einem dreifachen Bezug zu den Klassenverhältnissen. Es ist von diesen abhängig: Die Revolution kann Gesetze schaffen; man kann keine Revolution durch Gesetz machen. Es kann zweitens eine reformerische Funktion ausüben: Eine wirklich politische Konjunktur, das Zusammenspiel politischer Verhältnisse können den Stand der Klassenverhältnisse, deren Feld und Natur, modifizieren. Das Gesetz schließt drittens eine Anzahl von Verhaltensweisen aus. Es beschränkt oder untersagt bestimmte Formen sozialer Herrschaft; es verbietet sehr viel häufiger und strenger bestimmte Oppositionsformen gegenüber der herrschenden Klasse oder bestimmte Verhaltensweisen, die mit den Orientierungen des historischen Handlungssystems nicht in Einklang stehen.

Der Übergang von der Historizität zur Politik, die Transformation von sozio-kulturellen Orientierungen und Klasseninteressen in politische Entscheidungen – darin besteht unter anderem der Sinn von Institutionalisierung – zeitigt als Nebenprodukt die Schaffung einer Zone der Illegalität, die in mehr oder weniger starkem Maß von Strafen bedroht, aber dennoch nie zu unterdrücken ist. Stets gehen die führende Klasse wie auch die Volksklasse über den vom Gesetz oder von signierten Verträgen gesteckten Rahmen hinaus. Solche illegalen Handlungen sind, vom politischen System aus gesehen, deviant, sind supra-legal in dem Maße, wie sie an die Einwirkung der Historizität auf die politische Macht erinnern, sind schließlich innovative Handlungen, da sie nicht vollständig auf das betreffende Historizitätssystem verweisen und einen neuen Stand der Historizität antizipieren. Die gleichen Mechanismen intervenieren noch sehr viel deutlicher auf der Organisationsebene. Nicht nur kontrolliert, dirigiert und treibt die Macht die Organisation an. Sie definiert – um eine These der Anti-Psychiatrie abzuwandeln – bestimmte Verhaltensweisen als »krank« und unterdrückt sie.

Solche Verhaltensweisen mögen von der Organisation als deviant eingestuft werden: Ein Arbeiter, der von der Arbeit fernbleibt, der Fehler begeht, der den Kommunikationsfluß unterbricht, ist in organisatorischer Hinsicht deviant. Jedoch können solche als »krank« definierten Verhaltensweisen auch auf den Systemen höheren Niveaus Wirkungen zeitigen, insofern jene sich ihnen durch Reformen anpassen müssen. Schließlich und endlich können solche invalidierten Verhaltensweisen zu Veränderungskräften der Gesellschaft werden, zu Kräften des Aufbegehrens gegen die soziale Kontrolle und deren Macht. Die Leistungszurückhaltung der Arbeiter z. B. kann zur Entstehung einer illegalen politischen Kraft führen und die Basis einer sozialen Bewegung abgeben, die nicht nur Ausdruck des Klassenkampfes innerhalb einer gegebenen Gesellschaft, sondern auch Bildungselement einer neuen Gesellschaft ist. Auf ähnliche Weise können der Händler oder der Fabrikant, die die Regeln des Zunftwesens nicht respektieren, zu Agenten der Entwicklung des Kapitalismus werden.

Das durch die Gesamtheit der einzelnen Systeme gebildete System ist weder geschlossen, noch kontrolliert und absorbiert es alle Verhaltensweisen, die es hervorbringt. Es erzeugt das Verbotene, das sich entweder in Devianz oder in sozialen Wandel umsetzt. Jedes als »krank« definierte und untersagte Verhalten ist Quelle von Devianz, von Reformen und wilder Transformation, d. h. Kontestation, gleichermaßen.

Jede Gesellschaft unterdrückt, und dies Unterdrückte kann bis zur Kontestation der Klassenverhältnisse und folglich bis zum Aufruf zu einer neuen Verfassung der Historizität aufsteigen – ein Drang nach Veränderung, der progressiv und regressiv zugleich ist und zu einer relativ unbestimmten Zukunft oder zu einer Neuauflage der Vergangenheit führen kann. Parallel dazu setzen sich die Orientierungen einer Gesellschaft, die das historische Handlungssystem konstituieren, in eine von der Macht kontrollierte Tätigkeit um. Diese Macht trachtet nach mehr Stärke und hat so die Tendenz, die Aktivität, die sie nährt, noch weiter zu entfalten. Daher der Fortschritt der Produktivkräfte, ausgedrückt in den positiven

Begriffen der Produktivität, der Arbeitsteilung. Zwischen der Macht und den Produktivkräften herrscht kein Gleichgewicht und kein integratives System. Entwickeln sich diese quantitativ, so ist die Macht an das übergeordnete System, das der gesellschaftlichen Klassen und der historischen Aktion, gebunden.

So findet sich die Gesellschaft zugleich von oben, durch die Ablehnung der Repression, wie von unten, durch das Voranschreiten der Produktivkräfte, überschritten. In dem Maße, wie sich diese beiden Kräfte vereinigen – durch verschiedene Mechanismen, in denen die »Intellektuellen« eine zentrale Rolle spielen – vollzieht sich, entweder durch Bruch oder durch Evolution, eine gesellschaftliche Veränderung.

Diese kurzen Erläuterungen sollen nur den Unterschied zwischen einer synchronischen und einer diachronischen Analyse der Gesellschaft verdeutlichen und die Priorität der synchronischen Analyse hervorheben.

Das heißt, wir dürfen uns mit keiner Analyse zufriedengeben, die System und Prozeß in eins setzt und die Gesellschaft wie eine unaufhörliche Bewegung präsentiert. Die Tauschakte und Übereinkommen bilden deshalb nicht die Raster einer adaptiven Gesellschaft, weil sie sich innerhalb eines Typs von Gesellschaft, innerhalb eines Erkenntnismodells, eines kulturellen Modells und eines Akkumulationstyps vorfinden. Es läßt sich zeigen, daß die Verhaltensweisen der Akteure sowohl aus dem Synchronischen wie dem Diachronischen hervorgehen oder gleichzeitig auf der Vergangenheit, der Gegenwart und der Zukunft gründen. Doch ermächtigt das Interesse für eine solche Beobachtung keineswegs schon, bei einer Sicht der Gesellschaft stehenzubleiben, worin diese als ein gesellschaftlicher Markt, als Ort kontinuierlicher Anpassungen, Übereinkommen und Wandlungen angesehen wird; man muß vielmehr immer von strukturellen Rahmenbedingungen ausgehen, die ein kulturelles Feld oder Klassenverhältnisse festlegen, um so den Funktionsablauf der konkreten gesellschaftlichen Einheiten zu verstehen.

Die Rolle der strukturellen Rahmenbedingungen wird in den Gesellschaften gern unterschätzt, in denen die Offenheit der Sozialordnung und der Systeme politischer Repräsentation eine fortschreitende Entwicklung der Gesellschaft, und nicht Brüche zur Folge hat.

Dagegen verleiten in anderen Gesellschaften die Krise der sozialen Organisationen und die Blockierung der Institutionen gerade dazu, den sozialen Wandel als den Übergang einer von Widersprüchen ausgehöhlten Gesellschaft zu einer anderen zu begreifen. In beiden Fällen wird die Untersuchung des sozialen Wandels verfälscht. Im ersten sieht eine offene Gesellschaft von ihren strukturellen Beschränkungen ab; im zweiten ignoriert eine geschlossene Gesellschaft, daß die Veränderung auch intern produziert wurde.

Jeder Analyse des sozialen Wandels stellt sich das Problem, wie der Wandel zugleich Kontinuität und Diskontinuität sein kann, wie sich die Zukunft in der Gegenwart formen und sie zugleich negieren kann.

Gesellschaft als Entscheidungszentrum zu begreifen, setzt notwendig die Unterordnung des Gesichtspunkts der Struktur unter den des Prozesses voraus, und weiterhin, daß die Analyse der Veränderung über der des Funktionierens steht.

Da ich mich im umgekehrten Sinne entschieden habe, erscheint es mir notwendig, von der Einheit des sozialen Systems abzurücken. Nur die Differenzierung und die Hierarchisierung verschiedener Systeme innerhalb des gesellschaftlichen Ganzen ermöglichen es, der Gefahr des Statischen zu entgehen, zu dem die funktionalistische Theorie verdammt ist, und zugleich zu vermeiden, die Gesellschaft auf ihre Bewegung zu reduzieren.

Tritt die Einheit der Gesellschaft tatsächlich nicht dann zum Vorschein, wenn man sich auf den Standpunkt dessen begibt, der entscheidet, d. h. der Macht? Sie bildet effektiv die Einbruchsstelle der höheren Systeme, des historischen Handlungssystems und der politischen Entscheidungen, in die Organisation. Für den – individuellen oder kollektiven – »Unternehmer« stellt das kulturelle Feld, stellen die Klassenverhältnisse und die politischen Übereinkünfte Zwänge dar. Die Umgebung bildet einen weiteren Typ von Zwang. Beide Arten von Zwängen sind unterschiedlicher Natur, insofern die ersten Ungleichgewichte mit sich bringen, wohingegen der letztere das Gleichgewicht aufzwingt. Von daher das Doppelgesicht des Unternehmers: er ist Erneuerer, Akkumulator von Ressourcen und Manager, derjenige, der das instabile Gleichgewicht mit der Umgebung steuert.

Stellt man sich also auf ihren Standpunkt, dann erscheint der gesamte Funktionsablauf einer Organisation als Verknüpfung einer strategischen Antizipation mit einer organisatorischen Anpassung. Mit Nachdruck beharren die Organisationsspezialisten auf diesen sich ergänzenden, aber unterschiedlichen Rollen der Leitung.

Auf diese Weise kann man, hat man nur die konkreten Organisationseinheiten im Blick, alle höheren Ebenen der Analyse auf einen negativ-entropischen Impuls, einfacher, auf eine Dynamik der Organisation, reduzieren. Es ist dann ein Leichtes, anzunehmen, daß sich alles auf der Ebene der Suche nach den wirksamsten Mitteln zur Erreichung von Zielen abspielt, die mehr oder weniger psychologisch definiert werden: Initiative, Gewinn- oder Machtstreben, oder auch ganz anders, aber stets als eine Entwicklungskraft, die sich in einer Reihe von Interaktionen zwischen Organisation und Umwelt äußert. Eine solche Vorstellung mag angemessen sein, um die ausgeführten Operationen zu verstehen, aber nicht, um ihren Sinn zu erfassen. Denn es stimmt nicht, daß die Situation in ihrer Gesamtheit durch die Interaktion zwischen Akteur und dessen Umwelt beschreibbar ist. In dem Maße, wie ein Unternehmen oder eine andere Art von Organisation Macht ausübt, bildet das, was man ihre Umwelt nennt, auch das durch diese Macht determinierte und konstituierte gesellschaftliche Feld.

Der Begriff der Umwelt löst sich bei näherem Hinsehen auf: sie ist Markt, sie ist Entscheidungssystem und sie ist auch Herrschaftsfeld.

In dem Augenblick also, da man wähnt, eine Interaktion zu definieren, eliminiert man die Einfluß- und Herrschaftselemente, was ebenso willkürlich ist, wie wenn man der einen oder anderen analytischen Ebene Vorrang einräumte, wie wenn man beispielsweise annähme, daß die Gesellschaft von einem zentralen Willen geleitet würde, dessen Plänen sich nichts widersetzte.

Das Studium von Großorganisationen hat das Ungenügen einer gänzlich in Begriffen der Interaktion mit der Umwelt gehaltenen Analyse zutage gebracht. Denn das Großunternehmen determiniert den Markt ebenso, wie es von diesem determiniert wird; seine Politik bildet sich an Hand von Übereinkommen und Vereinbarungen heraus, die ihm seine Zukunft zu programmieren erlauben. Es ist folglich unsinnig, die Gesellschaft als Markt zu begreifen, während zur gleichen Zeit die Herrschaft der Großapparate die liberale Vorstellung von der Gesellschaft obsolet werden läßt.

Vor der Anwendung dieser Konzepte auf die Untersuchung der sozialen Konflikte in den ökonomisch entwickeltesten Gesellschaften ist noch eine letzte Bemerkung angebracht.

Die Besonderheit der Gesellschaften, die wir provisorisch als postindustrielle bezeichnet haben, liegt darin, daß in ihnen noch deutlicher die verschiedenen – oben erwähnten – Systeme und Mechanismen ausdifferenziert werden. Ist das kulturelle Modell mehr vom Typ *Logos* als vom Typ *Praxis*, hat sein Inhalt eher an der Religion als an der Erkenntnis oder an der Entwicklung teil, dann sind das politische System und die Organisation nur gering von der Historizität geschieden; diese offenbart sich im Grenzfall in einer theokratischen Gesellschaft als ein Entscheidungssystem und als Organisation. Aus diesem Grunde hat auch die Soziologie in der Vergangenheit derart häufig vom Begriff der Institution Gebrauch gemacht; das können wir heute nicht mehr akzeptieren. Als Institutionen verstand man Organisationen, die durch das Gesetz geschaffen oder geregelt wurden und die eine legitime und als wertvoll geltende gesellschaftliche Funktion zu erfüllen hatten. Die religiösen oder schulischen Institutionen erscheinen in dieser Sicht als Realisierungen kultureller Werte. Desgleichen die Armee, sofern sich die Gesellschaft selbst als sakral verstand.

Hier muß der Gedanke einer gesellschaftlichen Evolution zu seinem Recht kommen, wonach diese dahin tendiert, die verschiedenen Ebenen zu differenzieren und folglich das zu zerstören, was als Institution bezeichnet wird. Viele Formen des Protests in unserer Zeit stellen keine sozialen Bewegungen dar, sondern Angriffe gegen die Institutionen alten Typs. Dieser Begriff muß nun in einem sehr viel eingeschränkteren Sinn verwendet werden, der eher dem politischen Vokabular entspricht: nämlich als Bezeichnung für die Apparate, die legitime Entscheidungen treffen. Daher spreche ich unterschiedslos vom politischen oder institutionellen System, was jene verdrießen mag, die noch aus Gewohnheit an dem Gebrauch kleben, den die funktionalistische Soziologie vom Begriff der Institution macht.

Indessen geht mit der wachsenden Autonomie des politischen Systems und der Organisationen auch eine Machterweiterung der führenden Kräfte einher; sie manipulieren sehr viel vollständiger die Organisationen, die sich nicht zu sozio-kulturellen Systemen, zu Gemeinschaften, sondern zu technischen Apparaten entwickelt haben. Der Fortschritt der Technik ist eng mit der Erweiterung der sozialen Kontrolle und der Ausdehnung des zentralisierten Sozialisationsapparates verbunden, dessen hauptsächliche Elemente die Erziehung und die Propaganda bilden. Nur eine Gesellschaft mit einem hohen technischen Niveau kann totalitär werden. War die

Macht der Pharaonen noch stark durch die Verwandtschaftssysteme, die Riten und die sozialen Organisationen der Dörfer eingeschränkt, so hat heutzutage das unpersönliche Ziel der ökonomischen Entwicklung eine sehr viel tiefergehende Manipulation der Verhaltensweisen, sozialen Beziehungen und der Persönlichkeitsformen zur Folge.

2. Die Einheitsutopien

Dem Begriff des Systems ist seit langem schon ein gewichtiger Platz im Aufbau der soziologischen Analyse sicher. Freilich muß zugegeben werden, daß in diesem Bereich der Fortschritt sehr viel langsamer in Gang gekommen ist als in anderen Bereichen. Die alten Erkenntnismodelle setzten der Soziologie heftigeren Widerstand entgegen, untersucht diese doch, der Weberschen Definition zufolge, an Normen orientiertes Verhalten, so daß jeder Versuch, das der Soziologie eigene Objekt freizulegen, d. h. die sozialen Beziehungen, auf die Gegenwehr einer subjektivistischen Analyse stößt, die gleichermaßen in der ideographischen Suche nach Absichten wie im Rekurs auf diverse Hypostasierungen, sei es der Subjektivität, der Vorsehung oder der menschlichen Natur zum Ausdruck kommt. Auch hat die Soziologie im Verlauf ihrer kurzen Geschichte schon das nahezu gleichzeitige Auftreten zweier Erkenntnismodelle erlebt, eines mechanistischen, dessen wichtigster Vertreter der Behaviorismus war, und eines historizistischen, das seinen Höhepunkt im Spencerschen Evolutionismus fand und auch noch bei Parsons aufweisbar ist. Parallel dazu entstand eine an Systemen orientierte Analyse, deren markanteste Stadien durch die gegensätzlichen Werke von Marx, dann von Durkheim und seinen funktionalistischen Nachfolgern bezeichnet sind.

Doch so positiv es zu werten ist, wenn sich die Soziologie in das Erkenntnismodell ihrer Zeit versetzt, so muß sie doch auch nachdrücklich der Tendenz widerstehen, sich die Gesellschaft jedes Mal in Nachahmung der natürlichen Phänomene, die im Zentrum der szientischen Konstruktion stehen, zu repräsentieren. Ein solcher Reduktionismus führt letzten Endes zur Zerschlagung der Sozialwissenschaft und provoziert darin die zwangsläufige Wiederkehr des Subjektivismus. So geht seit Comte der Triumph des Historizismus Hand in Hand mit einem neuen Transzendentalismus in mannigfacher Gestalt einher, für den die historische Entwicklung am Ende zur post-histoire gerät, die sich nicht definieren läßt ohne Rekurs auf die Konzeption des *Menschen,* ohne also erneut eine Wesenheit einzuführen und so die wissenschaftliche Analyse zu pervertieren.

Ähnliches geschieht heute, wo man die Gesellschaft als ein System begreift statt, wie wir es versucht haben, als eine Hierarchie von Systemen unterschiedlicher Art.

Jede Konstruktion eines »naturalistischen« Modells vom Menschen oder der Gesellschaft stellt zunächst einen Angriff auf die idealistische Erklärung dar; sie schiebt die Wesenheiten beiseite, zu denen eine Soziologie Zuflucht nimmt, die mit dem Verstehen des Gelebten verschmilzt. Sie bildet somit das wesentliche Instrument zum Fortschritt der Soziologie. Es ist sicher wichtig, Durkheims goldener Regel zu folgen, das Soziale nur durch Soziales zu erklären, also eine soziale Tatsache durch die Beziehungen, in denen sie sich befindet, zu definieren und nicht durch das Bewußtsein des Handelnden. Die unerläßliche Einsicht in die Besonderheit menschlicher Systeme kann aber auch mit einer Auflösung der soziologischen Analyse verbunden sein; sie zerfällt in einen Rekurs auf rationale Erklärungen, die sich an der Erklärung anderer natürlicher Systeme orientieren, und in die Berufung auf Residuen, die wieder Wesenheiten oder irrationale, zumeist vitalistische Begriffe einschmuggeln. Dieses Auseinanderbrechen der soziologischen Analyse stellt nicht das Resultat eines Fehlers dar, der schlicht durch mehr intellektuelle Strenge zu korrigieren wäre. Es ist vielmehr durch die Natur der Historizität selbst bedingt, durch das historische Handlungssystem und die Klassenverhältnisse. Das von der Historizität konstruierte Feld kultureller Erfahrung ist heute durch die Spannung zwischen dem auf Entwicklung ausgerichteten kulturellen Modell und der Verteidigung der Identität beherrscht. Aus diesem Grunde ist die Gesellschaftsanalyse unaufhörlich zwischen jenen zwei Polen hin und her gerissen: dem voluntaristischen Optimismus im Hinblick auf die Entfaltung von Rationalität und der Unruhe oder der Angst, die den Widerstand der Personen und Gruppen nicht gegen den Fortschritt schlechthin wiedergeben, sondern gegenüber einer sozialen Herrschaft, die sich diesen Fortschritt aneignet. Die führende Klasse ist »modernistisch« und, wie die aufsteigende Bourgeoisie zu Zeiten Voltaires und der Enzyklopädisten, rationalistisch. Zugleich vermag sie ihren Privatinteressen nur dadurch den Siegel der Rationalität und Universalität aufzudrücken, daß sie neuerlich ein Bild des Menschen, des »Innenlebens«, einbringt, das ihn vor der »Barbarei« schützen soll. Die Volksklasse hinwieder ist in defensiver Weise an das Sein, an die Identität der Gruppe und der Person ebenso gebunden wie an die Reiche des Ausdrucks und der Imagination; aber auch sie pocht auf die Wissenschaft und deren Materialismus, um die ideologischen Masken der von der führenden Klasse ausgeübten Herrschaft herunterzureißen. Die heutigen naturalistischen Utopien versuchen in je verschiedener Weise diese kulturellen und sozialen Orientierungen zu kombinieren; allerdings stehen sie, und das ist wesentlich, vor allem der führenden Klasse nahe, preisen zugleich die Rationalität ihrer Maßnahmen wie die schöpferische Rolle dessen, der die Organisation leitet und die Entscheidungen trifft. Im allgemeinen gehen diese Utopien durch Reduktion des gesellschaftlichen Ganzen auf eines seiner Ebenen vor. Andere, besser ausgearbeitet, suchen alle Ebenen innerhalb einer umfassenden Einheit zu integrieren. Alle diese reduktionistischen Verfahren sind von der Wiedereinführung explikativer Prinzipien begleitet, die den rekonstruierten Systemen äußerlich sind. Um dies zu zeigen, sollen im folgenden verschiedene Arten von Utopien in Augenschein genommen werden, die den postindustriellen Gesellschaften eigen sind.

Die Organisationsutopie

Die utopischste Vorstellung ist jene, die die Gesellschaft als einen reinen technischen Apparat präsentiert, mit der Fähigkeit, durch Herstellung seines Gleichgewichts sich allen Veränderungen anzupassen, die in einem beliebigen seiner Teile auftreten. Damit wird eine Gesellschaft ohne Macht vorstellbar, in der jedes Individuum oder jede Gruppe entsprechend den jeweiligen Bedürfnissen und Wünschen agieren kann. Die Informationsverarbeitung ist in der Lage, alle diese Ansprüche zu sammeln und ihre möglichen Kombinationen zu kalkulieren, so daß das Funktionieren des Ganzen optimal geregelt ist. Die Anwendung autokratischer Macht war mit wenig Information verbunden und vermochte der Gesellschaftsmaschine nur eine geringe Leistung abzugewinnen. Der Sieg des Operators ist auch der Sieg der Demokratie, denn da er sich nur auf der Ebene der Mittel bewegt, muß er keinem partikularen Willen unterworfen werden und kann komplexere, austauschbare Kombinationen und jedem eine umfänglichere Palette an Wahlmöglichkeiten anbieten. Je rationaler die Mittel werden, desto unsinniger wird es, ein fixes System von Zielen zu setzen. Definiert sich eine moderne Großorganisation nicht durch den Wandel und entdeckt sie nicht zunehmend, daß es keinen *one best way*, sondern eine Vielzahl von Wegen gibt, um zum selben Punkt zu kommen? Mehr noch, muß der zu erreichende Punkt nicht durch ein Höchstmaß an Freiheit, Initiative und Befriedigung für jedes der Elemente des Ganzen ausgezeichnet sein? Je mehr Informationen es auf dem Markt gibt, desto eher ist der Akteur in der Lage, seine eigenen Ziele festzulegen. Die Denzentralisierung kann bis zu ihrem Endstadium, bis zur positiven Anarchie vorangetrieben werden, wenn man das Niveau der Kommunikationen im System, folglich die Quantität der bearbeiteten Information, folglich die Effizienz und Kreativität des Ganzen steigert. So etwa sieht das Bild der kybernetischen Stadt aus, das N. Schöffer entwirft.

Im allgemeinen ist eine solche Utopie wohl von dem Gefühl inspiriert, man könne sich endlich von den Zwängen der Akkumulation, also der Macht, befreien, wenn man Gesellschaft ausschließlich als Austausch- und Gleichgewichtssystem begreift. So ist die Konsumgesellschaft definiert, die auf ihr Gleichgewicht und nicht auf ihre Entwicklung ausgerichtet ist. Eine solche Gesellschaft ist zunehmend in der Lage, den im Namen der Investition ausgeübten autoritären Zwang durch einen stetigen Fortschritt der Handlungs- und Ausdrucksmöglichkeiten eines jeden zu ersetzen, wobei die technologischen Aktionsinstrumente der Gesellschaft in den Dienst des Glücks und nicht mehr der schöpferischen Destruktion oder destruktiven Schöpfung, wie es die Industrie war, gestellt werden.

Diese Utopie ist eine Verlängerung der Utopie des 19. Jahrhunderts. Industrieller Fortschritt und Überfluß gestatten die Ersetzung der Herrschaft von Menschen über Menschen durch die Verwaltung von Sachen. Einziger Zweck der Gesellschaft ist es, die Kreativität zu steigern und die Innovationen und Wünsche zu koordinieren, statt Sanktionen zu verhängen und die Konzentration der Möglichkeiten zu Investition und Initiative zu betreiben, die die absolute Macht schafft und nur eine primitive Form der Organisierung des Wandels darstellt.

Die beste Erwiderung auf eine derartige Utopie bildet die konträre Utopie, die so düster ist wie die vorhergehende licht und freundlich. Ist diese freie Entfaltung eines jeden nicht die absolute Integration aller in den Dienst vielleicht nicht mehr eines einzigen Herrn, wohl aber des in eine totalitäre Organisation verwandelten Systems selbst? Tatsächlich haben die totalitären Regimes immer auf ihr Vermögen gepocht, die aktive Teilnahme eines jeden zu ermöglichen – freilich mit der Absicherung, daß diese freie Initiative auch prädeterminiert bleibt durch eine bis ins letzte gehende Sozialisation und die Ausmerzung der schlechten Bürger oder der Unreinen.

Jenes naturalistische Modell der Gesellschaft geht mit einem extremen Voluntarismus und der Errichtung einer absoluten Macht einher. Die Träume, die die Vorstellung von der notwendigen Dezentralisierung der Entscheidungen in den Großorganisationen begleitet haben, überdauern nicht die Mahnung der Organisationen, daß Dezentralisierung eine größere Hierarchisierung und Integration als je zuvor impliziere. Die Macht der Apparate kann nicht von selbst zugrundegehen; sie kann im Namen der Selbstverwaltung attackiert werden, aber sie verwandelt sich nicht im Namen steigender Effizienz naturwüchsig in Selbstverwaltung. Es ist, noch einfacher gesagt, absurd zu glauben, unsere Gesellschaft habe schon das Höchstmaß an möglicher Einwirkung auf sich selbst erreicht. Sie hat gerade begonnen, auf die lebenden Systeme einzuwirken; sie entdeckt, daß sie auch auf den Menschen und die sozialen Systeme einwirken könnte. Die unbegrenzte Verstärkung ihres Handlungsvermögens gegenüber sich selbst hat zwangsläufig die Stärkung der Macht und ihrer Apparate zur Folge – freilich damit einhergehend auch neue Formen von Kontestation. Weder Totalitarismus noch Anarchie gehören zwangsläufig, »technisch«, zum Gefolge des Funktionsablaufs der Organisationen. Er zwingt nur neue Formen gesellschaftlicher Kämpfe auf.

Die Planungsutopie

Dies verweist auf eine Utopie, die der vorhergehenden entgegengesetzt ist.

In ihr wird die Gesellschaft nicht mehr als gleichgewichtiges System angesehen, sondern im Gegenteil als ein geschmeidiges, folgsames Instrument im Dienste eines Willens.

Die beste Gesellschaft ist jene, die ihre wirksamsten Mittel in den Dienst der Effizienz, d.h. des Wachstums, stellt.

Jede öffentliche oder private Großorganisation muß ihre Entscheidungen planen, ihre Strategien programmieren. Sie ist in der Lage, die Zukunft zu meistern, d.h. im Namen ihrer Werte die stärkste Einwirkung auf ihre Zukunft zu realisieren.

Diese Werte können aber keine rein ethischen Wahlentscheidungen sein, weil eine solche Entscheidung zu mehreren Werten führen kann. In einer Gesellschaft, die über flexible Mittel verfügt und auf mehrere Ziele ausgerichtet ist, könnten die Variablen und Widersprüche nicht vereinigt werden – sie ähnelte einer Fernsehstation, in der jeder die simultan verfügbaren Kanäle gebrauchte, um sein eigenes Programm auszustrahlen, was nur sinnvoll wäre, wenn jeder Akteur einen eigenen geschlossenen Kreislauf von Sender-Empfänger darstellte – eine Robinsonade neuen Stils.

Damit diese Kakophonie vermieden werde, müssen die Werte eines sozialen Systems also zumindest in ihren wesentlichen Dimensionen ein homogenes Ganzes bilden, das durch eine umfassende Teilhabe gesichert ist. Das ist jedoch eine funktionalistische Hypothese, die gerade auf differenzierte, sich wandelnde und technische Gesellschaften, in denen moderne Steuerungsinstrumente bestehen, am schlechtesten verwendbar ist.

Die auf der zentralen Rolle der Planung insistieren, sind teils autoritär, teils liberal, je nachdem, ob sie eine mehr oder eine weniger große Autonomie der politischen Institutionen innerhalb einer sozialen Herrschaft anerkennen. Aber diese Herrschaft existiert. Sie kann sich wandeln, so daß die herrschende Klasse sich unter der Wirkung organisatorischer und institutioneller Umwälzungen fortschreitend selbst ändert, aber es existiert keine Investitionsgesellschaft ohne führende Klasse, wenn sich auch die führenden Klassen der verschiedenen Gesellschaften in vieler Hinsicht unterscheiden mögen. Und ihre Herrschaft ist nicht nur aufgezwungen, sie stützt sich auch auf soziale Kontrollmittel und Sozialisationsmaßnahmen und wird durch die Entfremdung verstärkt, die die abhängige Partizipation erweitert und die Kontestation kraftlos werden läßt. Die Aussage, daß eine Gesellschaft ihre Zukunft wählt, meint auch, daß den Wahlentscheidungen Priorität eingeräumt wird, die mit den Interessen einer mehr oder weniger offenen, einer mehr oder weniger institutionellen Zwängen unterworfenen führenden Klasse konform sind. Diese Klasse fällt im Namen des allgemeinen Fortschritts und ihrer Privatinteressen die fundamentalen Entscheidungen.

Die Republik wird niemals von Gelehrten regiert, und gerade diese sind mehr noch als die anderen Bürger zweigeteilt zwischen ihrer Rolle als technische Berater der führenden Klasse und ihrer Kontestation der Macht im Namen des kulturellen und des Erkenntnismodells, die jene sich aneignet.

Die »politische« Utopie

Die Verworrenheit dieser beiden extremen Utopien läßt ein größeres Interesse für eine dritte Vorstellung der Gesellschaft entstehen, der zumindest das Verdienst zugesprochen werden muß, die Widersprüche der beiden anderen überbrücken zu wollen. Diese Vorstellung führt die Gesellschaft auf ihr politisches System zurück. Zum einen macht sie darauf aufmerksam, daß eine Organisation um so weniger vereinheitlicht und pyramidal ist, je mehr Informationen sie verarbeitet und je stärker sie sich an Veränderungen der Umwelt anpassen muß. Im Gegensatz zu einem in der Tat sehr unscharfen Bild unterstreicht sie, daß jede große Organisation ein Aggregat von einzelnen Entscheidungs- und Einflußzentren darstellt, deren jeweilige Positionen ständig wechseln, so daß es müßig ist, Organigramme, stabile Befehlslinien, intrinsische Funktionsbestimmungen aufzustellen, wie es das Webersche Modell der Bürokratie im Sinn hatte. Die Organisation ist weit entfernt, die Stätte zu bilden, an der die außerhalb getroffenen Entscheidungen umgesetzt werden – es wird gerade unmöglich, noch zwischen Organisation und Entscheidungssystem zu unterscheiden.

Dieser »politischen« Soziologie zufolge hat die durch den Wandel gekennzeichnete Gesellschaft keinen Platz mehr für das Absolute, vor allem in der Gestalt von Prinzipien und Werten. Heutzutage ist die Gesellschaft auf kein ideales Modell, auf kein Jenseits ausgerichtet, sondern auf eine Zukunft, auf ihren Wandel, der nur mehr durch konstante Veränderungen des Entscheidungssystems und durch den Einfluß der verschiedenen Akteure definierbar ist.

Die Mittel der Informationsverarbeitung ermöglichen es, Varianten zu bestimmen, aber auch, Illusionen hinsichtlich einer absoluten Rationalität abzubauen und das stategische Vermögen einer größeren Zahl von Akteuren zu steigern.

Dieser Konzeption gebührt das große Verdienst, die Autonomie des Entscheidungssystems in den ökonomisch komplexeren Gesellschaften und im besonderen die Natur der Planungsverfahren zur Geltung zu bringen. Der Rückgriff auf ökonometrische Techniken und auf die Konstruktion von wirtschaftspolitischen Modellen ist nicht zu trennen von der Entwicklung der Verhandlungen, der Beratungen und Übereinkommen. Wie Galbraith betont, ist gerade in Hinblick auf die Großorganisation das Bild des Unternehmers, der in letzter Instanz die grundlegenden Entscheidungen trifft, größtenteils falsch. Die Entscheidung bildet sich nach einer Reihe von Verhandlungen heraus und gibt den Stand eines Einflußsystems wieder, das weder starr noch stabil ist.

Aber wie gesagt: Wer nur den Bereich der Entscheidungen betrachtet, der vergißt, daß jener zu einem großen Teil durch übergeordnete Interessen eingeschränkt und prädeterminiert wird. Ganz richtig verweist Galbraith selbst auf die Grenzen des Entscheidungsprozesses, wenn er unterstreicht, daß die, welche Entscheidungen treffen, Teil einer Techno-Struktur sind, die ihre eigenen Erfordernisse hat: Macht und Wachstum, d.h. Stärke, was einen neuen Modus sozialer Herrschaft bezeichnet.

Diese Herrschaft kommt auch als Macht in den Organisationen zum Ausdruck, als Macht, die sich in einer Autorität bekundet, die in keinem Spiel von Einflüssen aufgeht. Ganz im Gegenteil: Das Einflußvermögen, die strategischen Möglichkeiten eines Akteurs sind vor allem durch seine Autorität, folglich durch seine Teilnahme an der Macht, bestimmt.

Schließlich wird das Spiel der Entscheidungsträger durch die Zwänge des organisatorischen Gleichgewichts limitiert. Diese Zwänge schränken zunehmend den Einfluß der Ausführenden ein, die in ihrer Tätigkeit beständig vor den Widerspruch zwischen den Erfordernissen des Ganzen und der Notwendigkeit, am gemeinsamen Werk zu partizipieren, gestellt sind.

Kein Sektor der soziologischen Forschung ist in jüngster Zeit derart intensiv studiert worden wie der der Entscheidungen. Das ist erfreulich, da immer weitere Bereiche des gesellschaftlichen Lebens zum Gegenstand von Entscheidungen werden und der Rückgriff auf die Gleichgewichtslagen des Marktes immer seltener als politisches Prinzip Anerkennung findet. Die Ausweitung der Forschungs- und Waffenprogramme, der Stadtplanung, die Notwendigkeit, den Unterricht zu organisieren, um den Bedürfnissen nach neuen Qualifikationen und neuen Ausbildungen Rechnung zu tragen, lassen die Zahl der Entscheidungsorgane zunehmen, und so ist es zu einer der offenkundigsten Eigenschaften der postindustriellen Gesellschaft geworden, eine »Gesellschaft von Komitees« zu sein. Bekannte Untersuchungen haben die effektive Autonomie dieser Entscheidungssysteme hervorgehoben und auf die Gefahr verwiesen, *a priori* die virtuelle Herrschaft einer führenden Klasse mit ihrem faktischen Einfluß innerhalb eines einzelnen Entscheidungsprozesses gleichzustellen.

Allerdings ist es noch falscher zu meinen, die von einer Gesellschaft getroffenen Wahlentscheidungen wären das Resultat von Verhandlungen und von vollkommen offenen Entscheidungen. Das wesentliche Faktum besteht gerade darin, daß die Mehrzahl der wichtigen Entscheidungen nicht diskutiert, ja, zum großen Teil nicht einmal per Beschluß entschieden werden. Wer wollte etwa behaupten, daß die gegenwärtige Verfassung von New York oder Los Angeles entschieden worden sei? Daß die Stellung, die das Auto in unserer Gesellschaft einnimmt, daß die Natur der Beziehungen zwischen Lehre und Forschung, ja sogar, daß gewisse Kriege beschlossen wurden, daß sie das Ergebnis einer Konfrontation und nachfolgender Übereinkommen seien? Die Stärke einer führenden Klasse rührt nicht daher, daß sie Entscheidungen durchsetzt, sondern daß ihre Interessen Entscheidungen determinieren oder verhindern. Die Tatsache, daß sich die führende Klasse nicht mehr hinter dem Markt verbirgt und sich in den Großorganisationen eingerichtet hat, ändert nichts an dieser Tatsache. In ihrer Eigenschaft als führende Klasse analysiert, kalkuliert und diskutiert sie. In ihrer Eigenschaft als herrschende Klasse gestaltet sie, kraft ihres Bewußtseins und ihrer Ideologie, die Organisation der Gesellschaft. Das schließt nicht aus, daß den politischen Systemen häufig eine reale Autonomie zukommt, aber je mehr man es mit einer aufsteigenden führenden Klasse zu tun hat, desto geringer ist die Institutionalisierung der Wahlentscheidungen und der Konflikte und desto seltener wird die Geschichte durch Entscheidungen gemacht.

Die technokratische Utopie

Diese drei Vorstellungen von der Gesellschaft sind derart partiell, daß sie mehr für die Ideengeschichte als für die Erkenntnis der gesellschaftlichen Praxis von Interesse sind. Erst wenn ein Akteur die in meiner Analyse unterschiedenen Ebenen in ihrer Existenz und Autonomie anerkennt, kann er den Funktionsablauf der Gesellschaft wirklich steuern.

Mit anderen Worten gibt eine gesellschaftliche Klasse, der wesentliche historische Akteur, immer einen bestimmten Integrationstyp dieser verschiedenen Ebenen vor.

An diesem Punkt gewinnt die Analyse von Galbraith ihr ganzes Gewicht, denn sie macht die Ideologie der Großorganisationen so gut sichtbar, daß man sich fragen muß, ob sie sich nicht selbst mit ihr identifiziert. Das industrielle System, von dem er spricht, bestimmt sich zugleich als eine Gesamtheit von Orientierungen, als eine Form des politischen Prozesses und als spezifisches Funktionssystem, die koextensiv sind und sich wechselseitig verstärken. Ziel des Systems ist dessen eigene Entwicklung, das Ziel auch jeder als industrielles Mikro-System begriffenen Großorganisation. Den politischen Verhandlungen kommt die Funktion zu, Vereinbarungen hervorzubringen, die der Programmierung das erforderliche Maß an Vorhersehbarkeit verschaffen. Das Gleichgewicht der Organisation bildet deren Überlebensbedingung, ist Voraussetzung für deren Fähigkeit, sich den Veränderungen in der Umwelt anzupassen. Das industrielle System gleicht einem Schiff, das sich auf offener und bewegter See in Gleichgewicht hält, das die Handlungen der Mitglieder seiner Besatzung koordiniert und sich bemüht, so schnell und so sparsam wie möglich seiner Route zu folgen.

So sieht die technokratische Vorstellung aus, deren zentraler Begriff die Organisation ist. Der Erfolg dieses Wortes ist aufschlußreich. Er wird durch die Identifizierung der aktiven und der passiven Wortbedeutung ermöglicht: eine Organisation ist zugleich ein Organismus und ein Unternehmen, ein Wille und ein Gleichgewicht. Und ihr Symbol ist der Computer, der auf Zielvorstellungen reagiert, der Programme benutzt und die Struktur eines Gesamtgefüges sichtbar macht. Die Einheit des Systems ist konkret, die eines Funktionsablaufs. Die Gesellschaft soll dem Modell eines Großunternehmens nachgebildet sein, sie muß verwaltet werden wie General Motors, muß dezentralisiert sein und empfänglich für

Veränderungen in der Nachfrage. Ihre Politik schält sich heraus durch heimliche oder offene Absprachen zwischen Oligopolen, durch Verhandlungen mit den Gewerkschaften, die eine Vorausbestimmung der Lohnkosten für eine relativ lange Periode gestatten, und durch Verbindungen zum Staat, der bestimmte längerfristige Investitionen übernimmt, deren Rentabilität gleich Null oder fraglich ist.

In letzter Instanz ist der Funktionsablauf des industriellen Systems einem bestimmten System von Werten eingeschrieben, eine Aussage, deren Inkonsistenz allen Interpretationen Tür und Tor öffnet und der doch eine präzise Bedeutung zukommt: Eine moderne Gesellschaft erklärt sich als von einem System von Werten gelenkt, in dem Maße, wie ihr politisches Entscheidungssystem im Rahmen staatlicher Institutionen einer scharfen Kontrolle durch eine bestimmte Form sozialer Herrschaft unterliegt.

Diese Kontrolle und folglich diese Integration können, etwa mit den verschiedenen politischen Regimes, verschiedene Formen annehmen: sie können liberal sein, wenn das politische System offen, vom sozialen Herrschaftssystem getrennt und zudem in der Lage ist, auf dieses zu reagieren; sie können autoritär sein, wenn das politische System geschlossen, wenig differenziert und institutionalisiert ist und wenn es unmittelbar dem sozialen Herrschaftsapparat unterworfen ist.

Was immer die – immensen – Unterschiede sein mögen, die ihre politischen Regimes voneinander trennen, so erfassen doch alle Gesellschaften, die an der klaren Unterordnung des politischen Systems unter eine vereinigte soziale Herrschaft festhalten, die Gesellschaft als eine Organisation, d. h. zugleich als ein integriertes System, dessen interpedente Elemente die Suche nach einer Gleichgewichtslage erheischen, und als Realisierung eines gesellschaftlichen Willens.

Die Einflußlosen versuchen fortwährend, diesem herrschenden Modell ein Gegenmodell entgegenzusetzen, eine Gegen-Utopie, die, wenn auch in anderer Weise, ebenfalls integriert ist: Gibt die führende Klasse ihrer Sicht der Gesellschaft eine Einheit durch den Begriff der Organisation, so weil sich die Akkumulation in den Großorganisationen vollzieht, eine Definition gerade auch in der Technokratie. Die für die Investition, folglich die technologische und ökonomische Entwicklung notwendigen Ressourcen werden im wesentlichen entweder auf dem Wege der Eigenfinanzierung oder durch öffentliche Kredite beschafft, letzteres vor allem in den fortgeschrittensten Bereichen, d.h. jenen, in denen das Streben nach militärischer und ökonomischer Stärke am direktesten die Akkumulation lenkt. Dagegen versuchen die, welche als Produzenten wie als Konsumenten diesen Apparaten ausgeliefert sind, eine Vorstellung von der Gesellschaft zu entwerfen, die auf einem gesellschaftlichen Willen gründet, dem Willen zur Wiederaneignung der Instrumente und Produkte des Wachstums – eine Vorstellung, die stets mehr oder minder dem ersten von uns skizzierten Unternehmen gleicht: der Gesellschaft im Gleichgewicht, dem homöostatischen Organismus, der Gesellschaft der Brüder, die sich an die Stelle der Gesellschaft der Väter und Söhne setzt, der, einem Ausdruck Norman Browns zufolge, spartanischen und nicht attischen Gesellschaft, die man genausogut als anarchische wie als streng integrierte und letzten Endes totalitäre neue *Gemeinschaft* beschreiben kann.

Bevor wir näher auf die Art der Forderungen und sozialen Konflikte in der industriellen Gesellschaft eingehen, mag es an dieser Stelle angemessen sein, präziser zu bestimmen, was jene Machtzentren sind, die wir Großorganisationen nannten, und insbesondere sich zu fragen, ob die verschiedenen elementaren Utopien, die wir unterschieden haben, nicht vielleicht jeweiligen Organisationstypen entsprechen. Wir können an dieser Stelle nur einige einfache Überlegungen vortragen, die eine eingehendere Prüfung verdienten.

Anerkennen wir zunächst, daß im allgemeinen legitimerweise von Großorganisationen gesprochen werden kann. Jeder Haupttypus von Gesellschaft, folglich jeder Typus von kulturellem Modell und führender Klasse, weist einen besonderen Typ von Führungs- und Herrschaftsapparat auf. Die Kirche oder allgemeiner die Organisation, deren Fundament religiöse oder gemeinschaftliche Werte bilden, stellt den Führungsapparat der Gesellschaften, in denen das kulturelle Modell am wenigsten »praktisch« ist. Im Okzident hat die katholische Kirche mit ihren Studienkammern, ihren produktiven Diensten, ihren Mechanismen sozialer Kontrolle und ihren Sozialisationsmethoden eine solche sowohl zentralisierte wie differenzierte Großorganisation dargestellt. Die Welt des Handels, Bildungsstätte auch des Staates, besaß als Hauptorganisationen die Armee und den Staatsapparat. Die Industriegesellschaft, und deren herrschende Form, der Kapitalismus, weist als Hauptapparat die

Banken und die City auf. In der postindustriellen Gesellschaft wird diese Rolle von den Großorganisationen zur Produktion von Gütern und Dienstleistungen wahrgenommen, die zugleich Kommunikationsnetze, Entscheidungszentren und Herrschaftsbasen darstellen. Doch bestehen innerhalb dieser allgemeinen Kategorie beträchtliche Differenzen.

Bestimmte Organisationen sind um Werte, um eine voluntaristische Vorstellung vom Menschen und von der Gesellschaft zentriert. Dies trifft vor allem auf die an der Macht befindlichen Parteien zu, wenn sie Träger eines Entwurfs zur Schaffung einer neuen Gesellschaft sind und weit in den Funktionsablauf und in die Koordination der diversen Sektoren des gesellschaftlichen Lebens vordringen.

Andere sind hauptsächlich Handelsorganisationen. In ihnen zeigt sich die Herrschaft am »politischsten«, wie sie auch den Beherrschten am deutlichsten als wahrhaftige Staaten erscheinen. Diese großen Geschäftsunternehmen können über fortgeschrittene technologische Kerne verfügen; sie erfüllen häufig industrielle und postindustrielle Funktionen, sind jedoch vor allem Zentren finanzieller und kommerzieller Herrschaft. Die großen Warenhausketten, aber auch die Mischkonzerne und sogar die Erdölunternehmen gehören alle zu diesem Typus, welches auch immer die effektive Bedeutung ihrer finanziellen und kommerziellen Tätigkeit sein mag. Sie sind die privilegierten Träger der ersten elementaren Utopie. Und sie sind auch am klarsten die Agenten einer eher herrschenden denn führenden Oberklasse. So ist die Utopie eines rein technischen Apparates, der sich der Nachfrage auf dem Markt anpaßt, der sich den Bedürfnissen anschließt, der der Diversifikation des Konsums folgt, am direktesten mit der Manipulation der Nachfrage verbunden. Die Händler stehen in einem zweifachen Gegensatz zu den Industriellen und den Technokraten: zunächst einmal sind sie keine technologischen Innovatoren und hängen faktisch eher vom Markt ab, als daß sie durch Erfindung neuer Produkte Märkte schaffen; zum anderen haben sie das handgreiflichste Interesse an der Aufrechterhaltung einer Sozialordnung, die ihnen die Organisierung des Marktes in Abhängigkeit von den verfügbaren Ressourcen erlaubt, Interesse also an der Reproduktion der gesellschaftlichen Ungleichheiten.

Die industriellen Großorganisationen verwalten Produktionseinheiten, die wesentlich auf der Nutzung von produktiver Handarbeit und produktionssteigernden Methoden der Arbeitsorganisation beruhen. Sie definieren sich zentral durch ihre Strategie; sie bilden Entscheidungszentren, die relativ stabile Absprachen mit den anderen Unternehmen, den Gewerkschaften, den öffentlichen Machtinstanzen zu treffen versuchen.

Die postindustriellen Großorganisationen schließlich, jene also, deren Wachstum im wesentlichen vom Leistungsvermögen der technologischen Kreativität und der Steuerung komplexer Kommunikationssysteme abhängt, sind zugleich »introvertierter« und unmittelbarer an den Staat gebunden, d.h. an den zentralen Steuerungsapparat des Produktionssystems. Sie sind die bevorzugten Träger der zweiten von uns unterschiedenen Utopie, freilich auch, weil sie im Kern des postindustriellen Systems stehen, im Kern der mehr totalisierenden technokratischen Ideologie.

So lassen sich innerhalb der durch die Großorganisationen gebildeten führenden Klasse bedeutende Differenzen ausmachen, die sich ebenso in der Politik der Unternehmen wie in der Art der Opposition äußern, die ihre Herrschaft auf den Plan ruft. Wird nur ihr interner Funktionsablauf sowie im einzelnen der Gebrauch betrachtet, den sie von den modernen Mitteln der Informationsverarbeitung machen, dann läßt sich sagen, daß die großen »Handels«-Organisationen sich in erster Linie um Gleichgewichtsmodelle kümmern. Sie definieren sich in bezug auf eine Umwelt und verfügen über eine zentralisierte Führung, ein zentrales Organ, das mit der Aufrechterhaltung des Gleichgewichtes zwischen Unternehmen und Markt beauftragt ist. Dagegen stehen die eigentlich postindustriellen Organisationen dem Modell der Techno-Struktur näher. Integration, Fortbestand und Wachstum der Organisation sind die obersten Ziele. Die Macht ist hier weniger die eines Dirigenten als die der Organisation selbst, was zugleich mehr Integration und mehr Dezentralisierung zu beanspruchen erlaubt. Noch weniger als die anderen können sie als *black boxes* begriffen werden. Am meisten interessieren sie die Mechanismen der Verwandlung von input in output. Zwischen diesen verschiedenen Typen herrschen keine klar festgelegten Grenzen – etliche Unternehmen gehören mehreren zugleich an. Nichtsdestoweniger weisen sie verschiedenartige Logiken auf, die sich durch unterschiedliche Formen des Einwirkens auf die Gesellschaft und durch unterschiedliche Steuerungsmodi manifestieren.

IV. Gesellschaftliche Verhältnisse und soziale Konflikte in der postindustriellen Gesellschaft

1. *Die Berufsforderungen*

In einer von Großorganisationen beherrschten Gesellschaft gilt es, zunächst die Art der sozialen Forderungen, d. h. die Ansprüche, die sich auf der Ebene der sozialen Organisation selbst ausdrücken, zu untersuchen. Es könnte auch logisch erscheinen, umgekehrt zu verfahren und sich zuerst über die Natur der gesellschaftlichen Klassen und grundlegenden Konflikte Gedanken zu machen, die sich im Hinblick auf die Kontrolle des historischen Handlungssystems und gegen oder für einen Modus sozialer Herrschaft herausbilden. In der Tat nötigt die Hierarchie der sozialen Systeme anzuerkennen, daß aus diesen Konflikten die Forderungen und der Druck erwachsen, die sich auf der Ebene der Organisation oder des politischen Systems formulieren.

Interessiert man sich freilich vor allem für die Herausbildung der sozialen Konflikte und Bewegungen, dann ist es auch legitim und sogar sehr nützlich, die Analyse von unten aufzuziehen und in diesem Sinne der beobachtbaren historischen Realität zu folgen. In der Tat entspringt die Volksklasse nicht voll gerüstet den »Lenden« eines historischen Handlungssystems. Darin, in der Formierung, ist die Oberklasse der Volksklasse voraus, weil diese größtenteils in der Defensive steht und einer Entfremdung, d. h. einer abhängigen Partizipation unterworfen ist, die sie dazu treibt, sich in der Rolle abzukapseln, die ihr die führende Klasse zudiktiert und anerzieht. Einfacher gesagt, die soziale Bewegung einer Volksklasse lebt stets in der Spannung zwischen der Formulierung neuer Forderungen und der Ideologie oder Sprache, die noch aus der Interpretation einer früheren Gesellschaft herstammt. Würde man also die Verhaltensweisen der Volksklassen ausgehend von den Äußerungen erörtern, die den höchsten Grad an Organisation und ideologischer Durchdringung aufweisen, so liefe man Gefahr, für den Schatten einer alten Tat die neue Beute aus den Händen fallen zu lassen.

Betrachtet man die Verhaltensweisen in Großorganisationen, die deren Natur, so wie sie von uns im vorigen Kapitel analysiert wurde, zum Ausdruck bringen, so fällt die Trennung von Organisationsrolle und persönlichen Forderungen ins Auge.

Die Fabrikarbeit und in stärkerem Maße noch die früheren Formen der Arbeit waren zumindest bis zur Einführung der Arbeitsorganisation, das Fundament einer beruflichen und gesellschaftlichen Erfahrung in einem, die Basis einer wirklichen Berufsbildung und -kultur. Die Konzentration der Arbeiter in *company towns*, in sozial ziemlich homogenen Städten, Quartieren oder Vororten, die schwach entwickelten Perspektiven sozialer Mobilität im Rahmen einer Industrie, in der die Arbeiter den Hauptanteil der Lohnabhängigen ausmachten und wo ein Wechsel der sozialen Position häufig den Gewinn von Eigentum voraussetzte, die Last der Armut oder des Elends, der Mangel an industriellen Konsumgütern für eine größere Zahl von Menschen, verstärkten jene Isolation, die am eindrucksvollsten von R. Hoggart in seinem Buch *The Uses of Literacy* (London 1957) beschrieben wurde.

Die Forderung drückt sich zunächst in der Verteidigung elementarer Subsistenzbedingungen, und jenseits davon, im Verlangen nach Autonomie aus. Verteidigung der Arbeits- und Lebensgruppe gegen die über den Arbeitsmarkt ausgeübte Herrschaft, ausgeübt von der kapitalistischen Macht und einer Autorität, die die Last der Ausbeutung und des Profits unmittelbar der Produktion auferlegt. So gewinnt die Arbeiterforderung in zwei Hauptformen Gestalt, die sich verschieden kombinieren und die wir, im französischen Raum, mit den Namen von Louis Blanc und Proudhon belegen können. Der erste reklamiert vor allem anderen das Recht auf Arbeit, das Eingreifen des Staates gegen ein kapitalistisches System, das Krisen und Arbeitslosigkeit zur Folge hat: der zweite weist im Namen der Arbeit das Eigentum zurück und ruft nach der Selbstorganisation der Produzenten, die eine Zivilisation der Arbeit schaffen soll.

Die Ausdehnung der Arbeitsorganisation am Ende des 19. Jahrhunderts, das Entstehen der Fließbandproduktion, die Zunahme angelernter (semi-skilled) Arbeiter, die durch ihren Platz innerhalb einer koordinierten und autoritär gelenkten Abfolge von Tätigkeiten definiert sind, sprengt diesen Typ von Fabrikarbeit. Das Streben nach Autonomie gestaltet sich, in Form einer informellen Organisation, zunehmend schwieriger und macht, wie von zahlreichen Autoren verzeichnet, am Ende »ökonomistischen«

Forderungen Platz. Der Arbeiter, der jene unqualifizierte Arbeit als Zwang erfährt, versucht, dafür Entschädigung in Geld zu erlangen. Die Fließbandarbeit in der modernen Großindustrie erlaubt wohl häufig eine höhere Entlohnung, diese aber wird als unbefriedigende und ungerechte Kompensation für eine sehr viel intensivere Ausbeutung erlebt. Zur gleichen Zeit richtet sich die Forderung der Arbeiter gegen die Arbeitsorganisation und hier speziell gegen das Arbeits- und Produktionstempo, folglich gegen die kapitalistische Herrschaft, die weiterhin in der Ausbeutung der unmittelbar produktiven Handarbeit gründet. Situation des Übergangs von der Fabrik zur Großorganisation. Schon richtet sich die Forderung auf das außerhalb der Arbeit Vorgehende, auf den Konsum, und löst sich von der Verteidigung einer dahingeschwundenen beruflichen Autonomie. Weiterhin aber bleibt sie auf eine Macht ausgerichtet, die sich unmittelbar auf der Ebene der beruflichen Tätigkeit, des Arbeitsplatzes und der Organisation der Arbeitsstätte manifestiert. Ich habe an anderer Stelle gezeigt (*La conscience ouvrière*, Paris 1966), daß in dieser Situation das Klassenbewußtsein der Arbeiter kulminiert, und zwar nicht der angelernten Arbeiter, die häufig auf den Ökonomismus beschränkt bleiben, sondern der gelernten Arbeiter speziell der Werkzeug- und Wartungssektoren, die am Kampf gegen die kapitalistische Rationalität teilnehmen und sich dabei auf eine Arbeitsautonomie stützen, die zumindest für sie noch nicht verschwunden ist.

Die moderne Großorganisation ist ein Produktionstyp, bei dem die Energie fortschreitend durch die Information ersetzt wird und die Produktivität immer mehr von der Kapazität abhängt, Informationen zu produzieren, zu kontrollieren und zirkulieren zu lassen. Die Beziehung zwischen Arbeit und Produktion verliert beständig an Unmittelbarkeit. Im gleichen Zug wird die traditionelle Abgrenzung zwischen Arbeiter und Angestellten fließend. Es bildet sich eine umfängliche Kategorie heraus, die man als die des Bedienungspersonals (operateurs) bezeichnen kann. Die Berufstätigkeit definiert sich zunehmend über den innerhalb eines Kommunikationsnetzes eingenommenen Platz. Dieser Zusammenbruch der alten Formen des Fachberufes, der Funktionen, der Arbeitsgruppen zieht die Aufsplitterung der Forderungen nach sich. Diese bilden sich nicht mehr in Hinblick auf die Verteidigung der Arbeit und der Arbeiter, sondern zum einen in Hinblick auf den Konsum und zum anderen in Hinblick auf die Verteidigung eines persönlichen Status, sowie in einer wachsenden Zahl von Fällen im Hinblick auf Garantien bezüglich der Karriere oder selbst der Professionalisierung.

Die Mehrzahl der heute, z. B. in Frankreich, beobachtbaren Forderungen organisieren sich, überschreiten sie einmal die einfachen Lohnforderungen, deutlich um die folgenden zwei Themen: zum einen die Verminderung des Arbeitslebens, die Kürzung der wöchentlichen Arbeitszeit, die Herabsetzung des Pensionsalters, usw.; zum anderen um den Kampf gegen die Gleichsetzung des Menschen mit seinem Arbeitsplatz, im einzelnen auch die Aufhebung der Arbeitsplatzbewertung sowie die Lohnfortzahlung im Fall der Versetzung auf einen niedriger eingestuften Arbeitsplatz. Klar zum Ausdruck gebracht wird sogar der Gedanke, daß der angelernte Arbeiter eine Karriere haben und entsprechend seinem Dienstalter in der Kategorie aufsteigen müsse, statt mit zunehmendem Alter auf schlechter bezahlte Posten abgeschoben zu werden.

Derartige Orientierungen kommen noch klarer in den Tätigkeitsbereichen zum Ausdruck, die von der eigentlichen industriellen Arbeit ziemlich weit entfernt sind: Techniker, Angestellte, Forscher, Krankenschwestern oder Ärzte, Lehrer, also all jene, die den modernen Organisationen zur Produktion, Diffusion und Anwendung des Wissens angehören, partizipieren funktional an einem Kommunikationsnetz und verlangen gleichzeitig einen persönlichen Status, eine Karriere, die ihrer Abwehr gegen die Machteinwirkung der Organisation Sicherheit gewährt.

Die Arbeit stellt in einer Großorganisation eine Tätigkeit dar, die die Integration in ein Ensemble von Rollen und nicht bloß die Zugehörigkeit zu Gruppen und Arbeitsmannschaften impliziert. In den beruflichen Kommunikationen kommen zunehmend andere Sprachen als in den interpersonellen Beziehungen zur Anwendung. Jene funktionale Integration geht also mit einem Rückzug Hand in Hand. Das Ende des Arbeitstages markiert einen Bruch, der zudem durch die Entfernung der Arbeitsstätte von der Wohnstätte noch akzentuiert wird. Immer seltener werden die Quartiere, in denen sich Arbeitsleben und Leben außerhalb der Arbeit vermischen; Tag für Tag leeren sich nach den großen Migrationen die Zonen, in denen die großen Produktionsballungen zentriert sind. Goldthorpe, Lockwood und Mitarbeiter haben in ihrer Studie über den »wohlhabenden« Arbeiter diese Aufsplitterung hervorgehoben. Viel früher schon hatten Andrieux und Lignon in ihrer Untersuchung des heutigen Arbeiters auf die wachsende Diskrepanz zwischen deren Rolle als Produzenten und deren Rolle als Konsumenten aufmerksam gemacht.

Das hat keine Veränderung der organisatorischen Situation zur Folge, sondern, wiederholen wir es, die Trennung von funktionaler Integration, Forderung nach Karriere und Ansprüchen monetärer Art, die sich an den Lebensverhältnissen außerhalb der Arbeit orientieren.

Die Lohnempfänger verlangen von einer Großorganisation – auf dieser Ebene, die, daran sei nochmals erinnert, nicht mit deren gesamtgesellschaftlicher Situation gleichgesetzt werden darf –, nicht so sehr Autonomie, sondern Garantien.

Das traditionelle Thema der Arbeiterkontrolle, zentriert um die Berufsarbeit, die Arbeitsgruppe, die Werkstätte, also die Autonomie und Spezifität der Produzentensphäre, ist zwangsläufig und fortschreitend zum Verschwinden verurteilt. Zwar taucht es an anderer Stelle in verwandelter Form wieder auf, läßt sich aber nicht mehr auf der Ebene, auf der es sich einst formulierte, erfassen. Von den alten Formen der Assoziation werden nur noch die angezogen, die innerhalb komplexer Organisationen arbeiten, aus denen die Berufsautonomie schon verschwunden ist.

Aber gerade auf dieser Ebene stellt das Streben nach Garantien eine Forderung dar, die sich der funktionalen Integration widersetzt, die das Individuum oder die Berufsgruppe gegen berufliche Veränderungen, gegen die konstanten Anpassungen an Wandlungsprozesse internen oder externen Ursprungs schützen soll. Auch die Gewerkschaften räumen einen beträchtlichen Teil ihrer Aktivitäten der Verteidigung dieser Garantien ein, was bis zur Mitbestimmung in Fragen der Beschäftigungs- und Arbeitsbedingungen führen kann. Aber nichts läßt darauf schließen, daß innerhalb der modernen Großorganisationen auf der Ebene der Berufserfahrung selbst ein Fundament für die Bildung einer sozialen Bewegung bestünde. Da die Arbeitswelt keine Gemeinschaft mehr darstellt, vielmehr ein Netz funktionaler Beziehungen, das als ein Organismus begriffen werden kann, der sich auf der Basis fortwährender Wandlungsprozesse im Gleichgewicht hält, definiert sich der Arbeiter nicht mehr über persönliche und kollektive Ansprüche und Forderungen, nicht mehr über die Arbeit, sondern gegenüber der Arbeit als Konsument oder als Angehöriger einer Berufsgruppe. Diese beiden Richtungen der Forderung stehen nicht beziehungslos nebeneinander, vereinigen sich aber auch nicht, um so die Arbeiterklasse der Unternehmerklasse entgegenzusetzen. Ihre Integration erfolgt auf einer ausschließlich instrumentellen Ebene, der der Verteidigung des Lohnes: dessen Erhöhung wird gefordert im Namen der Veränderung der Bedürfnisse oder des Aufbaus einer Karriere, die dem Arbeiter eine gesicherte Zukunft und Fortschritt gewährleistet. Solche Forderungen können sehr heftig sein, können zu straff organisierten oder selbst zu verzweifelten kollektiven Aktionen führen, die über die gewerkschaftliche Organisation hinaustreiben – und doch scheinen sie selbst nicht die Wurzeln eines Klassenbewußtseins in sich zu tragen.

Die Industriegesellschaft hatte uns daran gewöhnt, einen Lohnkonflikt als Indikator einer Arbeiterbewegung anzuerkennen. Dagegen kann heute eine Lohnforderung noch so lautstark und selbst im Verbund mit Gewalt auftreten, ohne daß daraus mit Sicherheit der Schluß zu ziehen wäre, daß sie in einem Klassenbewußtsein begründet sei, d.h. im Bewußtsein eines allgemeinen Konflikts, der die Arbeiter den Herrschern über die Produktion gegenübertreten und die fundamentalen Entscheidungen der Gesellschaft in Frage stellen läßt.

Je mehr sich ein Arbeiter mit seiner Arbeit, mit seiner Rolle innerhalb der Produktion identifiziert, desto stärker ist er der Organisation integriert; er mag dann die Position bemängeln, die er darin einnimmt, er mag versuchen, seine Vorteile zu vermehren oder seine Belastungen zu vermindern – doch dies alles bringt ihn vom Klassenbewußtsein ab, denn dieses setzt immer die Anerkennung von ihrer Natur nach unterschiedlichen und gegensätzlichen gesellschaftlichen Interessen voraus, wie die zwischen Herr und Sklave, Leibeigenem und Lehnsherr, Arbeiter und Unternehmer. Zwar haben die Angestellten, die Techniker, die Krankenschwestern mannigfache Forderungen zu verteidigen, doch gehören sie einer Organisation, einem System von Berufsrollen an, anstatt die Arbeit zu repräsentieren, die das Kapital auf dem Arbeitsmarkt gekauft hat, den das Unternehmen darstellt.

Der Übergang von der alten zur neuen Situation ist nicht immer deutlich markiert. Zahlreiche Arbeiter sind in Organisationen beschäftigt, die Unternehmen im klassischen Sinn darstellen, in denen das Wachstum vor allem von der Ausbeutung der Handarbeit, von der vom Kapital auf die Arbeit ausgeübten Herrschaft abhängt. Hier sei an das Schema erinnert, das ich einst zur Illustration der Entwicklung der industriellen Arbeit entworfen habe:

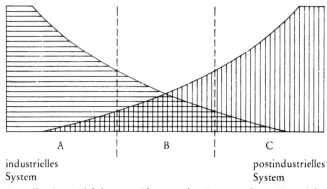

A   B   C

industrielles   postindustrielles
System   System

Anstelle einer Abfolge von Phasen oder Etappen dieser Entwicklung muß die Existenz zweier Arbeitssysteme und einer Übergangsphase zwischen beiden postuliert werden, die auf widersprüchliche Weise an beiden Systemen teilhat. Während viele Beobachter darauf aus waren, die Natur der Arbeit der angelernten Arbeiter zu bestimmen, machte das Schema darauf aufmerksam, daß diese Arbeit zwei Seiten hat, insofern sie eine Form der Auflösung des alten Systems und eine Etappe in der Bildung eines neuen wiedergibt. Die Fabrikarbeit in der modernen Großindustrie nimmt die zentrale Phase, B genannt, einer Entwicklung ein, die vom alten zum neuen Arbeitssystem führt. In der vorhergehenden Phase ist das alte, in der nachfolgenden Phase das neue System vorherrschend. Es wäre demnach irrig, die Analyse ausschließlich auf einen Typ von Arbeit zu konzentrieren, der gerade keine eigene Einheit aufweist. Soll vom postindustriellen System eine Vorstellung vermittelt werden, dann müssen vorrangig die Organisationen in Augenschein genommen werden, deren Produktion am sichtbarsten mit Informationen umgeht und in denen der Arbeiter am wenigsten eine Energiequelle, Arbeitskapazität, darstellt. Auch kann in diesen Organisationen der Verfall, ja das Verschwinden eines Arbeiterbewußtseins, dessen Forderungen sich unmittelbar auf die im Gegensatz zur Macht des Kapitals stehenden Rechte der Arbeit beziehen, nur schwer ignoriert werden.

Man wird einwenden, daß schon immer eine große Kluft bestanden habe zwischen den beruflichen Forderungen, die sich auf eine Verbesserung der Löhne und Arbeitsbedingungen erstrecken, und dem um die Kontestation der Führungsmacht und um die Berufung auf ein Gegenmodell der Gesellschaft zentrierten sozialen Konflikt.

Doch erklärt diese Kluft nicht alles. Der Herausbildung eines auf Aktion gerichteten Klassenbewußtseins stellten sich im industriellen Produktionssystem schon immer zahllose Hindernisse entgegen. Und doch war die Repräsentation der Arbeiterbedingungen durch die Arbeiter selbst, noch dort, wo die kollektive Aktion nur schwach oder ohnmächtig war, deutlich und klar um die Erkenntnis eines auf Ausbeutung fundierten Konfliktes aufgebaut.

In den fortgeschrittensten Wirtschaftszweigen ist der Handlungsspielraum der Lohnabhängigen größer, da die Gewerkschaften stärker sind, sich auf bestimmte legale Verteidigungsmaßnahmen stützen können und zudem die Arbeiter selbst über weitergehende Informationen und ein größeres Widerstandspotential verfügen. Die Kluft zwischen Bewußtsein und Handeln ist hier demnach geringer als zuvor. Da die Natur der sozialen Herrschaft sich aber verändert hat, haben sich auch die sozialen Konflikte verschoben.

Das Wirtschaftswachstum und der Anstieg der Reallöhne läßt nicht mehr die Annahme zu, daß die Lohnabhängigen weiterhin auf dem Existenzminimum gehalten werden: Eine Zählung der in extremer Armut lebenden Haushalte erweist, daß darunter die Arbeiter und Angestellten der großen Organisationen nicht übermäßig vertreten sind.

Die Lohnempfänger der Großunternehmen, die an deren Leistungsstärke partizipieren, rufen zuweilen sogar inflationäre Tendenzen hervor, deren Opfer dann andere Beschäftigtengruppen werden. Gewisse Beobachter gehen sogar über das Urteil Lenins hinsichtlich der Arbeiteraristokratie weit hinaus und versuchen zu zeigen, daß die Großorganisationen insgesamt, einschließlich ihrer Beschäftigten, an den neuen Ausbeutungsformen zu Lasten der beherrschten Länder selbst profitieren. Welche reale Bedeutung dieser Tatsache auch zukommen mag, es bleibt doch wesentlich, daß der Profit oder die Leistungsfähigkeit der Großorganisationen keineswegs das rapide Ansteigen des Lebensstandards der in ihnen beschäftigten Lohnempfänger ausgeschlossen hat. Daher werden die Gewerkschaften, die eine Protestaktion starten wollen, notwendig nicht nur den qualitativen Forderungen der Lohnempfänger in ihrer Arbeit steigende Bedeutung beimessen, sondern sich zunehmend auch um die allgemeinen Probleme der sozialen Organisation direkt kümmern müssen: Das Leben in den Städten, die Kollektiveinrichtungen, die Erziehung, die Gesellschaft bilden jene Probleme, in denen sich am sichtbarsten die von der führenden Klasse gegenüber der Gesellschaft ausgeübte Herrschaft manifestieren. Allein in den von Krisen geschüttelten Sektoren führen schon bloße Lohnforderungen zur allgemeinen Kritik an der Gesellschaft – freilich können die Krisen oft auch nur als Resultat einer ungenügenden Entwicklung, weniger als Ausdruck neuer Widersprüche, angesehen werden. Im übrigen haben die Lohnforderungen tatsächlich eher in den entwickelten als in den zurückgebliebenen Sektoren eine gewisse Schärfe und tragen nicht zur Verminderung der Ungleichheiten bei.

Ich zögere nicht zu behaupten, daß eine Analyse, die weiterhin der Arbeiterklasse eine bevorzugte Rolle innerhalb der Untersuchung der neu entstandenen gesellschaftlichen Situationen und sozialen Konflikte zumißt, der in den fortgeschrittenen Industriegesellschaften zu beobachtenden Realität hinterherhinkt.

Keiner wird behaupten wollen, daß wir, ähnlich wie im Fall der Bauern in zahllosen Gesellschaften, dem Verschwinden der Arbeiterklasse beiwohnen. Allerdings krankt die Mehrzahl der Diskussionen über dieses Thema an einer doppelten Ambiguität. Einmal ist es möglich, die Existenz einer Arbeiterbevölkerung einer sozio-professionellen Kategorie, die mehr als ein Drittel der aktiven Bevölkerung umfaßt, anzuerkennen, ohne damit akzeptieren zu müssen, daß die Arbeiter den tragenden Pol innerhalb der dominierenden Konflikte der Gesellschaft ausmachen. Noch vor einem Jahrhundert bildeten die Bauern die Mehrheit der aktiven Bevölkerung in Westeuropa, und doch war die Wirtschaft dieser Region schon der kapitalistischen Entwicklung ausgesetzt, und folglich der »Arbeiterfrage«, die auch, sehr bezeichnend, die »soziale Frage« getauft wurde, um darin ihre zentrale Bedeutung zu signalisieren. Kein historisches Gesetz besagt, daß die Arbeiter allenthalben und immer die Hauptakteure zu sein hätten; es gab vor ihnen schon andere – warum also nicht auch nach ihnen?

Zweitens, und einfacher, hinken unsere sozialen und beruflichen Klassifizierungen häufig der gesellschaftlichen Realität hinterher. Der Unterschied zwischen Arbeiter und Angestellten wird zunehmend blasser. Vor allem auch rührt die der Arbeiterklasse zugeschriebene Bedeutung zum Teil von der unglücklichen Trennung in primären, sekundären und tertiären Sektor her. Wirtschaftliche Untersuchungen haben die Schwäche dieser Kategorien an den Tag gebracht, was dazu verleitet, auf die dem tertiären Sektor, dieser für alles offenstehenden Rumpelkammer, beigemessenen Wichtigkeit nun negativ zu reagieren und folglich weiterhin die zentrale Rolle des industriellen Sektors in der Produktion hochzuhalten. Aus dem Vorangehenden ist mühelos der Schluß zu ziehen, daß ich keineswegs behaupten möchte, die Arbeiterklasse verliere ihre Bedeutung zugunsten der Geschäftsleute und Angestellten oder zugunsten analoger Kategorien. Ein großer Teil des tertiären Sektors gehört zur kaufmännischen, ein anderer zur industriellen Produktionsweise. Soll vom tertiären Sektor die Rede sein, dann ist darunter die Gesamtheit der Organisationen zu verstehen, deren hauptsächliche Produktivkraft in der Verarbeitung von Informationen besteht und deren Profit oder Wirtschaftsstärke von der Planungskapazität und von dem auf die gesellschaftliche Nachfrage ausgeübten Druck abhängen.

Ich ziehe daraus nicht den Schluß, daß nun die Arbeitnehmer dieser Organisationen, seien es Arbeiter, Angestellte, Techniker aller Sparten, die sozio-professionelle Kategorie bildeten, die zwangsläufig die zentrale Rolle in den sozialen Konflikten zu spielen hätte, vielmehr, daß die Konflikte durch die Art der von jenen neuen Machtformen ausgeübten Herrschaft determiniert werden. Denn die sozialen Konflikte entspringen nicht immer dem Produktionsapparat, wenngleich es immer die Natur der ökonomischen Macht ist, die sie determiniert. Als Quelle dieser hauptsächlich sozialen Konflikte ist nicht allein die Arbeitssituation auszumachen. Damit haben keineswegs die Lohnforderungen an Heftigkeit verloren, ja, sie können sich sogar verstärken – nur bilden sie nicht mehr den prinzipiellen Ausgangspunkt einer globalen Kontestation.

Erinnern wir dennoch einmal mehr daran, daß diese Aussagen sich ausschließlich auf Entwicklungstendenzen der Gesellschaft, auf Merkmale der sich herausbildenden postindustriellen Gesellschaft erstrecken und daß es absurd wäre zu meinen, sie zielten darauf ab, die gegenwärtige faktische Verfassung der kapitalistischen Gesellschaften zu beschreiben, vor allem wenn es sich um Gesellschaften wie die Frankreichs oder Italiens handelt. Diese zentralen Vorbehalte werden an späterer Stelle wieder aufgegriffen; sie schon jetzt zu formulieren schien angemessen, um unnötige Mißverständnisse zu vermeiden.

2. Die Gewerkschaftsbewegung

Die Forderungen werden am häufigsten von den Gewerkschaften übernommen und verteidigt. Diese Aussage ist freilich nicht so selbstverständlich, wie sie im ersten Augenblick erscheint. Man hat schon oft feststellen können, daß die Entwicklung der Großorganisationen und folglich die der Beschäftigten, die in wachsender Zahl ihnen angehören, mit einem relativen oder sogar absoluten Rückgang gewerkschaftlicher Beteiligung einhergeht. Besonders aufschlußreich sind die amerikanischen Zahlen, da in diesem Land die gewerkschaftliche Organisation der Angestellten nur schwach entwickelt ist. Es läßt sich also eine postindustrielle Gesellschaft vorstellen, in der die Gewerkschaftsbewegung, die im wesentlichen mit der Arbeiterklasse identifiziert wird, immer unbedeutender wird, während sich Berufsverbände herausbilden, die auf die von uns genannten Forderungen beschränkt bleiben und sich um die Anhebung der Löhne wie den Ausbau der Karrieren, aber nicht mehr um eine grundlegende Intervention in die Verwaltung der Gesellschaft kümmern werden.

Derartige Tendenzen bestehen zweifellos, scheinen aber doch minder gewichtig als die umgekehrte Tendenz zur Entwicklung von Berufsorganisationen, die auf der Ebene der von den Großorganisationen und der vom industriellen System insgesamt getroffenen Entscheidungen intervenieren.

Eine Organisation erarbeitet langfristige Politiken; damit ist sie auf Vorhersehbarkeit mehr noch als auf Stabilität angewiesen. Es wäre denkbar, daß die hochtechnisierten Bereiche den von den Lohnabhängigen gestellten Problemen sehr viel gleichgültiger gegenüberstehen könnten als die Industrien, die auf Handarbeit gründen. Diese Überlegung ist aber zweifach falsch. Zum einen gewinnt das Verhalten der Lohnabhängigen tatsächlich zunehmend an Bedeutung, weil die Unterbrechung der Arbeit einen immer kostspieligeren technischen Produktionsapparat zur Bewegungslosigkeit verurteilt; zum anderen gehören viele der modernsten Organisationen zu den arbeitsintensiven Unternehmen: Dies trifft zu für die öffentlichen oder privaten Großverwaltungen, die Laboratorien und Forschungszentren in den Krankenhäusern und

Universitäten. In allen diesen Fällen zeitigt die Lohnforderung beträchtliche Wirkungen und vermag die Pläne der Organisation empfindlich zu stören. Daher nimmt das Gewicht der Gewerkschaften zumindest in den Bereichen zu, wo auf der Ebene der Organisation ein autonomes Entscheidungssystem existiert.

Ihr Eingreifen findet sich vor allem in zwei Bereichen modifiziert.

Sie suchen erstens eine Vorhersage der Lohnsteigerungen und der Verbesserung der Arbeitsbedingungen im Hinblick auf die Steigerung der Produktion oder der Gewinne zu erreichen. Zugleich versuchen sie, auf dem höchstmöglichen Niveau, dem der Wirtschaftsgruppen, der multinationalen Gesellschaften, eines nationalen Gesamtgefüges, zu agieren, was ihnen wachsendes politisches Gewicht einträgt. Die Gewerkschaften können sich nicht nur defensiv verhalten; sie übernehmen auch »Verantwortung«, und wenn sie eine Einkommenspolitik ablehnen, die ihnen als Lohnpolizei erscheint, so berücksichtigen sie doch wirtschaftswissenschaftliche Studien, definieren sich in bezug auf Inflationsrisiken, greifen in die Ausarbeitung wirtschaftspolitischer Maßnahmen und in die Planung ein.

Die Gewerkschaften formulieren und organisieren zweitens Ansprüche, die mehr und mehr den Platz der Arbeiter in der Gesellschaft und nicht mehr nur deren Position in der Organisation betreffen. Sie vertreten nicht nur die Interessen der Angehörigen der Organisation; sie vertreten diese gegenüber der Organisation und kämpfen insbesondere gegen deren Einfluß auf das Leben der Arbeiter außerhalb der Arbeit.

Sie übernehmen auch eine im klassischen Sinne des Wortes politische Rolle als Abgeordnete, die an der Ausarbeitung von Gesetzen beteiligt sind, und verteidigen zugleich gegen diese einen geographischen oder beruflichen Sektor. Auf dieser »politischen« Ebene betrachtet, ist gewerkschaftliche Aktion zwiespältig. Es ist falsch, die Gewerkschaft als ein Element des organisatorischen Entscheidungssystems zu begreifen, so als repräsentierte sie eine Dienstleistung oder einen Teil des Unternehmens. Dennoch ist sie auch ein Funktionselement des Produktionssystems. Der Lohnzuwachs kann zu einem Inflationsfaktor werden und in diesem Sinne auf starken Widerstand seitens der Unternehmer und des Staates stoßen; er kann aber auch durch die Zunahme der internen Nachfrage produktionssteigernd wirken. Die gewerkschaftliche Aktion ist folglich dem Funktionieren des Systems weder inhärent noch äußerlich; sie bildet ein gewichtiges Element im Zusammenspiel der ökonomischen Institutionen. Alle diese Beobachtungen definieren eine Gewerkschaftsbewegung, die einen Mittelweg zwischen Integration und Opposition steuert und ihre wichtigste Funktion in der Kontrolle sieht.

Es muß noch einmal hervorgehoben werden, daß diese Analyse nur eine Ebene der gewerkschaftlichen Aktion berücksichtigt. Die wachsende Autonomie der Funktionsebenen der Gesellschaft liefert die Erklärung, warum die Forderungen, wie sie auf organisatorischer Ebene definiert werden, durch die Gewerkschaftspolitik weniger kontrolliert werden, warum Berufsgruppen mehr oder weniger autonome lokale Aktionen einleiten können. Auf der anderen Seite werden wir auch sehen, daß die gewerkschaftliche Aktion an sozialen Bewegungen teilhat, die ziemlich direkt auf der Ebene der Klassenverhältnisse agieren.

Doch die zunehmende Bedeutung der Großorganisationen hat zunächst eine wachsende Bedeutung der Gewerkschaften als politischer Vermittler zur Folge, d.h. als Teilnehmer in einem Entscheidungssystem, der ebenfalls einen bestimmten Einfluß genießt.

Wird anerkannt, daß im Rahmen der Gesellschaft, die sich unter unseren Augen herausbildet, soziale Herrschaft sich durch die großen Produktions-, Distributions- und Konsumtionsapparate vollzieht, dann ist es unmöglich, die grundlegenden Konflikte der Gesellschaft ins Innere dieser Organisationen zu verlagern. Es handelt sich hier um eine ganz andere Situation als in der Industriegesellschaft, wo der Grundwiderspruch zwischen Kapital und Arbeit, folglich im Unternehmen, an der Arbeitsstätte, besteht.

Die konfliktbestimmte Teilnahme der Gewerkschaften an den Entscheidungen ist stets der Gefahr ausgesetzt, in Integration abzugleiten. Vom Thema der Wirtschaftsdemokratie bis zu dem der Demokratisierung der Wirtschaft während der Weimarer Republik, schließlich bis hin zu dem der Produktivität, das in den 50er Jahren die belgischen Gewerkschaften sowie Minderheitssektionen der französischen und italienischen Gewerkschaftsbewegung angezogen hatte, ist das Fortschreiten der Integration unverkennbar. Das freilich abgeschwächte Festhalten an den alten Zielen der Arbeiterbewegung hat dieser Tendenz allerdings entgegengewirkt. Das Thema der Mitbestimmung in der Bundesrepublik Deutschland, das der Nationalisierung in Frankreich haben, obwohl für die Arbeiter selbst zwiespältig, und vielleicht gerade deshalb, der Integration einen gewissen Widerstand entgegengehalten und zugleich den Weg geebnet für einen Einstellungswandel und für die Suche nach einer konfliktbestimmten Partizipation neuen Typs. Denn der politische Einfluß der Gewerkschaften kann real nur sein, wenn ihre Politik weit über bloße Lohnforderungen hinausgeht, wenn sie ökonomische und gesellschaftliche Zielsetzungen verteidigen, die einen effektiven Druck auf die Unternehmerinteressen ausüben und einen gesellschaftlichen Entwicklungsprozeß in Gang setzen.

Der Anstieg der Reallöhne hat den technischen Fortschritt zum Mittel für das Unternehmertum werden lassen, eine ihm günstige Verteilung des Volkseinkommens aufrechtzuerhalten. C. Furtado hat diesen Mechanismus deutlich gemacht: »Alles hat demnach den Anschein, als ob der Klassenantagonismus in einem System, in dem das Eigentum an Produktionsgütern in der Hand einiger weniger liegt – ein Antagonismus, der sich im übrigen im Kampf um die Einkommensverteilung zum Ausdruck bringt –, in Verbindung mit der Kontrolle und Ausrichtung des technologischen Fortschritts durch diese Minderheit, es erlaubt hätte, die Spar- und Investitionsrate aufrechtzuerhalten, was die Unveränderlichkeit der funktionalen Verteilung des Volkseinkommens sicherstellte und zugleich die Möglichkeit bot, die grundlegenden Forderungen durch die Erhöhung des Lebensstandards der Lohnabhängigen zu befriedigen« (*Les États-Unis et le Sous-Développement de l'Amérique latine*, 1970, S. 18 f.).

Die gewerkschaftliche Aktion treibt die Wirtschaft in die Wachstumsspirale. Obwohl sie sich nicht der unternehmerischen Direktionsgewalt einordnet, sondern von ihr unabhängig ist, bildet sie doch zugleich im Verbund mit ihr einen allgemeinen Entwicklungsmechanismus.

Das ist die Natur der Institutionalisierung von Konflikten und die Bürokratisierung der gewerkschaftlichen Tätigkeit ist nur einer ihrer sekundären Aspekte oder vielmehr der Niedergang, der mit dem Übergang einer sozialen Bewegung zu einer Interessengruppe verbunden ist.

Wir erleben also eine Umwälzung in den Beziehungen zwischen gewerkschaftlicher und politischer Aktion, letztere in ihrer gewöhnlichen Bedeutung genommen. Was immer die von A. Pizzorno vor kurzem angeführten Unterschiede zwischen den Industrieländern sein mögen, fest steht, daß in ihnen die politische

Aktion globaler, die gewerkschaftliche Aktion dagegen spezifischer auftritt, als direkter Ausdruck einer Klassenbewegung nämlich. Ist das politische System offen und in der Lage, ökonomische und soziale Reformen einzuführen, dann orientiert sich die gewerkschaftliche Aktion an globalen Koalitionen, die es ermöglichen, eine parlamentarische Mehrheit zu gewinnen. Sind die politischen Institutionen dagegen blockiert, dann überschreitet die politische Aktion der Arbeiter den Rahmen der Gewerkschaftsbewegung und verleiht ihr die Stärke einer revolutionären Organisation und Analyse.

Heutzutage gliedert sich die Gewerkschaftsbewegung mehr und mehr in das System der politischen Entscheidungen ein, während soziale Bewegungen im Entstehen sind, die sich, wie in den Anfängen der Arbeiterbewegung, außerhalb der Institutionen und Forderungen stellen und deren Funktion vor allem darin besteht, die neuen Klassenkonflikte sichtbar zu machen. In diesem Sinne muß von einer Institutionalisierung der industriellen Konflikte gesprochen werden, die um so schneller voranschreitet, je fortgeschrittener die Wirtschaft ist.

Scheinen die Gewerkschaften in vielen Bereichen den Platz politischer Parteien besetzt zu haben, so bedeutet das zugleich, daß die Gewerkschaften die Ebene der Intervention nach oben verlagern, nicht mehr nur Forderungen formulieren, sondern ein Gesamtprogramm für die Leitung oder die Veränderung der Wirtschaft und der sozialen Organisation darlegen; es bedeutet aber auch, daß jene Intervention sich zunehmend innerhalb der Grenzen des politischen Spiels etabliert, folglich nicht mehr als eine Kraft unmittelbarer Infragestellung sozialer Herrschaft betrachtet werden kann. Wir werden im weiteren noch sehen, daß es Zwischensituationen gibt, in denen die Gewerkschaftsbewegung wieder zum Verbündeten oder sogar zum Transportmittel neuer sozialer Bewegungen aufsteigen kann – allerdings lassen sich diese komplexeren Situationen nur unter Anerkennung der Grenzen erfassen, die der gewerkschaftlichen Aktion im Augenblick gesetzt sind.

Erklären wir noch deutlicher, daß kein Grund zu der Annahme besteht, auch in der kommenden Gesellschaft sei die Arbeiterklasse der entscheidende historische Träger von Kontestationsbewegungen. Hier bietet sich ein Vergleich an: Von den Ciompi und den Ongles bleus bis zu den Sansculottes und noch bis zu einem Großteil der Kommunarden hat die Epoche des Handelskapitalismus soziale Bewegungen städtischen Ursprungs hervorgebracht: Handwerker, Kleinhändler, Fabrikarbeiter erhoben sich gegen Großhändler, Eigentümer, Verleiher usw. Mit der Entwicklung der kapitalistischen Großindustrie während des 19. Jahrhunderts sind diese Bewegungen immer schwächer geworden, haben sich fortschreitend aufgelöst, während im gleichen Zeitraum, etwa vom Juni 1848 bis zur Pariser Kommune, dann vom revolutionären Syndikalismus bis zur Bildung der kommunistischen Partei, die wachsende Bedeutung einer eigentlichen Arbeiterbewegung erkennbar wurde. Parallel dazu wurden die Gruppen, die aufhörten, Träger einer sozialen Bewegung zu sein, zu wichtigen Akteuren des politischen Systems, und der Radikalismus und die Sozialdemokratie verlieh ihnen in Frankreich häufig politisch Ausdruck. Hat sich das heute geändert? Der Syndikalismus verliert seine Rolle als Hauptträger sozialer Bewegungen, steigt dafür zu einem wichtigen Element eines politischen Entscheidungssystems auf, dessen Sitz nicht mehr das Parlament, vielmehr eher das Gesamt der Beschlüsse und Verhandlungen darstellt, in denen die Wirtschafts- und Sozialpolitik festgelegt wird.

Eine solche Entwicklung provoziert einige »fundamentalistische« Gegenströmungen, die auch, speziell in Übergangsmomenten, eine wichtige Funktion übernehmen können, wenn sie sich neuen sozialen Bewegungen anschließen. Allerdings darf ihre Aktivität nicht den allgemeinen Verlauf einer Evolution vergessen machen, der in solchen Gesellschaften noch deutlicher zum Vorschein kommt, in denen Großorganisationen sowie modernste Wirtschaftsformen die zentrale Rolle spielen, wie in den USA, der BRD oder Japan.

Derartige Strömungen möchten die Arbeiterbewegung zu ihrer revolutionären Militanz zurückführen. Wenn sie auch häufig in ideologischer Gestalt auftreten, ist ihre Funktion doch von größter Wichtigkeit. Der den klassischen Ausbeutungsformen der Arbeit unterworfene Arbeiter besitzt ein Konfliktbewußtsein, das durch kein Gegenbild der Gesellschaft mehr getragen wird, sondern durch das Gefühl, unterprivilegiert, zunehmend anachronistischeren Arbeitsbedingungen ausgesetzt zu sein, während sich im gleichen Zeitraum Organisationen eines anderen Typs entwickeln, in denen Probleme des Arbeitstempos oder der »Rationalisierung« der unmittelbar produktiven Arbeit von geringerer Bedeutung sind.

Diese mit einem starken Gefühl von relativer Deprivation einhergehende Klassensubjektivität drängt sich nicht zur Bildung von umfassenden und von einem Klassenbewußtsein organisierten sozialen Bewegungen, sondern mündet in Revolten, die gewichtige Konsequenzen zeitigen können, indem sie das Verschwinden der brutalsten Aspekte der Herrschaft des Industriekapitalismus beschleunigen, und die sich in gewaltsamen Ausbrüchen der Arbeiterbasis äußern – was scheinbar der Tendenz zur Institutionalisierung der industriellen Konflikte widerspricht, vor allem, wenn jene sich mit handgreiflichen Lohnforderungen verbinden.

Dagegen steht allerdings, daß die gewerkschaftliche Aktion tendenziell einer zunehmenden Kontrolle unterliegt.

In diesem Zusammenhang ist häufig der Übergang von »expressiven« zu »instrumentellen« Streiks angeführt worden. Die wesentliche Funktion der Streiks in Situationen offenen Konfliktes bestand darin, das Klassenbewußtsein, das Bewußtsein der Klassenverhältnisse und der Ausbeutung auszubilden. Den neueren Streiks in den modernen Großorganisationen kommt eine derartige Bedeutung nicht mehr zu. Dafür können sie sehr bewußt und willentlich politische Implikationen und Konsequenzen bewirken – eine einfache Beobachtung, die uns vor dem Schluß bewahren sollte, die vorangegangene Analyse habe einen Bedeutungsschwund der gewerkschaftlichen Aktion angezeigt. Eine solche Folgerung wäre vollkommen irrig. Vielmehr muß von einer Verschiebung der Gewerkschaftsbewegung und von der Zunahme ihres Einflusses, zumindest in einer großen Zahl von Fällen, gesprochen werden. Dieser Einfluß verleiht den Gewerkschaftsführern, die zumeist sehr dauerhaft an der Spitze ihrer Organisation Fuß gefaßt haben und die es verstehen, Strategien zu erarbeiten, Verhandlungen zu führen, Streiks zu leiten, eine stärkere Rolle. Das Gewerkschaftsmilieu mobilisiert freilich nicht mehr so stark die Leidenschaften, die eine soziale Bewegung kennzeichnen. Eine vor wenigen Jahren in Frankreich durchgeführte Untersuchung über die Jugend hat gezeigt, daß die jungen Menschen dieses Landes es als normal erachteten, am gewerkschaftlichen Leben zu partizipieren oder wenigstens Mitglieder einer Gewerkschaft zu sein, ohne daß diese Zugehörigkeit ihnen damit schon als Engagement erschien. Diese gewerkschaftliche Aktion stützt sich zumeist auf ein oftmals lebhaftes Bewußtsein der Klassenantagonismen, die der Industriegesellschaft in ihrer kapitalistischen Gestalt eignen. Dieses Gefühl ist indessen in den der postindustriellen Gesellschaft am nächsten stehenden Organisationen sehr viel weniger tief.

Das Vorhandensein dieses Bewußtseins hat dennoch tiefgehendere Gründe.

Eine wichtige Rolle kommt den Gewerkschaften in den neuen Organisationen demnach im Kampf um die Abschaffung der alten Herrschaftsformen zu, die sich in der Natur der Autorität und der menschlichen Beziehungen, in einem Absolutismus äußern, der nicht in den neuen Produktionsformen, sondern in einer sozialen und kulturellen Hinterlassenschaft seine Daseinsberechtigung findet. Die Transformation der großen Produktionszentren hat nicht automatisch eine parallele Transformation der Formen der Arbeitsorganisation und der Autorität zur Folge. Die Gewerkschaften werden lange Kämpfe auszufechten haben, um ihren Einfluß auch auf der elementarsten Ebene, jener, die am unmittelbarsten den Arbeiter in seinem Alltagsleben betrifft, zur Geltung bringen zu können.

3. Verteidigung und Kontestation

Wo manifestiert sich, außerhalb der organisatorischen Forderung und der »politischen« Pressionen, die Kontestation der sozialen Herrschaftsweise in den postindustriellen Gesellschaften?

Auf diese Frage ist schwer eine Antwort zu geben, da dieser Gesellschaftstyp selbst erst im Entstehen begriffen ist und gemeinhin die Volksklasse langsamer Konturen gewinnt als die Machtelite. Schwer auch eines dauerhafteren Grundes wegen. Der neue Modus sozialer Herrschaft ist umfassender, weil eine auf ihre Entwicklung hin orientierte Gesellschaft sehr viel umfänglicher in den sozialen Wandel eingebunden ist, außerdem die Großorganisationen nicht mehr nur über den Bereich der Produktion, sondern auch über den der Konsumtion bestimmen. Da der soziale Herrschaftsapparat auf alle Aspekte des gesellschaftlichen Lebens einwirkt, tauchen die ihm opponierenden Widerstände in den unterschiedlichsten Sektoren der Gesellschaft auf und sind sehr viel mühsamer zu vereinigen als in den früheren Gesellschaften, in denen der Herrschaftsbereich fest abgesteckt war.

Trotz dieser Schwierigkeiten läßt sich eine Analyse in Angriff nehmen, die sich, im Hinblick auf diese wie auf jede andere Gesellschaft, von dem Gedanken leiten lassen wird, daß jede soziale Bewegung, wie schon bemerkt, zwei Seiten hat. Einerseits eine defensive Aktion, die sich auf alles stützt, was dem Übergriff der führenden Klasse zu widerstehen vermag; andrerseits die Kontestation. Man spricht mit Fug und Recht von Massengesellschaft. Immer rascher dehnt sich der Bereich der sozialen Kontrolle auf die Gesamtgesellschaft aus und engt dabei den von »elementaren Strukturen« dominierten Raum ein. Regeln und Normen dringen nun in Bereiche vor, die früher als solche des privaten und lokalen Lebens galten: Familie und Gemeinschaft. Die Regeln werden immer tiefgreifender verinnerlicht: sie markieren nicht mehr die Schranken, jenseits derer das Verbotene anfängt, sondern die begehrenswerten Ziele, auf die sich der Akteur, trotz der Vielzahl unvereinbarer Botschaften und trotz fehlender Wegbeleuchtung, vorarbeiten soll.

Was man die Produktion nennt, ist immer weniger von der Erziehung, der Information, der medizinischen Versorgung, von Kommunikationen aller Art zu trennen. In einer Gesellschaft, die in wachsendem Maße durch ihren Wandel und ihr Wachstum in Gang gehalten wird, ist die Vorstellung, wonach es einen zentralen Kern des gesellschaftlichen Lebens gibt: das Ökonomische als Ort produktiver Arbeit, zunehmend obsolet geworden.

Von daher die tiefgehenden und noch nicht ausreichend erkannten Veränderungen der sozialen Herrschaft und der Instrumente sozialer Kontrolle. Im vergangenen Jahrhundert bildete die Ausbildung ein Instrument zur Beschaffung von in industriellen oder administrativen Apparaten verwendbaren Arbeitern. Heute hat sich die Ausbildung zur Erziehung gewandelt; sie geht über die Schule hinaus, wird Integration in Gruppen, in Kollektive und derart nicht etwa »modernisiert«, sondern noch direkter den herrschenden Interessen unterworfen. Die Sozialwissenschaften beginnen, in diese Bildungs- und Anpassungsarbeit einzugreifen und damit auch ihre politische Rolle zu entdecken.

Diese Erweiterung der sozialen Kontrolle vollzieht sich im Rahmen einer liberalen Ideologie, die von der neuen führenden Klasse getragen wird. Wie die vorwärtsstürmende Bourgeoisie die Parole der politischen Freiheit gegen alles richtete, was sich den Bewegungen des Kapitals, der Menschen und der Ideen widersetzte, so beruft sich heute die technokratische Elite auf Ausbildung, im Sexualleben ebenso wie im Berufsleben, um ihren Einfluß zu erweitern.

Die Schnelligkeit und Tiefe dieser Umwälzungen behindert das Auftreten sozialer Bewegungen. Auf gleiche Weise hatten die Entwurzelung und die Proletarisierung zu Beginn der industriellen Epoche die Formierung einer Arbeiterbewegung behindert. Dank des Sieges der technokratischen Idee, die das neue historische Handlungssystem mit der Macht der führenden Klasse in eins setzt, finden sich Modernisierung, Herrschaft, Ausdehnung der sozialen Kontrolle miteinander vermengt. Von daher die Verwerfungen, die Rückzüge, die Brüche, die Konfusion der heraufziehenden sozialen Bewegungen und des Widerstandes gegen die soziale Kontrolle, das Gefühl, in der »Falle zu stecken«, und die unverarbeitete Weigerung, weiterhin »mitzuspielen«. In der Mitte zwischen den Gleichgewichtsutopien, die sich dem Wandel entgegenstemmen, und den noch im Entstehen begriffenen neuen sozialen Bewegungen angesiedelt, beherrscht die nihilistische Verweigerung die Bühne oder vielmehr: sie repräsentiert den aktivsten Widerstand gegen die umfassende Bewegung der Partizipation, in die die führende Klasse die Gesamtgesellschaft mit hineinzieht.

1. In einer Entwicklungsgesellschaft bestimmt die führende Klasse die Richtung des Wandels in Abhängigkeit von ihren Interessen. Der Widerstand gegen ihren Einfluß findet folglich in allem eine Stütze, was sich dem sozialen Wandel entgegenstellt. Jede soziale Bewegung stützt sich, gegen die von ihrem Gegner geleitete Steuerung auf das Gegebene, auf das Sein. Allerdings bewirken heute die Ausweitung der Wandlungsprozesse, die Fähigkeit der Großorganisationen, die Nachfrage zu manipulieren, die »Bedürfnisse« zu lenken, daß die Widerstände nur mehr absolut, d.h. im Grenzfall, nicht-sozial sein können. Dem Lehnsherrn setzte die Bauerngemeinschaft Widerstand entgegen; dem Unternehmer widersetzte sich die Arbeit; dem sozialen Herrschaftsapparat widersetzt sich auf einer elementareren Stufe das biologische Wesen, die »Natursituation« – beide freilich als gesellschaftliche Oppositionskräfte begriffen.

Wo äußert sich heute die Kontestation am gewaltsamsten? In den ethnischen oder nationalen Gruppen, in den Alters- oder Geschlechtskategorien. Allenthalben läßt sich ein bestimmtes biologisches Substrat ausmachen. Auf eher verworrene Weise werden die reichsten Gesellschaften der Zerstörung der natürlichen Umwelt bezichtigt, angeklagt, mehr Sauerstoff zu verbrauchen, als sie reproduzieren, und in den Großstädten wird die Ermüdung, ein bio-soziales Faktum, zum Thema von Protest.

Die Hinwendung zu der von S. Moscovici so genannten Naturfrage könnte in eine Gleichgewichtsutopie abgleiten lassen, dieses Refugium vor dem immer schneller werdenden und immer tiefer fassenden Wandel. In eine sehr militante oder im Gegenteil abgemilderte Utopie etwa in erneuerter Form eines Appells an den Wohlfahrtsstaat, die freilich allemal von der Erforschung der neuen Klassenkonflikte abdrängte. Jene Hinwendung gewinnt dagegen dann ihr volles Gewicht, wenn sie als Suche nach einem letzten Widerstand gegen die Macht erkannt wird, die sich selbst zu zerstören droht, wenn sie sich grenzenlos dünkt. Die Berufung auf die Natur enthält eine kontestierende Kraft, die die Themen der Umwelt oder der Lebensqualität nicht in der Lage sein werden zu zersetzen. Protest des Leib-Menschen gegen eine Seele, die dem Hochmut der Macht verfallen ist. Gegen den gelenkten sozialen Wandel tritt die Verteidigung der Identität auf den Plan, wird das Alltagsleben als manipuliert abgelehnt, flüchten sich Individuum oder Gruppe in das Imaginäre, das Expressive, in die Droge, den Wahnsinn, in das, was – zumindest in Teilen – dem gesellschaftlichen Druck entgleitet.

Was die herrschenden Kräfte einer Gesellschaft als »soziales Problem« bezeichnen, stellt einen Bezirk des gesellschaftlichen Lebens dar, der sich den herrschenden Normen entzieht und der deshalb als skandalös denunziert wird. Ein soziales Problem stellt den virtuellen Focus einer sozialen Bewegung dar – doch da die Verhaltensmuster, die sich darin bekunden, nicht von sich aus den Rückzug, die Verweigerung überwinden können, sich vielmehr in Schuldgefühlen oder Aggression einkapseln, kann jenes sich niemals voll und ganz in eine soziale Bewegung verwandeln. Es ist dies der Ort der Leere, des Schweigens, den die »normalen« Menschen als Mangel, als Außenseitertum oder Devianz deuten; aber es ist auch eine stumme Anklage, ein Konflikt, der nicht Gestalt angenommen hat, weil das Prinzip der Defensive nicht mit dem der Gegen-Offensive verbunden ist. Der Sinn eines sozialen Problems tritt erst dann klar hervor, wenn die Herrschaft enthüllt ist, die über die Gesellschaft ausgeübt wird, wenn die Kohärenz und die Unpersönlichkeit eines Systems von Werten entlarvt sind, wenn das soziale Problem als Produkt von Repression und Entfremdung erkannt ist.

In einer Gesellschaft, in der Herrschaft virtuell total ist, muß nicht mehr gefragt werden, welche soziale Rolle, welche besondere Gruppe die Opposition tragen könnte. Diese, oder zumindest die Zurückweisung der Herrschaft, wird überall offenkundig und greift in immer stärkerem Maße auf das Verhalten der meisten von uns über. Angesichts des enormen Umfangs des technisch-bürokratischen Apparates nehmen Kontestation, Aggression und Ablehnung zu. An Stärke aber gewinnen sie in dem Maße, in dem sie sich in einer Kollektivität verkörpern.

Der Herrschaftsapparat bemüht sich auf zweifache Art, diese Oppositionsformen zu schwächen: durch Integration und durch Repression. Einerseits richtet er Rehabilitationszentren ein, zählt im wesentlichen aber auch auf die integrative Kraft der Apparate, der Propaganda- und Werbemittel, und in zweiter Linie auf die sozialpsychologische Behandlung der Devianten im Namen der zur Aufbesserung der »zwischenmenschlichen Beziehungen« bestimmten Programme. Und die Sozialwissenschaften haben kein Recht, so zu tun, als ob sie keinen Eingang in den Bereich des Nützlichen und folglich in die politische Verantwortung gefunden hätten. Andererseits vermehrt jener Herrschaftsapparat noch die Isolationsstätten, die »Reservate«, in denen die beherrschten Völker, die ethnischen Minderheiten, die »Außenseiter«, die Delinquenten und die Irren unter Bewachung gehalten werden.

Doch diese entwischen immer wieder, ziehen auf den Straßen herum, streifen durch das Land, flüchten sich in die Berge. Der Gedanke bietet sich an, daß in den »Konsumgesellschaften«, in denen die Bedürfnisse manipuliert sind, die Kontestation nur im Bereich der Arbeit und der Produktion Fuß fassen könnte – in der Tat lassen die aus dem vergangenen Jahrhundert ererbten Denkgewohnheiten auch umstandslos darauf schließen. Aber wie könnten wir uns mit einer solchen Vorstellung zufrieden geben? Zunächst einmal ist der Integrations- und Manipulationsdruck innerhalb der Großorganisationen noch weitaus stärker als außerhalb. Jene Vorstellung vergißt oder unterschätzt vor allem die Tatsache, daß jede soziale Bewegung sich auf das stützen muß, was dem Herrschaftsapparat fremd, äußerlich ist. Diese Äußerlichkeit war einst die der Arbeit gegenüber dem Kapital – es ist heute die der Identität gegenüber dem Wandel.

Es ist bezeichnend, daß die sozialen Probleme heute eher an die Stadt als an das Unternehmen gebunden zu sein scheinen. Diese Beobachtung ist freilich noch zweideutig. Denn die Stadt bildet den bevorzugten Ort sozialer Probleme und Bewegungen nicht in der postindustriellen, sondern in der vorindustriellen der auf Handel beruhenden Gesellschaft. Die Stadt kann heute nicht mehr als Stätte der Produktion und des Tausches, sondern muß als Form der sozialen Organisation selbst angesehen werden. In diesem Sinne hat H. Lefebvre recht, wenn er die Umwandlung hervorkehrt, die durch die industrielle Epoche hindurch von der Stadt zum Urbanen führt. Das Urbane ist ein sozialer Raum, der von der Zusammenballung der Apparate und ihrer Fähigkeit zur Manipulation des Alltagslebens beherrscht wird. Stellt das kapitalistische Unternehmen den Ort der Ausbeutung dar, so die urbane Gesellschaft die Stätte der Entfremdung, der Reduzierung des Volkes auf die von den Interessen der herrschenden Technokratie determinierten Funktionen, Bedürfnisse und Beziehungen.

Jene defensiven Bewegungen verfügen allerdings nur über die Kraft zur Negation und Zurückweisung. Sobald sie sich einen positiven Inhalt geben und Gruppen, Gemeinschaften, Gesellschaften reorganisieren wollen, läßt sie ihre Kraft im Stich und sie verwandeln sich in Außenseiter oder gliedern sich gar dem wieder ein, dem sie entfliehen wollten.

Auf gleiche Weise mußten sich die, welche sich in ihrer Opposition gegen den Kapitalismus nur auf die Arbeit stützten, notgedrungen in Arbeitskooperativen oder Genossenschaften zurückziehen, die im Hinblick auf die Entwicklung der Industriegesellschaft bedeutungslos blieben.

Zuweilen bilden sich also auch heute wieder defensive Gemeinschaften heraus, die von der Stärke der Verweigerung Zeugnis ablegen, die auch kulturelle Veränderungen in Gang setzen mögen, deren Gewicht freilich zu vernachlässigen ist.

Manchmal gelingt es bestimmten Gruppen, mit der zentralen Macht in Verhandlungen zu treten und in deren Folge eine bestimmte Autonomie und einen bestimmten Einfluß zu erringen.

Andere Male schließlich wird das Refugium zu Genuß und Konsum. Wird die Berufung auf die Natur zur Suche nach dem Gleichgewicht – dieser Mythos ist gewiß der unschuldigste, da er die Probleme der Macht vollkommen vergißt.

2. Vom Rückzug und der Verweigerung heben sich jene Aktionen ab, die im Innern des Akkumulationsapparates gegen die von ihm ausgeübte Herrschaft ankämpfen. Zumindest verstand man so in einigen Ländern und besonders in Frankreich jene Aktionen, die

von einer Anzahl von Führungskräften, Technikern und Arbeitern gegen die Unternehmermacht geführt wurden. Die These von einer neuen Arbeiterklasse ist in der Hauptsache von S. Mallet vertreten worden – die Tatsache, daß im Mai 1968 die weitestgehenden Forderungen in den technologisch fortgeschrittensten Unternehmen formuliert wurden, scheint diese These auch zu bestätigen.

Indessen ist, wie Galbraith dargelegt hat, der technologische Fortschritt, zentraler Entwicklungsfaktor, innerhalb der Großorganisationen nicht das primäre Ziel. Das Großunternehmen, welchen Typs auch immer, ist keine Magd der Technologie; sie eignet sich diese nur zum Ausbau ihrer Macht an. Dabei ist weniger wichtig, ob diese Macht Ausdruck kapitalistischen Profits oder anderer Art ist. Von zentraler Bedeutung ist vielmehr, daß das Unternehmen private Ziele verfolgt und nicht bloß ein Agent von Rationalität und Modernisierung ist.

Aber nicht alle Angehörigen der Organisation sind Bürokraten. Es gibt auch Technologen. Wie die gelernten Arbeiter auch über ihren Fachberuf und nicht allein durch ihre Unterordnung unter die Unternehmermacht bestimmt waren, so definieren sich auch diese Technologen ebenso über ihren Beruf wie über ihre Zugehörigkeit zur Techno-Struktur. Demzufolge sind sie in der Lage, ein Exterioritätsprinzip geltend zu machen, wenn sie gegen die Aneignung der Technologie und der Information durch die Techno-Struktur protestieren. So treten sie in den Kampf für die kollektive Kontrolle der Information, wie die Journalisten, die sich zwecks Verteidigung ihrer Redaktionsrechte gegen die Macht des Geldes organisieren.

Da die Techno-Struktur zum wichtigsten Instrument der modernen Herrschaft geraten ist, gewinnt ihr Kampf an allgemeiner Tragweite. Der Wille der Arbeiter zur Führung war lange Jahre über auf den Bereich des Arbeitsplatzes, der Mannschaft oder des Betriebes beschränkt. Jetzt erst, wo das Unternehmen nicht mehr dem Markt unterworfen ist, sondern sich diesen unterwirft, wo keine unpersönliche Ordnung über den Entscheidungszentren des industriellen Systems mehr schwebt, kann der Kampf gegen die private Aneignung der Wachstumsinstrumente auf die Ebene der Großorganisation und des industriellen Systems selbst gehoben werden.

Indessen heißt es, die Grenzen derartiger Beobachtungen abzustecken.

Zunächst einmal tritt die von den Technikern und Fachkräften getragene Bewegung nicht allgemein auf – sie ist sogar reichlich begrenzt. Genaue Untersuchungen der Streiks vom Mai 1968 in Frankreich haben gezeigt, daß die Mehrzahl der Führungskräfte, die am Streik teilgenommen haben, es aus dem Gefühl heraus, zwischen den Unternehmern und der Arbeiterbewegung zerrieben zu werden, vorgezogen hat, sich auf ihre ureigensten Interessen zurückzuziehen, ja sogar sich außerhalb der Betriebe zu treffen. Es ist leicht einzusehen, daß die »Malaise der Kader« im wesentlichen ohne Rekurs auf die Idee eines Klassenkonfliktes analysiert werden kann. Die Konzentration der Entscheidungszentren sowie die Zunahme der Kader enthebt die Mehrzahl von ihnen der Möglichkeit, mit zu entscheiden und versetzt sie in eine unangenehme Lage.

Im übrigen ist bei einigen der Beispiele, die zur Illustration der These von der neuen Arbeiterklasse herangezogen werden, unverkennbar, daß es sich dabei um von Krisen betroffene Unternehmen handelt, in denen ein altes Unternehmertum, unfähig, die durch das allzu schnelle technologische und wirtschaftliche Wachstum der Firma hervorgerufenen finanziellen und organisatorischen Probleme zu meistern, sich in unüberwindbare Schwierigkeiten verstrickt. In dieser Lage lassen sich Reaktionen beobachten, die dem Verhalten bestimmter Ingenieure während der großen Krise in den USA ähneln: Man beruft sich gegen finanzielle Argumente auf die Technologie. Wenn sich nun ein neues moderneres Unternehmertum entwickelt, und solidere kapitalistische Finanzkräfte die technologische Entwicklung unterstützen, dann schwindet die Kraft der Protestbewegung, und diese hört auf, die Aufmerksamkeit auf sich zu ziehen.

Allgemeiner gesagt, es ist schwer zu begreifen, warum eine große Zahl von Führungs- und Fachkräften, die doch sehr viel stärker als andere in die Techno-Struktur und in deren Entscheidungen integriert sind, sich in Gegensatz zu ihr statt in ihr definieren sollte.

Alle diese Einwände sind gewichtig, und so scheint denn auch das Interesse für die neue Arbeiterklasse fast ganz wieder verschwunden zu sein – in einer Zeit, da lautstark formulierte Arbeiterforderungen in mehreren europäischen Ländern mehr die angelernten Arbeiter ins Licht treten lassen als ein Personal auf technisch gehobenem Niveau. Freilich führen sie eher dazu, die Grenzen einer Vorstellung abzustecken, als diese in Bausch und Bogen zu verwerfen. Im Mai 1968 hat eine Gruppe nämlich die Forderung nach

Selbstverwaltung äußerst weit vorangetrieben: die jungen Kader, die zumeist von der eigentlichen Produktionssphäre entfernte Aufgaben zu erfüllen hatten und die für den Einfluß der Studenten, denen sie durch ihr Alter und ihre Ausbildung nahestanden, sehr empfänglich waren.

Die Opposition hat sich noch nachdrücklicher in den Universitäten formuliert, im Kreise derer, die immer deutlicher sehen, daß sie zu technisch-bürokratischen Beschäftigungen verurteilt sind, und die doch noch in einem gänzlich anderen Milieu stecken, dem der Universität, und die gleichermaßen für jene von uns erwähnte bio-soziale Verweigerung empfänglich sind.

Die anti-technokratische Elite kann allein aus sich heraus keine soziale Bewegung hervorbringen. Kader und selbst Facharbeiter sind häufig nur darum bemüht, ihr Berufsmilieu, ihre Autorität, ja selbst nur ihre Privilegien zu verteidigen. In den Forschungszentren, den Kliniken und Universitäten jedoch gibt es eine beträchtliche Zahl von Experten, die es ablehnen, das Wissen mit seiner Verwendung in eins zu setzen. Ihre Rolle ist wichtig, weil sie die defensiven Bewegungen aus ihren Rückzugstendenzen reißen und dazu beitragen, eine Gegenoffensive zu starten und folglich einem Gegenentwurf der Gesellschaft Gestalt zu verleihen. Diese Rolle können sie nur soweit übernehmen, wie sie gegen die Apparate das Wissen, die Wissenschaft und die Technologie geltend machen können. Sie dürfen nicht mit der eher durch die Techniker repräsentierten neuen Arbeiterklasse verwechselt werden – ihre Opposition gegen das Unternehmen wird nicht mehr im Namen einer dem Unternehmen inhärenten Produktivkraft, der produktiven Arbeit, geführt, sondern im Namen des Wissens, das nicht mehr im wesentlichen durch die Produktionsapparate, vielmehr durch besondere Organisationen hervorgebracht wird, deren Funktionsregeln ganz andere sind. Diese gegen den Apparat eingestellten Fachkräfte können folglich als Außenseiter erscheinen.

Allerdings ist daran zu erinnern, daß auch die Pioniere der Arbeiterbewegung oftmals »Außenseiter« waren; sie waren selten in den großen Unternehmen zu finden und standen auch dem proletarischen Milieu nahe, das ihrer Kontestation durch seine Verweigerung und Revolte Unterstützung bot.

Ebensowenig wie die Zurückweisung der Konsumgesellschaft allein schon eine soziale Bewegung hervorbringt, kann diese durch Kontestation der Experten und Fachkräfte geschaffen werden. Zu deren Entstehung müssen sich vielmehr die beiden Elemente der Opposition gegen die Techno-Struktur vereinigen. Eine Vereinigung, die gerade in den Universitäten schon stattgefunden hat und deren Wirkungen ebenfalls schon in vielen Großorganisationen, in Spitzenunternehmen, Forschungszentren, Kliniken usw. zum Tragen gekommen sind.

Eine soziale Bewegung kann sich nicht ganz und gar im Innern der Großorganisationen herausbilden. Diese stellen Entscheidungszentren dar und können sich demnach »politischem« Druck ausgesetzt sehen. Eine soziale Bewegung kann sich nur auf der Ebene des Produktionssystems, des sozialen Herrschaftsapparates situieren. Aus diesem Grunde identifizieren sich in den kapitalistischen Ländern, wo jener Herrschaftsapparat seinen Sitz hat, der sich über den Großteil der Erde, unscharf Dritte Welt oder unterentwickelte Länder genannt, ausbreitet, die gesellschaftlichen Oppositionsbewegungen häufig mit den revolutionären Bewegungen jener beherrschten Länder – in der Tat stellt dieser Internationalismus, der eine der stärksten Traditionen der Arbeiterbewegung vor deren Identifizierung mit der internationalen Strategie der Sowjetunion wiederaufgreift, nur die normale Reaktion auf die Internationalisierung des Kapitalismus dar.

Als Abwehr gegen eine immer umfassendere Herrschaft, als Protest im Namen des Wissens gegen die Apparate, die es sich aneignen, muß eine neue soziale Bewegung auch die Gesamtheit der Orientierungen des historischen Handlungssystems anvisieren, und folgerichtig eine konfliktbestimmte Interpretation des kulturellen Modells unterbreiten. Dieses ist in der postindustriellen Gesellschaft als Entwicklung definiert worden. Die führende Klasse deutet das kulturelle Modell als Leistungskraft der ökonomisch-politischen Apparate. Eine soziale Bewegung kann sich nur auf dieselbe Ebene stellen und hat dieser Interpretation der Entwicklung das Thema der Selbstbestimmung und Selbstverwaltung entgegenzusetzen, die Möglichkeit also für eine möglichst große Zahl, über die ökonomische und soziale Politik zu entscheiden, ein Zukunftsprogramm zu entwerfen und zu kontrollieren. In einer postindustriellen Gesellschaft läßt sich die soziale Bewegung unmöglich durch rein ökonomische Ziele bestimmen. Der Satz: »Jeder nach seinen Bedürfnissen«, kann heutzutage keinen Sinn mehr haben. Er setzt voraus, daß die Bedürfnisse begrenzt und die verfügbaren Ressourcen im Überfluß vorhanden wären – zwei Annahmen, die unsere Kultur Lügen straft. Wir leben vielmehr in einer Welt, in der die Ressourcen begrenzt und die Bedürfnisse grenzenlos sind. Wir können nicht mehr, vom Mangel geplagt, vom Überfluß träumen. Wir haben innerhalb eines begrenzten Universums Wahlen zu treffen und anzuerkennen, daß der Einsatz, um den es in den sozialen Konflikten geht, politischer Natur ist, genauer: die Wahl einer kollektiven Zukunft ist ein Modus der Steuerung des sozialen Wandels. Gilt es, eine rein ökonomische Bestimmung der Ziele einer sozialen Bewegung und die bloß metaphysische Berufung auf fundamentale Bedürfnisse gegen die Veränderung zu vermeiden, so muß man sich auch davor hüten, den Einsatz eines Konflikts mit einer Gegenutopie zu verwechseln, die sich in einer Krise herausbildet. Es ist normal, daß in der augenblicklichen Übergangsphase die öffentliche Meinung eher auf die Krise als auf den Konflikt anspricht: so spricht man von der Zerstörung der Stadt, von der Invasion des Autos, von der Entwurzelung, von der Krise der Sozialisation, kämpft gegen Archaismen und Rigiditäten.

Alle diese Themen sind bedeutsam und drohen uns doch in die Irre zu führen, wenn sie in die wirre Idee einer Krise der Zivilisation münden, die blind ist gegen das Auftauchen neuer Formen sozialer Herrschaft. Also muß jetzt schon, noch am Anfang der neuen Gesellschaft, damit begonnen werden, herauszufinden, wo die neuen sozialen Konflikte liegen und worum es in ihnen geht.

Im 19. Jahrhundert appellierte die Arbeiterbewegung in ihrem Kampf gegen den Privatkapitalismus an den Staat. Heute, da man von staatsmonopolistischem Kapitalismus oder vom technischen Staat spricht, läßt sich die enge Verknüpfung des Staates mit den ökonomischen Entscheidungszentren nicht übersehen. Wie kann man da nach einer zentralen Kontrolle der Wirtschaftsentwicklung rufen, ohne dabei den sozialen Herrschaftsapparat zu stärken? Selbst in den Ländern, in denen die Arbeiterbewegung sich von einer älteren jakobinischen Tradition genährt hat, kann die Kontestation nur auf die Zerschlagung der Zentralmacht aus sein. In dieser Wendung muß auch der Sinn der gegenwärtigen Wiederentdeckung der Pariser Kommune gesehen werden. Die Arbeiterbewegung am Ende des 19. Jahrhunderts hatte, während sie die revolutionäre Erhebung pries, doch zugleich auch mit Nachdruck ihren Mangel an politischer Organisation, an »demokratischem Zentralismus« kritisiert. Was zu jener Zeit als Schwäche erscheinen mochte, mutet heute wie eine prophetische Botschaft an: wie ein

Aufruf zum notwendigen Kampf gegen den zentralistischen Apparat. Nur auf diesem Wege können der defensive Ruf nach Identität und der offensive Kampf gegen die Aneignung der Entwicklung durch die Führungsapparate zu einer Einheit finden.

Selbstverwaltete Organisationen können nur unter der Voraussetzung einer Transformation des Staates und der Klassenverhältnisse existieren. Installiert sich die Selbstverwaltung nur auf der Funktionsebene, ohne das Entscheidungssystem mit einzubeziehen, dann degradiert sie sich zu einem lähmenden Korporatismus. Desgleichen kann eine jenseits der Veränderung der Klassenverhältnisse vorgestellte Selbstverwaltung nur zu einer Bürokratie führen. Bietet nicht die liberale Universität das Beispiel einer zumindest von ihrem ständigen Personal, den Lehrenden, verwalteten Organisation? Nun gerade sie ist entweder der führenden Klasse unterworfen oder verschanzt sich hinter der bürokratischen Welt des Diskurses.

Begreift man die Selbstverwaltung als eine Idee, als Form sozialer Organisation, sieht man sich rasch in Konfusionen oder Widersprüche verstrickt. Allzu oft stellt dieses Thema nur eine Bezeichnung für die Utopie dar, die in einer sich rasch wandelnden Gesellschaft vom Gleichgewicht träumt, die ökonomische Organisation rekonstruiert und freilich dabei nur die Produktion und die Rolle der Akkumulation und der Investition vergißt. Während solche Vorstellungen für die Sozialphilosophie Bedeutung haben mögen, sind sie für die Soziologie unannehmbar, weil sie ihren grundlegenden Vorgehensweisen widersprechen. Die Selbstverwaltung darf nicht als Vorstellung, sondern muß als Ziel innerhalb eines Konfliktes begriffen werden. Sie muß demzufolge so direkt wie möglich auf die Spannung zwischen zwei Orientierungen verweisen, denn eine soziale Bewegung bekämpft einen Gegner und strebt ein kulturelles Modell an.

Die Selbstverwaltung steht mit der Planung in Verbindung und ist zugleich gegen diese gerichtet. Selbstverwaltung von Organisationen ist nur im Rahmen einer demokratischen Planung vorstellbar. Das ist ihr »affirmativer« Aspekt. Aber zur gleichen Zeit muß Selbstverwaltung auch das Widerstandspotential einer Gemeinschaft gegen die Macht der Apparate darstellen. Eine Gesellschaft muß ihr Bildungswesen gerade gegen die universitären Apparate verwalten, muß ihr Gesundheitswesen gerade gegen die Apparate der Kliniken und das städtische Verkehrswesen gegen die Macht des Automobils gestalten. Die Entgegensetzung von Selbstverwaltung und Wachstum ist ein müßiges Thema. Das wirkliche Problem besteht vielmehr darin, die Beziehungen zwischen den beiden, notwendig miteinander verbunden wie allzeit gegensätzlichen, Gehalten der Selbstverwaltung in den Griff zu bekommen: die demokratische Planung und die gemeinschaftliche Forderung.

Eine soziale Bewegung trägt in sich immer eine neue Macht, aber ist nur soweit aktiv, wie sie eine Opposition gegen die führende Macht bildet. Folglich ist das Thema der Selbstverwaltung immer dem der Kontestation unterworfen. Seine konkrete Bedeutung kann nur sein, eine Veränderung des Entscheidungssystems in den Organisationen vorzubereiten, der Gegenmacht eine Tür aufzuschließen. Da die Herrschaft in den postindustriellen Gesellschaften immer totaler werden kann, entwickeln sich die sozialen Bewegungen ihrer Tendenz nach zu Kräften einer permanenten Kontestation, die zuweilen aufgerieben, zuweilen unter Kontrolle gehalten werden und zuweilen auch in der Lage sind, die herrschende Ordnung zu erschüttern.

Die Selbstverwaltung erscheint so als eine grundlegend neue und um so heftigere Forderung, je stärker die zentralisierende Tradition ist und je direkter der Staat in die Steuerung der Wirtschaft eingreift. Sie sieht, zumindest wenn man die individuellen und kollektiven Freiheiten bestätigen und ausbauen möchte, eine Vielzahl von sozialen Eigentumsweisen vor, die durch die Unangepaßtheit einer zentralen Lenkung an die moderne Wirtschaft möglich und wünschenswert geworden ist. Sie bedeutet folglich in erster Linie, daß die gesellschaftlichen Ansprüche und Forderungen nicht umstandslos dem ökonomischen Führungsapparat unterworfen werden dürfen, daß der Fortschritt der Kreativität, der Expression, ebenso wie die Chancengleichheit und die Ausschaltung der durch die Konzentration der Macht geschaffenen Wirkungen des Außenseitertums und der Unterprivilegierung jene gesellschaftlichen Leitlinien sein sollen, im Hinblick auf die die Wirtschaft organisiert werden muß. Es handelt sich also um die für eine jede soziale Bewegung fundamentale Feststellung, daß die Gesellschaft die Wirtschaft kontrollieren soll, und nicht umgekehrt. Es gab eine Zeit, da stellten die sozialen Volksbewegungen der bloß institutionellen und zur Verteidigungslinie der Bourgeoisie geratenen Demokratie eine wirtschaftliche und soziale Demokratie gegenüber. In dieser Unterscheidung war der Übergang von einer auf Handel beruhenden zur kapitalistischen Wirtschaft markiert. Es ist normal, daß sich heute, in einem neuen Typus von Gesellschaft, eine weitere Wendung vollzieht und daß die Grenzen und die mögliche Korruption einer Wirtschaftsdemokratie angeprangert werden, die einen mehr oder weniger totalitären politisch-ökonomischen Apparat zu schaffen fähig ist, und daß eine kulturelle und folglich politische Freiheit gefordert wird, die in der Lage ist, den Einfluß der Großorganisationen auf die gesellschaftliche Nachfrage und die soziale Organisation zu beseitigen.

4. Typen von Situationen, in denen Forderungen erhoben werden

Die kollektiven Formen oppositionellen Verhaltens, die sich an der Macht in den Organisationen stoßen und dabei Konflikte auslösen, verbinden stets die verschiedenen Interventionsebenen, die wir aufgezählt haben. Eine Kontestation, die sich ausschließlich und ganz auf die soziale Herrschaftsweise erstreckt, ohne auch die untergeordneten Ebenen des Entscheidungssystems und des organisatorischen Funktionssystems zu durchlaufen, stellt eine bloß ideologische Opposition dar. Sicherlich ist ihre Rolle gewichtig, mobilisiert die Intellektuellen, aber sie kann, da sie die Berufssituation und die Fähigkeit der Arbeiter zu kollektivem Einfluß ignoriert, allein keine soziale Bewegung ins Leben rufen. Umgekehrt können rein organisatorische Forderungen, so nachdrücklich sie vorgebracht werden mögen, nur partikular bleiben oder eher in die Krise statt zu einem Konflikt führen.

Wie vollziehen sich jene oben angesprochenen Kombinationen? Einfacher gesagt, versuchen wir eine Typologie der Situationen zu erstellen, die die Verfassung der hinsichtlich ihrer drei Ebenen betrachteten Kollektivität in Betracht zieht. Es sind drei Variablen oder Kategorien von Variablen festzuhalten, die wir nachfolgend in ziemlich vereinfachter Form darstellen wollen.

Erstens bildet die Organisation mehr oder weniger eine Treuhänderin des kulturellen Modells der Entwicklung. Sie ist in einem bestimmten Maße technologisch innovativ. Ein Krankenhaus, ein Forschungszentrum, ein Spitzenunternehmen sind sehr viel innovativer als etwa ein klassisches Unternehmen, das die Massenproduktion von Gütern und Dienstleistungen gewährleistet, die sich nur langsam verändern oder kaum zu neuen Erfindungen Anlaß geben.

Zweitens besitzt die Organisation ein Entscheidungssystem oder integriert sich einem solchen, das um so institutionalisierter ist, je umfassender die Tätigkeitsprogramme das Resultat von Entscheidungen sind, die von einer bestimmten Anzahl mit Einfluß ausgestatteter Akteure getroffen werden.

Zum dritten ist die Situation der Akteure innerhalb der Organisation mehr oder weniger stabil. Stabil ist sie, wenn der Professionalisierungsgrad hoch und die Dauer der Berufserfahrung lang ist; sie ist instabil bei ungelernten Arbeitern, die ihres unmittelbaren Nutzens wegen angeworben wurden, aber auch, wenn sie einem raschen kulturellen Wandel unterliegt oder schnell wechselnden konjunkturellen Lagen ausgesetzt ist.

Wenn man diese drei Dichotomien kombiniert, läßt sich eine einfache Typologie entwerfen, die verschiedene Formen des kollektiven Verhaltens der abhängig Beschäftigten innerhalb der Organisationen festzustellen erlaubt.

	Institutionalisierung +		*Institutionalisierung −*	
	Organisatorische Situation		Organisatorische Situation	
	stabil	instabil	stabil	instabil
Kreativität +	Institutionalisierung des Konflikts (1)	Berufsforderung (2)	Auf Selbstverwaltung bezogene (3) Kontestation	revolutionäre Kontestation (4)
Kreativität −	Karrierisierung (5)	konfliktbestimmte Partizipation (6)	korporative Verteidigung (7)	Revolte – Rückzug (8)

Dem Schaubild läßt sich folgendes entnehmen: Die heftigste Kontestation entsteht nicht, wenn die Elemente der Partizipation in der Führungsrolle der Großorganisationen akkumuliert sind, auch nicht, wenn die Organisation auf keiner der drei Niveaus aktiv ist, dem der Historizität, dem des Entscheidungssystems und dem der Organisation im eigentlichen Sinne. Sie tritt dann auf, wenn ein zentraler Konflikt vorhanden ist, also unter Voraussetzung eines Herrschaftszentrums. Das bedeutet keineswegs, daß sich nicht an anderer Stelle oder im Zuge der Aktion anderer Kräfte ein Zusammenbruch ereignen könnte, sondern nur, daß eine soziale Bewegung sich ausschließlich in dieser Situation bildet, d. h. wenn eine institutionelle Blockierung und eine Krise oder eine Instabilität auf der Ebene des organisatorischen Funktionsablaufs Probleme, Forderungen und Spannungen hervorrufen, die auf der höchsten Ebene durch die soziale Bewegung wieder aufgegriffen werden.

Von dieser Warte aus lassen sich zwei Seiten unterscheiden: auf der einen finden sich die Situationen, in denen den Forderungen keine allgemeine Bedeutung zugeschrieben werden kann. Dies ist der Fall bei Typ 8, aber auch bei Typ 7 und 6.

Auf der anderen Seite bildet sich eine Opposition mit allgemeiner Bedeutung heraus, deren Basis aber auf den niederen Ebenen mehr oder weniger angemessen behandelt wird. Es sind dies der Typ 1 und 2.

Typ 5 stellt den ganz sicher spannungsreichen Fall einer Integration dar, ist aber von der Bildung einer sozialen Bewegung am weitesten entfernt.

Eine soziale Bewegung schwebt immerzu über den Fällen 3 und 4. Dient, bei Fehlen der Institutionalisierung von Konflikten und eines organisatorischen Gleichgewichts, die produktive Rolle der Organisation ausschließlich zur Stärkung der Macht und dessen Apparates, dann ist den Arbeitern nur die Möglichkeit gegeben, die Macht zu brechen. Mehr die Form einer Selbstverwaltung kann die soziale Bewegung demgegenüber dann annehmen, wenn eine bestimmte organisatorische Stabilität herrscht und die Arbeiter außerdem eindeutig durch den Beitrag ihrer Produktivkraft definiert sind.

Diese Analyse ist darin ungenügend, daß sie sich auf den Rahmen der Organisation beschränkt, könnte aber sicherlich auch auf eine allgemeinere Ebene, die einer als Organisation begriffenen lokalen oder nationalen Gesellschaft, übertragen werden.

5. *Vorbehalte und Schlußfolgerungen*

1. Diese Analysen setzen sich der Gefahr aus, mißverstanden zu werden. Ist es nicht offenkundig, daß speziell die Rolle, die ich dem Arbeitersyndikalismus zuschreibe, durch die neuere Erfahrung solcher Länder wie Frankreich und Italien widerlegt wird, wobei jenes im Mai 1968 den größten Streik in seiner Geschichte, dieses im Herbst 1969 und in der Folgezeit eine enorme Arbeitererhebung erfahren haben und in beiden die Gewerkschaften als trei-

bende Kräfte einer jeden möglichen sozialen und politischen Bewegung erkennbar wurden?

Es ist in der Tat ganz natürlich, daß in Gesellschaften, die einen raschen industriellen Wandel durchmachen, die Arbeiterbewegung, die lange Zeit über und vor allem während des Kalten Krieges schwach und in sich gespalten war, nunmehr im Kampf gegen den wirtschaftlichen Rückstand, gegen die herrschende Rolle alter führender Klassen, gegen den Rückstand im Hinblick auf die Institutionalisierung der industriellen Konflikte, eine zentrale Rolle spielt. Ihre Kampfkraft zieht diese Arbeiterbewegung zudem aus der Tatsache, daß den Hauptanteil der nationalen Anstrengung im Hinblick auf die wirtschaftliche Entwicklung die Arbeiterbewegung zu tragen hatte, während andere Gruppen dank politischer Unterstützungen die größten Vorteile aus dem Wirtschaftswachstum ziehen konnten, indem sie ihre Privilegien verteidigten oder sich in ungezügelte Spekulationen stürzten. Normal ist weiterhin, daß sich die neuen sozialen Bewegungen, in Italien mehr noch als in Frankreich, unter die Obhut der Arbeiterbewegung, deren Forderungen und Ideologie, stellten.

In beiden Ländern sind die Gewerkschaftsbewegungen die Hauptträger der Umwandlung und Stärkung der politischen und sozialen Opposition und könnten am Ende zum Bindeglied neuer Volksfronten werden.

Die Verbindung von alten und neuen Problemen kann noch inniger sein. Die fortschreitende Industrialisierung läßt die vom Land in die Städte wandernden Arbeiter auf das Gesamtgefüge einer Industriegesellschaft, auf eine kapitalistische Herrschaft stoßen, die sich nicht mehr nur in der Arbeit, sondern in der Stadt, in der Migration selbst – Zeichen der konzentrierten Akkumulation in einigen Herrschaftszentren – zum Ausdruck bringt. Diese Globalisierung des Konflikts in einer Situation, in der, wie im Frankreich oder Italien der 60er Jahre, die Verhandlungsstärke der Gewerkschaften gering ist, schafft einen günstigen Nährboden für die Aktion militanter Gruppen, die die Arbeiteraktion erneuern.

Die Stärke der Arbeiterbewegung rührt daher, daß das klassische kapitalistische Großunternehmen noch immer in stärkerem Maße Motor der wirtschaftlichen Entwicklung ist als die Großorganisation. Die Automobilindustrie mit ihren Bearbeitungs- und Montagebändern steht dafür als das Symbol schlechthin. Klassisch ist sie darin, daß sie weiterhin auf der Beschäftigung einer unmittelbar produktiven Arbeiterschaft beruht, die dem Arbeitstempo, der repressiven Autorität, der repetitiven und entqualifizierten Tätigkeit unterworfen bleibt.

Wie groß indessen auch immer die Bedeutung dieser Umstände im Hinblick auf die politische Geschichte dieser Gesellschaften sein mag, so stellen sie doch kein Hindernis für eine allgemeine Analyse dar.

Ohne Zweifel ist die Stärke der Arbeiterbewegung in Frankreich und Italien durch den relativen Rückstand beider Länder, durch das Anrollen neuer Migrationswellen in die Industrie und in die großen urbanen Zentren erklärbar. Aber es müssen zwei Arten von Problemen auseinandergehalten werden: auf der einen Seite jene, die die Klassenverhältnisse, die sozialen Bewegungen betreffen – die einzigen, von denen wir hier sprechen –, und auf der anderen Seite die Modalitäten des sozialen Wandels, d. h. die Verfassung des Funktionsablaufs der Institutionen und der sozialen Organisation, und im besonderen des Staates, dessen Aktion sich auf die drei Ebenen der gesellschaftlichen Realität erstreckt.

Was Frankreich betrifft, so verliert hier der Staat, vormals zentrales Instrument der ökonomischen Entwicklung, diese Rolle zum Teil wegen der Formierung einer Führungsgruppe der kapitalistischen Großunternehmen, die in der Lage und willens ist, die Initiative an sich zu reißen, zum Teil aber auch wegen seiner Unfähigkeit, sich selbst zu verändern. Der Staat ist in einem der autoritäre und formalistische Abkömmling der alten monarchistischen Macht, Instrument sowohl alter wie neuer herrschender Klassen, folglich Garant der sozialen Ungleichheiten, und schließlich Stätte des Verfalls gewisser, einst »fortschrittlicher« sozialer Kräfte, insbesondere des Funktionärssyndikalismus. Es geht hier nicht darum, unserem Gegenstand äußerliche Analysen in Angriff zu nehmen, es soll nur die wesentliche Differenz aufgezeigt werden, die zwischen einer institutionellen Krise und einem Klassenkonflikt besteht. Zwar wird der soziale Wandlungsprozeß durch deren Wechselbeziehungen gelenkt, doch darf man nicht die an einen Rückstand der Institutionen, der Autoritätsmodelle, der Entscheidungsverfahren gebundene Agitation mit Konflikten verwechseln, die die soziale Herrschaft selbst ins Spiel bringen. Die gesellschaftliche Krise verleiht den neuen sozialen Bewegungen in Frankreich und Italien eine große »politische« Potenz, während die Verfassung der Gesellschaft sie an der Entwicklung überzeugender eigener Kräfte hindert. Von daher das Vorauseilen der politischen Agitation gegenüber der eigentlichen sozialen Bewegung.

Diese Bemerkungen sollten zumindest daran erinnern, daß die Teilprobleme, die hier behandelt werden, wie gewichtig sie auch immer sein mögen, niemals mit dem sozialen Wandlungsprozeß insgesamt gleichgesetzt werden dürfen.

Als Beweis kann gelten, daß trotz der soeben angesprochenen spezifischen politischen Lage die Arbeiterbewegung in Frankreich und Italien meiner Meinung nach nicht der generellen Tendenz zur Institutionalisierung der industriellen Konflikte entgehen dürfte. Die Streiks und die Arbeiteraktion insgesamt führen in erster Linie zu einer fortschreitenden Fähigkeit der Gewerkschaften, Forderungen zu stellen und Verhandlungen zu führen. Die Unternehmen, die sich einst durch Repression, Paternalismus und staatliche Reglementierung und Konservatismus gegen die Gewerkschaften schützten, müssen sich nun aufgeschlossener zeigen und die gewerkschaftliche Macht anerkennen. Der Druck der Lohnforderungen wird zwangsläufig dazu führen, daß die Beschäftigten in der Großindustrie ebenso hohe Löhne erhalten wie schon in den fortgeschrittensten Industriegesellschaften.

Wenn die Gewerkschaftsbewegung sich mit den Bewegungen verbindet, deren aktivster Vertreter die Arbeiter- und Studentenjugend ist, kann gerade sie zum Träger neuer Kontestationen werden.

Freilich beweisen diese Tatsachen, deren Bedeutung auf jeden Fall beträchtlich ist und politisch entscheidend werden kann, noch keineswegs, daß wir vielleicht nicht doch einer grundlegenden Veränderung der sozialen Bewegungen und der Produktionsweise beiwohnen. Das ganze 19. Jahrhundert hindurch und vielleicht noch länger hat sich die französische Arbeiterbewegung in Sprache und Aktion an den von der Französischen Revolution geschaffenen Formen ausgerichtet. Auch heute schaffen sich in den Übergangsgesellschaften die noch mangelhaft konstituierten und durch uneinheitliche Orientierungen in sich zerrissenen sozialen Bewegungen ihre Einheit und ihr Bewußtsein mittels der Sprache, der Analysen und Aktionsformen, die von der Arbeiterbewegung hervorgebracht wurden.

Aber zwischen der vergangenen historischen Erfahrung und der sich unter unseren Augen entwickelnden herrscht keine wirkliche Einheit. Selbst wenn sich die neuen sozialen Bewegungen innerhalb der Unternehmen artikulieren, sind sie nicht in proletarischem Klassenbewußtsein begründet.

Es ist allerdings möglich, daß die Allianz zwischen den alten und den neuen sozialen Bewegungen auf Dauer hält. Im Prinzip kann und muß die Autonomie der verschiedenen Ebenen der gesellschaftlichen Realität – der Historizität, des politischen Entscheidungssystems und des organisatorischen Funktionierens – parallel dazu die relative Eigenständigkeit – aber auch die Hierarchisierung – der gegenüber den Organisationen erhobenen Forderungen, der politischen Opposition in den Entscheidungszentren sowie einer direkt gegen die soziale Herrschaft gerichteten sozialen Bewegung zur Folge haben.

Die Oppositionsbewegungen in der Industriegesellschaft haben zwei Aktionsebenen zusammengefügt: die politische Partei und die Gewerkschaft. Die neuen oppositionellen Kräfte scheinen deren drei kombinieren zu müssen: die Forderung nach Konsum, den Willen zu politischem Einfluß im industriellen System und die Kontestation gegen die Technokratie. Fragen wir nach den gesellschaftlichen Bedingungen, die dahin tendieren, diese drei Ebenen zu verbinden oder im Gegenteil zu differenzieren. Für eine Verbindung dieser Ebenen und damit für die Entstehung einer revolutionären Kraft bestehen die besten Möglichkeiten, wenn das ökonomische System eine Krise durchmacht und das Zusammenspiel der politischen Institutionen in den Organisationen und im Staat blockiert ist. Dagegen scheint heute in den meisten Ländern des fortgeschrittenen Kapitalismus die Differenzierung zu überwiegen – dadurch wird die Stärke einer derart wilden Kontestation wie in den USA verständlich, einem Land, in dem sich die Herrschaftsprobleme mit äußerstem Nachdruck stellen, wohingegen die institutionellen Probleme und das Funktionieren der ökonomischen Organisation sich auf einer Ebene abspielen, auf dem zum gegenwärtigen Zeitpunkt keine tiefgreifenden Krisen oder Blockierungen auftreten.

Da in Frankreich und Italien die Situation für eine wenigstens partielle Fusion äußerst günstig ist, läßt sich hier der Abstand, der in den USA und Japan zwischen den alten und den neuen sozialen Bewegungen steht, nicht wahrnehmen. Noch wird der gewerkschaftliche Druck zu sehr von den Orientierungen der Arbeiterbewegung genährt, als daß er unmittelbar eine soziale Herrschaft in Frage stellen könnte, in der, unter der Ägide des Staates, alte und neue führende Kräfte eng assoziiert sind.

2. Diese Analyse sozialer Konflikte versteht sich als traditionell und neuartig zugleich.

Traditionell ist sie darin, daß sie an der grundlegenden Rolle von Klassenkonflikten festhält. Diese werden erst verschwinden, wenn die Akkumulation beendet wird, wenn die Gesellschaften Gleichgewicht als oberstes Ziel anstreben und nicht mehr Entwicklung, die Macht eines Souveräns oder den Kult eines Gottes. Mag sein, daß sich eine derartige Situation abzeichnet: daß eine stabile Bevölkerung, ein gleichgewichtiger Austausch mit den anderen Elementen des irdischen Öko-Systems die obersten Leitlinien einer in Überfluß lebenden, von Erstickung, Verfall oder Auseinanderbrechen bedrohten Gesellschaft sein werden...

Aber man kann im Gegenteil auch der Meinung sein, daß die Entwicklungsära erst begonnen hat. Die letzten Hungersnöte in Westeuropa liegen erst wenige Jahrzehnte zurück. Noch vor einem Jahrhundert wurde Paris von der Cholera heimgesucht. Wir wähnen uns auf dem Höhepunkt jedes möglichen Einwirkens auf unsere materielle Umwelt und wirken doch noch in geringem Maße auf den Bereich des Lebens und noch weniger auf die Persönlichkeit und die menschlichen Kollektivitäten ein. Und wie vermöchte man angesichts der wachsenden Kluft zwischen dem reichen Viertel und dem armen Dreiviertel der gesamten Welt an ein Gleichgewicht zu denken? Wo keine Gesellschaft je zuvor einen derart geringen Anteil des von ihr Produzierten konsumiert hat wie die heutigen Industriegesellschaften, wo die Ausgaben für wissenschaftliche und militärische Investitionen rascher steigen als in jedem anderen Sektor der Wirtschaft?

Unsere Konsumgesellschaften sind Investitionsgesellschaften: während man ihnen die Suche nach dem Gleichgewicht verheißt, werden sie mehr und mehr in die Verfolgung der Kreativität verstrickt.

Die Zunahme der großen Produktions- und Distributionsapparate, der Staatsapparate oder der Bewegungen zur Mobilisierung des Volkes steigert die Fähigkeit der Gesellschaft, auf sich einzuwirken, und zugleich auch die Stärke der Akkumulations- und Entscheidungszentren, die die führende Klasse bilden.

Wie können wir unter solchen Bedingungen von der Gesellschaft das Bild eines Systems von Werten entwerfen, das die Homöostase eines Systems sozialer Beziehungen regelt und das Gleichgewicht zwischen der Institutionalisierung der Normen und der Sozialisation der Akteure gewährleistet?

Primäres Faktum ist das Wachstum. Die Gesellschaft ist aber zugleich ein Wachstums- und ein Gleichgewichtssystem. Sie ist die Einrichtung eines Wachstumssystems, eines in Gleichgewicht gehaltenen Funktionssystems und einer intermediären Ebene, des politischen Systems, das den Übergang von dem einen zum anderen sicherstellt. Das Wachstum ist vom Ungleichgewicht, d. h. von Akkumulation und Herrschaft, nicht zu trennen.

Jene, die die Gesellschaft als eine Organisation darstellen, die durch ein System von Werten gelenkt wird, von einem kollektiven »Entwurf«, dessen Treuhänder die Führer sind, vergessen, ob willentlich oder nicht, daß dieser Entwurf stets den Einsatz in einem Konflikt darstellt, in dem einer führenden Klasse eine Volksklasse opponiert; und beide brauchen keine realen Gruppierungen oder vereinigte politische Kräfte zu sein, um die Rolle von Hauptakteuren der Historizität einer Gesellschaft zu spielen.

Versteht sich diese Analyse als traditionell darin, daß sie das Bild einer Gesellschaft zurückweist, in dem diese nach fundamentalen Gleichgewichtslagen sucht, und statt dessen fortfährt, den Problemen der Produktion und der Klassenverhältnisse eine zentrale Bedeutung zuzumessen, so ist sie doch auch neu, so wie die herrschende Akkumulationsweise, das herrschende kulturelle Modell und das geltende Erkenntnismodell in den ökonomisch fortgeschrittenen Gesellschaften neuartig sind.

Mehr als jede andere akkumuliert die postindustrielle Gesellschaft Wissen, d. h. Kreativität; sie orientiert sich am Kult von Göttern, Souveränen oder ökonomischen Gesetzen; sie erfaßt ihre Erfahrung in Systembegriffen, nicht mehr in denen vitaler Kräfte, mechanischer Beziehungen oder symbolischer Teilhabe.

Ihre Probleme und Akteure wandeln sich, und um so notwendiger ist es, in dieser neuen gesellschaftlichen Konfiguration die Elemente und sogar die Struktur einer jeden mit Historizität ausgestatteten Gesellschaft auszumachen, um so mehr muß die Neuheit ihres Inhalts, ihrer Organisation und ihrer Konflikte anerkannt werden. Weiterhin ist zu untersuchen, wie sich – von einem Gesellschaftstyp zu einem anderen sowie in Hinblick auf den jeweiligen Wandlungstyp – die Differenzierung der verschiedenen Ebenen der Gesellschaft ändert, so daß auf diese Weise die Konflikte ausgemacht werden können, die hinsichtlich der auf ein Entscheidungssystem ausgeübten Einflüsse und hinsichtlich der gegenüber den Organisationen erhobenen Forderungen zentral sind.

Dieser Wille, an einem schon älteren Ansatz der soziologischen Analyse festzuhalten und in einem damit dessen Inhalt und selbst fundamentale Behauptungen zu erneuern, versetzt die Soziologie in eine unbequeme Lage zwischen protestierenden gesellschaftlichen Kräften, deren eine Gruppe an die wesentliche Rolle der Arbeit und der Klassenverhältnisse erinnert, dabei aber in den sozialen und kulturellen Orientierungen der Frühzeit der Industrialisierung gefangen bleibt, während die andere wohl für neuartige Themen empfänglich ist, jedoch eine umfassende Wandlungskrise mit zentralen Mechanismen verwechselt, die sie nicht mehr wahrnimmt. Möglich, daß die Rolle des Soziologen darin besteht, bei der Überwindung eines derartigen Gegensatzes Hilfestellung zu leisten, indem er die postindustrielle Gesellschaft – sofern er in ihr lebt – dabei unterstützt, den Einsatz der in Konflikt stehenden Klassen sowie die neuen Formen der Macht aufzudecken.

Die Untersuchung der sozialen und kulturellen Wandlungen kann nicht in evolutionären Begriffen erfolgen, so als wäre Wandel kontinuierlich, sie muß vielmehr vom Prinzip der Diskontinuität, des Vorhandenseins ausgebildeter gesellschaftlicher Ensembles ausgehen. Weil die neue Gesellschaft noch nicht ihre volle Gestalt gewonnen hat, ist man versucht, den umgekehrten Weg einzuschlagen, der einfacher scheint, also an vollständig kumulative Prozesse zu glauben, aufsteigende oder absteigende Verlaufkurven der Wandlungsindikatoren zu zeichnen. Wenn man so verfährt, rückt man von dem Vorgehen ab, das unsere Erfahrung bestimmt und das ein Element durch die Stelle definiert, die es in einem System einnimmt.

Kann die Analyse in der Tat neue Probleme sichtbar machen oder einordnen, so führen uns gerade die Formen sozialen Verhaltens und die zentralen sozialen Konflikte die Notwendigkeit vor Augen, Systeme gesellschaftlicher Verhältnisse zu konstruieren, statt eine rein instrumentelle gesellschaftliche Welt zu beschreiben, die nur Apparatur im Dienste einer Macht wäre, die sich selbst mit der naturwüchsigen Bewegung der Dinge identifizierte.

Hilft die Soziologie, das politische und soziale Handeln zu erhellen, so wird sie im Gegenzug von diesem selbst wieder erhellt.

V. Soziale Identität und soziale Bewegungen

1. Zwischen Himmel und Hölle

Die Soziologie ist der Feind des Ich. Das Bewußtsein, das der individuelle oder kollektive Akteur von sich selbst hat, liefert weder den Sinn der Situation, in der er sich vorfindet, noch die Begründung für seine Verhaltensweisen. In seiner Studie über den Selbstmord sowie in seinen methodologischen Schriften hat Durkheim gezeigt, daß die Untersuchung der Vorstellungen, will sie die sozialen Tatsachen wie Dinge behandeln, sich jeden Rückgriffs auf die Subjektivität enthalten muß. Noch früher hatte Marx die gleiche Wendung vollzogen, als er die Kategorien des ökonomischen Denkens, also das Bewußtsein der ökonomischen Akteure einer Kritik unterzog, indem er ihnen die ideologischen Masken vom Gesicht riß und die Funktionsgesetze des ökonomischen Systems zu erforschen begann. Noch eindrucksvoller bietet sich die Demonstration von Freud dar. Wer wollte nach ihm noch die Behauptung wagen, daß das Ich als Organisationsprinzip der Erfahrung anzusehen sei, das die Ordnung des Bewußtseins über die Unordnung der Gefühlsregungen herrschen ließe?

Das Mißtrauen der Soziologie ist lebendiger als je zuvor: Die soziale Identität ist nichts anderes als die Verinnerlichung von Werten, und die sind nicht von der herrschenden Ideologie einer Gesellschaft zu trennen. Mag ein Handarbeiter, ein Jugendlicher oder ein alter Mensch, der Angehörige einer ethnischen Minderheit oder eines beherrschten Landes sich jeweils als Außenseiter fühlen, mag ihm bewußt werden, daß er auf der Stufenleiter von Einkommen, Berufsniveau, Ausbildung, Einfluß usw. einen niederen Rang einnimmt – was signalisiert ein solches Bewußtsein, wenn nicht die Anerkennung einer etablierten Ordnung und das Zuschütten der Fundamente dieser Ordnung, der Herrschaftsverhältnisse, der Macht und der Ausbeutung? Diese Ordnung vermag sich nur in dem Maße in eine hierarchische Stufenleiter umzusetzen, wie sie auch wieder durch einen gesellschaftlichen Kontrollapparat abgedeckt wird, der ihr das Siegel institutioneller Regeln aufprägt. Das Werk der Institutionen wird durch die Sozialisationsmethoden vervollständigt, die den Akteur lehren, sich der Gesellschaft anzupassen, seinen Platz darin anzuerkennen, deren Spielregeln zu begreifen, um sie dann am vorteilhaftesten anzuwenden. Eine gewisse Theologie des Mittelalters lehrte einen jeden seine Pflicht gegenüber dem Staat und seine Funktion im Gesellschaftsganzen: damit erfüllte sie in etwa die Rolle, die in der heutigen Zeit oftmals die Sozialwissenschaften übernehmen, die, einem Wort Lacans zufolge, orthopädische Techniken geworden sind. Das Hauptanliegen der Soziologie ist demgegenüber gerade die Kritik der Illusionen der Identität, indem vorgängig das Fehlen von Identität und selbst noch von Bewußtsein im sozialen Verhalten erkannt wird.

Je mehr sich der Handelnde durch seine Praxis und seine sozialen Beziehungen definiert, desto klarer wird er sich auch der Deprivation und Abhängigkeit, der fehlenden Kommunikation, der Willkür und Macht bewußt.

Identität wird uns von außen aufgezwungen. Sie sagt mir nicht, wer ich bin und welchen Sinn das hat, was ich tue, sie sagt mir vielmehr, wer ich sein soll und welches Verhalten man von mir erwartet, unter Androhung von Strafe. Identität kann nur die abhängige, heteronome und entfremdete Unterwerfung unter eine Macht sein.

In einer von langsamen Veränderungen gekennzeichneten Gesellschaft war der Akteur durch seine Zugehörigkeit zu Kollektivitäten und durch seine soziale Rolle definiert; dabei wurde dieses Identitätsbewußtsein durch die beständige Erinnerung an den Widerspruch in Gestalt z. B. der christlichen Vorstellungen des Sündenfalls und der Erlösung unterminiert.

In einer Gesellschaft wie der unseren, die raschen Wandlungen unterliegt, in der das soziale Erbe zunehmend rascher an Bedeutung verliert, also in einer Gesellschaft, die sich mehr durch ihre Zukunft denn ihre Vergangenheit, mehr durch ihren Wandel denn ihre Regeln definiert, geht der Inhalt der sozialen Identität immer weiter verloren. Viel früher als die Soziologie hat die Kunst schon zum Ausdruck gebracht, was M. Weber die Entzauberung der modernen Welt genannt hat. Und sie fährt weiter fort, das Identitätsbewußtsein der Klassik zu zersetzen, das Motiv abzuschaffen, Personen und Charaktere, die Illusion und die Kontinuität von Raum und Zeit zurückzuweisen. »Abstrakt« geworden, rückt sie ab vom »Humanismus«. Vor der Kontrolle des Wandels kann die Suche nach Identität sich nur noch auflösen: Die Reflexion hat sich nicht mehr an das Wesen des Menschen, sondern an die Formen seines Handelns zu halten.

Freilich sollten die besonderen Merkmale unserer Gesellschaft nicht zu vorschnell in den Vordergrund gerückt werden. Statt vom individuellen oder kollektiven Ich auszugehen, muß anfangs der Gegensatz zwischen der Aktion, durch die eine Gesellschaft ihr Praxisfeld konstituiert, indem sie sich von ihrer Reproduktion losreißt, und dem Widerstand der Ressourcen klargemacht werden, die von jener Aktion mobilisiert werden, die aber auch ihren eigenen Organisationsgesetzen folgen. Von dem Moment an, wo sie akkumuliert und investiert, wo sie in das Werk ihrer Veränderung eingebunden ist, wo sie aufweist, was ich ihre Historizität nenne: von da an wird jede Gesellschaft von besonderen Orientierungen fortgerissen und ist zugleich »natürlichen« Zwängen unterworfen.

Einerseits erstellt sich die Gesellschaft ein Bild ihrer Kreativität, das von ihrer Fähigkeit, sich zu transformieren, bedingt ist. Ist diese Fähigkeit nur schwach entwickelt, dann kann die Kreativität nur abstrakt, als Idee oder als metasoziales Prinzip, häufig Gott oder Souverän geheißen, gefaßt werden; ist jene Fähigkeit stark, dann wird die Kreativität konkret gefaßt: als Fortschritt, Wissenschaft, Entwicklung. Eine Gesellschaft stellt aber auch eine Umsetzung von Ressourcen dar, die, wie jedes Naturelement, ihre eigenen Funktionsgesetze haben. In den Gesellschaften mit langsamen Veränderungen ist die soziale und kulturelle Organisation von Tauschstrukturen beherrscht, die uns die Anthropologie heute zu entdecken erlaubt. In den modernen Gesellschaften wird die soziale Organisation von den Entwicklungsmodellen übernommen, wobei sie aber auch auf den Widerstand des Öko-Systems, dessen Teil die menschliche Gesellschaft ist, sowie des Unbewußten, der Sexualität und des Imaginären stößt.

Jede Gesellschaft ist durch die Spannung zwischen der Aktion der Selbstüberschreitung und den Gesetzen des natürlich Existierenden gekennzeichnet. Jede Gesellschaft gleicht so dem Tympanon einer Kathedrale: ihr Ort ist zwischen dem Gott der Herrlichkeit und der Sprache der Hölle.

Heute wie gestern sucht das Gesellschaftsdenken dieser Dialektik des Handelns zu entrinnen, sich in der Einheit und Identität einer integralen Erfahrung einzunisten.

Einerseits wird die Historizität als Quelle des Lichtes begriffen, als etwas, was dem »Rohmaterial« Form und Bewegung verleiht.

Auf das einstige Modell einer theokratischen, von der Vernunft regierten Gesellschaft folgt heute das Bild einer wissenschaftlichen Gesellschaft, die zwecks Optimierung ihrer Vorteile und der Entrichtung der besten aller möglichen Welten begrenzte und rationale Entscheidungen trifft. Die Suche nach Identität äußert sich hier als Suche nach einer offenen und komplexen Strategie, nach einer fortschreitenden Anpassung an den Wandel. Eine liberale und optimistische Sicht: Der Akteur definiert sich durch seine Fortschrittschancen, durch die Verbesserung seiner Vorteile, durch die Vervielfältigung seiner Wahlmöglichkeiten. Eine Welt ohne Schatten, ein Glashaus gleichsam, in dem Berechnung und Spiel, getragen von der Anwendung der Wissenschaft auf das Wachstum, die Reproduktion des überkommenen Tauschsystems ersetzen.

Zum anderen ist es der Ausbruch des Ausdrucks, der Imagination und der Poesie, der, durch die Wiedererschaffung primärer Gemeinschaft, durch die Rückkehr zu natürlichen Gleichgewichten oder die Befreiung des Wunsches das entgegengesetzte Modell der Gesellschaft zu eliminieren trachtet.

Wir sollten diese beiden Vorstellungen von der Gesellschaft nicht mit einzelnen Akteuren, und noch weniger mit gegensätzlichen Gesellschaftsklassen identifizieren. Ihre Verbindung wie ihr Gegensatz stellen ein Faktum unserer Gesellschaft insgesamt dar, definieren ihr kulturelles Feld, die Themen, die die Akteure auf die eine oder die andere Weise in ihrem Handel kombinieren. Außerdem wäre der Akteur, der sich vollständig mit einem der beiden Vorstellungen identifizierte, nicht mehr durch seinen Platz in der Gesellschaft bestimmbar. Entweder Spieler oder Träumer, stellte er, jenseits der Produktionsverhältnisse, des politischen Zusammenhangs und der sozialen Organisation, eine Abstraktion dar. Die soziale Identität kann nur jene Aktion sein, die beide Elemente der gesellschaftlichen Tätigkeit, das kulturelle Modell und die Gesetze der »menschlichen Natur« miteinander verknüpft.

2. *Der Konflikt*

In diesem Kontext sind wir am weitesten vom Bewußtsein der Identität, vom Bild des Menschen und von der Moral entfernt. Wir sind so weit von der Moral entfernt wie die Religion, so weit von gesellschaftlicher Anpassung wie die Psychoanalyse.

Statt von der geltenden Ordnung, ihren Werten und Normen, der Definition von Statusformen und Rollen, gingen wir aus von der historischen Aktion, von deren Offenheit, die der Integration der gesellschaftlichen Ordnung entgegensteht.

Nicht um die Suche nach dem Ich, nach dem Bewußtsein sozialer Identität aufzugeben, sondern um im Gegenteil deren Bildung und Grenzen zu verstehen.

Die soziale Identität kann sich erst herausbilden, wenn die gesellschaftliche Ordnung dem Handelnden nicht mehr als ein unpersönliches System erscheint, vielmehr als das Werk des Menschen, als Projektion gesellschaftlicher Verhältnisse, durch die eine Gesellschaft der Einwirkung der Historizität auf die gesellschaftlichen Praxisformen Gestalt verleiht.

Nun leben die Akteure in keiner von Werten zusammengehaltenen Welt. Die Tatsache, daß keine Gesellschaft sich ohne Rest mit ihrer Organisation deckt, daß sie ebenso dem Produktions- und Konsumtionszyklus ausgesetzt ist wie der Anstrengung des Sparens, des Akkumulierens und Investierens, bedeutet offensichtlich, daß es nicht die Gesamtgesellschaft ist, die auf einen Schlag ein kulturelles Modell realisiert, sondern daß dies, wie die Akkumulation, das Werk einer führenden Klasse ist, deren Natur durch die des kulturellen Modells und der Akkumulation determiniert ist. Diese führende Klasse legt die Gesellschaft auf dieses Entwicklungsmodell fest, identifiziert ihre Privatinteressen mit dem kulturellen Modell und bemüht sich, den gesamten Funktionszusammenhang der Gesellschaft unter ihre Kontrolle zu bringen, folglich die gesellschaftlichen Ressourcen für sich gewinnbringend einzusetzen.

In unserer Gesellschaft manipuliert die führende Klasse, die die großen – öffentlichen oder privaten – Produktions- und Entwicklungsapparate verwaltet, auch die Einbildungskraft durch den Konsum, der zugleich auf »Bedürfnisse« antwortet und gelenkt ist.

Weder besitzt die führende Klasse ein unmittelbares Bewußtsein ihrer sozialen Identität, noch ist sie zu einem solchen fähig. In ihren eigenen Augen dient sie nur der Nachfrage des Publikums und den von der Wissenschaft angebotenen Möglichkeiten. Sie ist nur Instrument des Fortschritts einer Produktion und Konsumtion, die schlicht und einfach auf Bedürfnisse eingehen.

In den letzten zwanzig Jahren, in einer Zeit also, da sich die Oppositionsbewegungen noch nicht formiert hatten oder sich nicht äußern konnten, herrschte diese Ideologie von der Unpersönlichkeit der führenden Klasse allenthalben in den fortgeschrittenen Industriegesellschaften. Unablässig war von gesellschaftlichen Tendenzen, von Wandlungsformen die Rede: von Wachstum, Modernisierung, Differenzierung, Forschung, Investition, und die einzigen Sorgen der Überflußgesellschaft schienen die Inflation, Stagnationsphasen oder die Widerstände gegen den Wandel zu sein. Zum Bewußtsein ihrer selbst gelangt die führende Klasse nur in Reaktion auf den Protest der Volksklasse. Das läßt sich heute in den USA, Japan und Westeuropa beobachten: plötzlich fühlen sich die ökonomischen und politischen Führer von der Krise des Staates, von der Umweltverschmutzung, von der Revolte derer, die man die Minoritäten zu nennen beliebt, betroffen. Unfähig, sich mit einer natürlichen Bewegung der Gesellschaft zu identifizieren, von denen sie vielmehr durch die Herrschaft, die die führende Klasse ihnen gegenüber ausübt, getrennt werden, können wiederum die Volksklassen zum Bewußtsein ihrer Identität nicht durch das gelangen, was sie besitzen, sondern nur durch das, um das sie gebracht wurden.

Jene, denen nicht die Führung der ökonomischen und sozialen Entwicklung überlassen wird, reagieren auf die Herrschaft durch Verteidigung ihres individuellen und kollektiven, ihres sozialen und kulturellen Seins sowie durch die Forderung nach Kontrolle des Wandlungsprozesses durch die gesamte Gemeinschaft.

Eine zweifache Bestrebung, die den Aufruf zum Überschreiten der gegenwärtigen Lage mit der Verteidigung des Erworbenen verknüpft, die sich auf das Vergangene stützt, um die Zukunft zu meistern. Unablässig erklären die Herrschenden den ihnen Unterworfenen, sie sollten moderner werden, mit ihrer Zeit leben. Würden diese das tatsächlich befolgen, dann wäre ihre Identität dahin und sie wären in dem präzisen Sinne, den man diesem Begriff verleihen muß: Entfremdete. Entfremdet sein bedeutet, den Widerspruch zwischen einer den Interessen der führenden Klasse konformen abhängigen Partizipation und einer unabhängigen und dementsprechend kontestierenden Partizipation aushalten zu müssen. Identitätsbewußtsein ist niemals Bewußtsein des Gegenwärtigen. Es ist Erfindung der Geschichte, Mobilisierung gegebener Reserven, dessen, was gemeinhin als traditionelle Kultur bezeichnet wird, zur Kontrolle der Zukunft. Nichts ist bedeutender als diese Dialektik von Vergangenheit und Zukunft als dieses Hin und Her, das durch Revolte, Konflikt und Hoffnung die Tradition mit der Innovation verbindet. Indem der Handwerker seine Tätigkeit und seinen Beruf verteidigte, nahm er den Kampf für die Kontrolle der Industrialisierung auf. Indem die Beherrschten sich, wie es Fanon und Berque erläuterten, auf die vom Kolonialismus noch am geringsten verseuchten sozialen und kulturellen Restbezirke stützten, vermochten sich die Kämpfe für nationale Unabhängigkeit und Entwicklung zu formieren.

Die Spannung ist so stark, daß das Band zwischen Vergangenheit und Zukunft häufig reißt. Und jedes Mal, wenn sich ein solcher Einschnitt vollzieht, führt jede einzelne Orientierung, die doch ihrer Einfachheit wegen eigentlich mühelos ein Identitätsbewußtsein auszubilden erlauben müßte, gerade zur Auflösung der Identität: Der Rückzug in die Gemeinschaft mündet in Außenseitertum und erzeugt interne Spaltungen; das grenzenlose Vertrauen in die Zukunft führt zur reformistischen Integration. Identität entspringt aber nicht nur aus dem Bewußtsein von Widersprüchen, sondern auch aus dem Streben nach der Kontrolle des sozialen Wandels. Das Klassenbewußtsein der Arbeiter erwuchs aus der Arbeiterbewegung; Kampf gegen den Kapitalismus, aber nicht isoliert von der Verteidigung des Berufs und der Tätigkeit einerseits und dem Willen zu ökonomischem und gesellschaftlichem Fortschritt andererseits.

Jenseits des gesellschaftlichen Kampfes existiert nur Entfremdung und deren Trugbild von Identität.

Die Suche nach Identität ist kein reflexives Verhalten, nicht die Entdeckung sozialer Koordinaten, übernommener Statusformen und Rollen – sie ist die Geburt einer sozialen Bewegung.

3. Neue soziale Konflikte

Diese wesentliche Verbindung von Identität und Konflikt, diese Geburt der Identität aus dem Konflikt, ist nicht nur unserer Gesellschaft eigentümlich, sondern allen Gesellschaften mit Historizität, d.h. solchen, in denen Herrschaftsverhältnisse bestehen.

Welches sind nun die besonderen Formen, die der soziale Konflikt und die historischen Akteure in unserem Gesellschaftstyp annehmen?

Vollzieht sich die Transformation einer Gesellschaft auf langsamem Wege, ist die Akkumulation begrenzt, das kulturelle Modell mehr abstrakt als konkret, dann verwaltet die herrschende Klasse zum einen die Realisierung eines höheren Bereichs der Gesellschaft, der relativ spezifisch und begrenzt ist, und etabliert zum anderen ihre Herrschaft auf einer sozialen Organisation, die nicht das Entwicklungsmodell, sondern ein »traditionelles« Modell ins Werk setzt. So kann z. B. eine Gesellschaft von einer politischen oder religiösen Ordnung beherrscht sein, während zugleich das von den Eigentümern des Landes und der Menschen beherrschte bäuerliche Leben auf relativ eigenständige Weise organisiert ist. Die Verwandtschaftsbeziehungen, die Gebräuche und Mythen, die Erziehung der Kinder bilden ein soziales und kulturelles Ganzes, das sich perpetuiert, das offensichtlich von der führenden Klasse beherrscht, aber nicht durch deren Entscheidungen und Interventionen determiniert wird.

Die Klassen stellen reale, institutionalisierte Kollektivitäten dar und die Gesellschaft ist zweigeteilt: in den Gegensatz von Arbeit und Vergnügen, Herr und Knecht.

Dieser Gegensatz verschwindet zusehends. Die Oberklasse regiert keinen besonderen Bezirk mehr, sei er religiöser, politischer oder ökonomischer Art: sie steuert vielmehr einen immer globaleren Wandlungsprozeß.

Von der Epoche des liberalen Kapitalismus bis in unsere Tage hinein ist das immer raschere Verschwinden der Arbeitsautonomie zu beobachten. Die Industriesoziologie hat den Übergang eines auf den Dualismus von Arbeit und Kapital gegründeten Arbeitssystems – in dem das Kapital die Arbeit beherrscht, ihr aber die Berufsautonomie beläßt – zu einem neuen, sehr viel integrierteren System: der Organisation, präzise nachgezeichnet.

Schon seit den Anfängen der industriellen Revolution, vornehmlich aber seit Anfang dieses Jahrhunderts, ist das Kapital an das Management gebunden, d. h. seitdem die Methoden der Arbeitsorganisation einander immer rascher ablösen. Nachdem diese Methoden die Formen manueller Tätigkeit und die Organisation der Werkstätten umgewälzt haben, transformieren sie heute das System der Kommunikation und der Informationsverarbeitung und schließlich die Entscheidungsmechanismen.

Parallel dazu vervielfältigen sich auch die Faktoren des Wirtschaftswachstums und kommen im steigenden Maße aus allen Sektoren des gesellschaftlichen Lebens. Die Zeiten sind vorbei, da man sie auf Kapital und Arbeit, also auf rein ökonomische Größen zurückführen konnte. Die Rolle der Forschung, des technischen Fortschritts, der Großorganisationen verleiht dem Ausbildungs-

und Erziehungswesen, der Mobilität der Faktoren, der Entscheidungs- und Programmierungskapazität, den Einstellungen gegenüber dem Konsum oder dem Sparen, den Determinanten des Verhältnisses zwischen Sparen und Investition usw., eine wachsende Bedeutung.

Soziale Herrschaft vollzog sich einst in eindeutiger und bestimmender Weise gegenüber einem begrenzten Teil des gesellschaftlichen Erfahrungsbereiches. Desgleichen wurden durch die Erziehung Zwänge und Verbote auferlegt, doch bestand jene mehr noch in der Anerkennung der einer spezifischen Gemeinschaft eigenen gesellschaftlichen Strukturen und kulturellen Äußerungen. Die soziale Herrschaft heute wird zugleich *extensiver* und *diffuser*, wie auch die Erziehung weniger auf Zwang aufbaut, dafür aber das Verhalten insgesamt im Hinblick auf die Zielvorstellungen und Formen des sozialen Wandels zu modifizieren trachtet. Eine Überflußgesellschaft ist in erster Linie eine Gesellschaft, die zu einer generalisierten Aktion hinsichtlich ihrer eigenen Transformation fähig ist. Sie ist, wenn sie auch mehr konsumiert als die früheren Gesellschaften, keine Konsumgesellschaft – vielmehr eine Investitionsgesellschaft, denn der Anteil des Gesamtproduktes, der zugunsten der Akkumulation und der Investition der Konsumtion entzogen wird, ist sehr viel umfänglicher als in einer auf Landwirtschaft oder auf Handel gründenden Gesellschaft.

Der Sprung von den Mangelgesellschaften zu den Überflußgesellschaften hat eine Umkehrung der Herrschaftsverhältnisse zur Folge. Die Rolle des Eigentums nimmt in dem Maß ab, in dem die materielle Trennung zwischen dem Zyklus von Produktion und Konsumtion und den Akkumulationsmechanismen dahinschwindet. Zum zentralen Ort der gesellschaftlichen Verhältnisse und der sozialen Konflikte steigt die Aktion gegenüber der Umwelt, die Einwirkung der Macht auf, die die Veränderung des gesamtgesellschaftlichen Lebens lenkt.

Soziale Herrschaft nimmt vornehmlich drei neue Formen an: Zum ersten üben die Großorganisationen einen wachsenden Druck auf ihre Mitglieder aus, um sie in das Unternehmen zu *integrieren*. Nicht daß die Hierarchie starrer wäre und die Autoritätsbeziehung brutaler – das Gegenteil ist der Fall. Nur müssen diese Organisationen, die komplexe Kommunikationssysteme darstellen, nicht allein auf die Quantität der geleisteten Arbeit, sondern auf die Einstellungen dem Unternehmen gegenüber, auf die sozialen Beziehungen einwirken. Die Zwänge müssen verinnerlicht werden. Man muß einen »Betriebsgeist« entwickeln. Zum zweiten überschreitet die Herrschaft den Bereich der Produktion und weitet sich – vermittels der Massenmedien oder des Agit-prop – auf die Bereiche der Information und des *Konsums* aus. Schließlich gerät die wachsende Rolle der Staaten, ihrer strategischen Machtpotenzen und Möglichkeiten, zur Stärkung des *Imperialismus*, des Herrschaftswillens der Weltmachtzentren über die unterentwickelten oder einem Einflußbereich eingegliederten Regionen.

Diese drei Themen sind in allen heutigen sozialen Bewegungen präsent, die sich nicht allein über einen ökonomischen Konflikt, sondern mehr noch über ihre Opposition zu einer sozialen und kulturellen politischen Herrschaft definieren.

Wird diese Herrschaft zentralisiert und durch eine politische Organisation gelenkt, kann sie totalitär werden. Wie dem auch sei, der soziale Mobilisierungsgrad und das Feld des Einwirkens der Gesellschaft auf sich selbst nimmt unaufhaltsam zu, so daß hier schon der Umschlag der quantitativen zur qualitativen Veränderung offen zutage liegt, was die Möglichkeit eröffnet, unsere Gesellschaften – welchen Namen wir ihr auch immer geben wollen – gegenüber jenen in den Anfängen der Industrialisierung als wesentlich andersartig zu begreifen.

Ein zentrales Phänomen in den weniger entwickelten Gesellschaften war die Entnahme eines Teils der Ressourcen zu nichtökonomischen, d.h. mehr politischen oder religiösen Zwecken. Seit Beginn der industriellen Veränderungen, und weitaus deutlicher noch in unserem Jahrhundert, geht mit der von der herrschenden Klasse geleiteten ökonomischen Aktion unverkennbar die Zerstörung der Strukturen der Gemeinschaft und selbst die der natürlichen Umwelt einher.

Seit der Bildung des black country und eines industriellen und städtischen Proletariats im England des 19. Jahrhunderts ist die Fähigkeit der Gesellschaft, auf sich einzuwirken, unaufhaltsam gewachsen, was zugleich die Ausweitung und Veränderung des Feldes der gesellschaftlichen Kämpfe zur Folge hatte.

Die Forderung ist durch den Kampf gegen Arbeitslosigkeit, niedrige Löhne, die Irrationalität eines von Krisen geschüttelten ökonomischen Systems, die Herrschaft des Finanzkapitals oder des Privateigentums nicht mehr ausreichend definiert.

In den ökonomisch fortgeschrittensten Gesellschaften zielt sie vielmehr weitergehend auf das System der sozialen Organisation, formuliert sie sich ebenso gegen die von den Apparaten vorgenommene Akkumulation von Macht wie gegen die fortschreitende Manipulation aller Sektoren der gesellschaftlichen Tätigkeit.

Ob die Forderung nun nur defensiven oder auch offensiven Charakter trägt, sie attackiert allemal einen Entscheidungs- und Verwaltungsmodus, das Verhalten sozialer Akteure eher denn »ökonomische« Gesetze. Die gesellschaftlichen Kämpfe sind eher politischer als ökonomischer Natur und gehen in unmittelbarer Weise um Probleme der Verwaltung und Steuerung. Ein solcher Wandel läßt sich schon in den Fällen ausmachen, wo, wie in Italien oder Frankreich, die Arbeiterbewegung ihre Bedeutung als soziale Bewegung aufrechterhält, sich gleichzeitig aber zu verändern trachtet. Während der Streiks im Mai 1968 stand das Thema der Selbstverwaltung in den modernsten Sektoren der Wirtschaftstätigkeit im Zentrum. Noch sichtbarer wird in den Universitäten von den Studenten ein Autoritätssystem abgewiesen, das ihnen Wissenschaft als feste Ordnung vorführt und nicht als kreative Tätigkeit.

Ein weiterer wesentlicher Punkt dieser Veränderung, der mit dem vorhergehenden eng verbunden ist, bildet die Umkehrung des Verhältnisses zwischen *Mehrheit* und *Minderheit*. Die herrschenden Klassen waren bisher immer beschränkte Eliten, die ihre Rekrutierung kontrollierten und limitierten, die sich derart von den Massen abhoben, daß die gewichtigsten Volksbewegungen in der Geschichte stets gegen die Eliten und Privilegien das Volk, die Nation, die Mehrheit in Anschlag brachten. Ohne Unterlaß fanden sich die fünfzig oder auch zweihundert Familien, in deren Händen die Lenkung dieses oder jenes Landes lag, von den sozialistischen Bewegungen angeprangert – sehr gut wurde diese Berufung auf die Arbeiter und die Verdammung der führenden Minderheit der Faulenzer und Profiteure in den Fabeln eines Mandeville und Saint-Simon zum Ausdruck gebracht. Heute muß, in Fortsetzung der Untersuchungen Galbraith', anerkannt werden, daß es die Organisationen selbst sind, und nicht mehr nur eine winzige führende Elite, die die führenden Kräfte bilden. In der Tatsache der wachsenden Fähigkeit unserer Gesellschaft, auf sich einzuwirken, ist die Integration eines steigenden Anteils der Bevölkerung in die Führungstätigkeit, und zwar gleichermaßen im Bereich der Produktion wie in dem der Konsumtion, unmittelbar impliziert. Immer mehr Personal der Großorganisationen, wie die Ausbilder oder schlicht die Konsumenten, tragen zum ökonomischen Wachstum und zur gesellschaftlichen Veränderung bei. Der traditionelle Appell an die Masse und die Mehrheit stellt heute nur mehr einen integrativen Appell an all jene dar, die in abhängiger Weise an der Überflußgesellschaft partizipieren.

Vor den in neuerer Zeit aufgetretenen technischen und ökonomischen Umwälzungen waren die oppositionellen Bewegungen durch ihre Mehrheit wie ihre definitorische Einheit (den Kapitalisten unterworfenen Lohnarbeiter oder Untertanen des Fürsten) gleichermaßen bestimmt. Heute äußern sie sich in einer Anzahl von Minderheiten, die gegen den Machteinfluß der Herrschaft auf die verschiedensten Sektoren der Gesellschaft angehen. Die Heterogenität ist um so stärker ausgebildet, als die Oppositionskräfte sich angesichts des gelenkten Wandels auf soziale und kulturelle Merkmale stützen, die nicht unmittelbar mit der Produzentenrolle verbunden sind wie Alter, Geschlecht, Rasse, Religion usw.

Tatsächlich wird diese Aufsplitterung durch den zunehmend extensiveren Charakter der sozialen Herrschaft kompensiert, so daß sich die Aktion der Minderheiten auf das Herrschaftssystem insgesamt zuspitzen kann und darüber hinaus sehr viel weiter von den sozialen und kulturellen Partikularismen der einstigen »Volksmassen« entbunden ist.

Nichtsdestoweniger bleibt die Beobachtung richtig, daß die gesellschaftlichen Kämpfe und demzufolge auch das Bewußtsein sozialer Identität heute zugleich allgemeiner und zersplitterter, fragmentarischer zutage tritt als in der vergangenen Epoche.

Dennoch ist es falsch, wie Brzezinski zu behaupten, die heutigen sozialen Bewegungen mobilisierten ausschließlich unorganisierte Massen, die affektiv reagierten und vornehmlich auf charismatische Führer ansprächen. Eine Mobilisierung gewinnt erst dann Gewicht, wenn sie reale Gruppen in Bewegung setzt, deren Mitglieder durch gemeinsam soziale Erfahrung miteinander verbunden sind. Das gilt etwa für die Universitäten, die Ghettos, die Großbetriebe, allesamt Stätten der Auflehnung, Foci der Bewußtwerdung. Den Bewegungen stellen nicht die Auswirkung der durch die immer rascher auftretenden Veränderungen hervorgerufenen Desorganisationen dar, vielmehr sind sie Ausdruck von Konflikten, in denen sich Gruppen gegen eine konkrete Erfahrung von Herrschaft auflehnen.

Jede Oppositionsgruppe hat, zumal zu Beginn ihres Kampfes, die Tendenz, auf die Herrschaft und die Einwirkung der Massengesellschaft derart zu reagieren, daß sie sich hinter ihre Besonderheit abwehrend verschanzt. Wie schon dargelegt, mündet eine solche Haltung letzten Endes in die Selbstzerstörung, da die soziale Evolution schon in weitem Umfang die Autonomie der sozialen und kulturellen Besonderheiten zerstört hat.

Neben dieser Bekräftigung einer kollektiven Erfahrung wird in einer Situation des Zusammenbruchs allerdings auch eine heftige Aggressivität gegenüber der herrschenden Ordnung erkennbar. So entwickelten sich in den Anfängen der Arbeiterbewegung gleichzeitig die gemeinschaftlichen oder kooperativen Versuche, die von Owen und den Saint-Simonisten ausgingen, und die gewaltsame Aktion, deren Akteure die Volkserhebungen und die revolutionären Streiks waren.

Ein ähnlicher Gegensatz im Handeln läßt sich heute an der Universität beobachten: einerseits das gewalttätige Handeln der Zengakuren, der Bewegung des 22. März oder des SDS, andererseits kommunitäre Versuche. Beide Aktionsformen sind stets mehr oder weniger miteinander verbunden – eine wirkliche Bewegung bildet sich freilich erst dann heraus, wenn die Bindung stark ist. Allerdings kann jene auch in die Irre gehen und sich in selbstzerstörerischen Aktionen verlieren: Sabotage der Universität oder der Unternehmen. Dies ist ein Zeichen für das Scheitern der Bewegung, dessen Gegenstück in der Diffusion des entfremdeten Verhaltens, d.h. der abhängigen Partizipation an der herrschenden Ordnung, besteht.

Die oppositionellen Verhaltensweisen erweisen sich niemals als unmittelbare Bestätigung einer Identität. Sie sind zwischen Abwehr und Gegenoffensive hin und her gerissen. Und sie sind stets auch auf eine entfremdete Masse und eine Gegenelite verteilt: Auf der einen Seite die Elite, die Forderungen erhebt, gebildet aus gelernten Arbeitern, die ihren Beruf, ihre Beschäftigung, ihre Tradition verteidigen, aber die auch eine ausreichend zentrale Rolle im Produktionssystem innehaben, um sich gegen die kapitalistischen Führer auf das kulturelle Modell berufen zu können; auf der anderen Seite die Unterprivilegierten, der Proletarisierung ausgesetzt, die nichts anderes tun können, als ihren Lohn zu verteidigen und mit einem System zu brechen, auf das sie wenig Einfluß haben.

Die Arbeiteraristokratie war Motor der Arbeiterbewegung und

Grundlage des Reformismus. Wenn der Arbeiterbewegung Macht auch erst durch die Unterprivilegierten zufloß, so haben diese doch innerhalb ihrer Organisation und deren politischer und ideologischer Entwicklung nie eine bestimmende Rolle gespielt.

Die Arbeiteridentität ist folglich nicht einfach gegeben. Gestalt gewinnt sie erst durch die Verknüpfung und Spannung der beiden Seiten der Arbeiterbewegung.

Diese historische Vergegenwärtigung erlaubt uns, die Frage anzugehen, die sich heute stellt: Wo und wie ist das Auftreten einer derartigen Verbindung zwischen einer fordernden Elite und Unterprivilegierten möglich; wo kann sich eine soziale Bewegung bilden, aus der heraus ein fortwährend entzweites oder gespanntes Bewußtsein sozialer Identität entsteht?

Die Beobachtung neuerer Fakten scheint den Schluß nahezulegen, daß die Universität zumindest eine der bevorzugten Orte für die Formierung einer solchen sozialen Bewegung bildet.

Sie ist Ort einer fordernden Elite, weil Wissenschaft und Technik heute zu einer wesentlichen Produktivkraft geworden sind, weil die Universität zu einer Großorganisation geworden ist, die, seitdem die Wissenschaft am Ursprung eines rapiden technologischen Fortschritts steht, nicht mehr abseits der Wirtschaftsorganisation und der politischen Entscheidungen steht. Derartige Themen sind nicht etwa in den Erklärungen der Studenten erstmals aufgetaucht, sondern gerade im *Bulletin of atomic Scientists* und allgemeiner in den Wissenschaftskreisen, die nun nicht mehr so tun konnten, als würden sie die politischen, ökonomischen und militärischen Folgen ihrer Entdeckungen nicht wahrnehmen. Für dieses Thema war man vor allem in Japan sehr empfänglich, weil dort die größte Zahl an Diplomierten in Großunternehmen eintritt. Schließlich ist in allen Ländern die Reaktion vornehmlich in den sozialwissenschaftlichen Fachbereichen äußerst lebhaft, insofern die Sozialwissenschaften, wissenschaftlich nur schwach ausgerüstet, heute sehr viel stärker als noch vor kurzem an die Intervention gebunden sind und sich häufig als Instrument sozialer Herrschaft oder als Vehikel für die herrschenden Ideologien hergeben.

Derartige fordernde Eliten bilden sich indessen nicht ausschließlich in der Universität heraus, sondern zunehmend auch innerhalb der großen Produktionsorganisationen, in denen es eine gewichtige Zahl von Fachkräften und Experten gibt, die über mehr Kompetenz als Autorität verfügen und damit über berufliche Autonomie, die sie von den Führungskräften, den mehr durch ihre Stelle innerhalb einer Autoritätshierarchie definierten Bürokraten, unterscheidet.

Diese Elite treibt die neue soziale Bewegung voran. Aber wie die alte Arbeiteraristokratie steht auch sie auf schwachen Füßen und ist so entweder der korporativen Abwehr, den moralischen Illusionen oder schlicht dem Druck des persönlichen Erfolgs und Aufstiegs ausgesetzt.

Nun aber, wo finden sich in der Universität die Unterprivilegierten? Außer Frage steht, daß die meisten Studenten nicht unterprivilegiert sind und daß sogar, eingedenk ihrer provisorischen Lage und ihrer ökonomischen Abhängigkeit, einiges dagegen spricht, sie hinsichtlich ihres Einkommens oder irgendeiner anderen Schichtungsdimension einzuordnen.

In verschiedenen Ländern, so in Frankreich, hat allerdings die Kluft zwischen dem rapiden Anstieg der Studentenzahlen und der langsamen Veränderung der Organisation der Studienfächer ein effektives Beschäftigungsproblem hervorgerufen, wobei viele Studenten Diplome erwerben, die allenfalls den Bedürfnissen der Lehre selbst – wohlgemerkt jenseits derer nach einer Erneuerung des Lehrkörpers –, kaum aber andersartigen Anforderungen genügen.

Damit wird nun aber ein anderes Problem berührt und die Bedeutung der universitären Organisation in Frage gestellt, nicht nach der Stellung der Studenten im Produktionsprozeß gefragt.

Was die Jugend allgemein betrifft, so wäre es paradox, in ihr eine Gruppe von Unterprivilegierten sehen zu wollen. Eine durch raschen Wandel gekennzeichnete Gesellschaft bevorzugt im Gegenteil die Jugend auf Kosten der Erfahrung. Die Unterprivilegierten unserer Gesellschaft finden sich zweifellos eher auf Seiten der alten Menschen als unter den jungen.

Diese Umstände verhindern, in der Universität die hinreichenden Bedingungen für die Entstehung einer umfassenden sozialen Bewegung zu erblicken. Die fordernde Elite, die sich in ihr vorfindet, muß die Universität hinter sich lassen, um auf unterprivilegierte Gruppen zu stoßen, die imstande sind, der sozialen Bewegung ein aktives und lebhaftes Gespür für die Widersprüche der Gesellschaft zu vermitteln.

In den am schwächsten industrialisierten Ländern wie Italien und Frankreich berufen sich die Studenten vornehmlich auf die Arbeiterklasse, die, trotz der Fortschritte in den Verhandlungen und den sozialen Gesetzen, dort immer noch in den Unternehmen einer sehr autokratischen Herrschaft unterworfen ist und deren Gewerkschaftsorganisationen immer noch von revolutionärem Geist durchdrungen sind.

In der Tat bedarf es der Verbindung dieser von den Studenten wieder zu neuem Leben erweckten revolutionären Intention mit dem gewerkschaftlichen Druckmittel, um die Unternehmermacht zurückzudrängen und zu wirklichen Verhandlungen zu kommen – wie es auch diese Verbindung ist, die den Übergang der studentischen Agitation zu den umfassenden Streikbewegungen – im Mai 1968 in Frankreich und Herbst 1969 in Italien – zu erklären hilft. In Italien wurde zudem die Bewegung durch den gewalttätigen Charakter der Reaktionen seitens einer Arbeiterbevölkerung ländlichen Ursprungs verstärkt, die noch jene Aggressivität bewahrt hat, die sie schon zu Zeiten des *ordine novo,* kurz nach Ende des Ersten Weltkrieges in Turin, gezeigt hatte.

Die Arbeiterbewegung ist zum gegenwärtigen Zeitpunkt an sich nicht revolutionär. Es gibt freilich in der Arbeiterklasse revolutionäre Fermente: dabei wird ein rascher sozialer Wandel faktisch mit der Herrschaft von Großfirmen assoziiert, die etwa Turin fast zu einer *company town* machen, in der sich archaische Formen politischer und kultureller Herrschaft konservieren. Die Welle der ökonomischen Veränderungen trifft auf Dämme der Sozialordnung, die im Fall Italiens durch die Kirche, in dem Frankreichs durch den Staat, verstärkt werden.

In beiden Fällen setzen sich die Jungarbeiter am aktivsten in den gesellschaftlichen Kämpfen ein, zum Teil, weil sie moderner eingestellt sind, aber auch, weil sie für die beruflichen Schranken, die sich vor ihnen aufbauen, empfänglicher sind.

In den Vereinigten Staaten sind diese Schranken weniger hoch und der Einfluß des Staates oder der Kirche auf das gesellschaftliche Leben ist von geringerem Gewicht. Und doch sind die Bewegungen der Unterprivilegierten dort bedeutungsvoller, gewalttätiger, unabhängiger als in den europäischen Ländern.

Dies deshalb, weil Amerika, anders als die europäischen Gesellschaften, deren Fundament die Herrschaftsapparate sind, von Werten, einer Moral beherrscht wird, die einer Gesellschaft entspricht, die sich auf dem guten Gewissen der Pioniere, dem Puritaner, der Persönlichkeiten von Rang aufbaut. Wo die Massengesellschaft zu ihrem höchsten Entwicklungsstand gelangte, hat sich auch der stärkste Widerspruch entfaltet zwischen den moralischen und sozialen Werten des »guten Bürgers« und dem Ausbruch der »Barbaren«, die, aus ihrer traditionellen kollektiven Identität gerissen, mit in die Umwälzungen hineingezogen und zugleich von der herrschenden Gesellschaft zurückgestoßen werden. Diese Unterprivilegierten, in erster Linie Neger, agieren nicht wie ein Volk oder eine Nation, sondern eher wie solche, deren Identität allein noch im Bewußtsein der Zurückweisung der Bedeutung und der Gewalt, die ihnen die herrschende Gesellschaft entgegenbringt, beruht. Sie sind Proletarier, nicht im unmittelbar ökonomischen Sinne, aber darin, daß sie zugleich angezogen und zurückgestoßen, ausgenutzt und nicht anerkannt werden.

In allen Fällen liegt das Hauptproblem der Bildung einer sozialen Bewegung in jener Begegnung einer fordernden Elite mit den Proletariern. Nahezu alles trennt diese beiden Gruppen, deren Interessen innerhalb der bestehenden Sozialordnung zuweilen sogar konträr sind. So kann ihre Begegnung folglich nur unter dem Druck spezifischer äußerer Ereignisse, einer ökonomischen, politischen oder militärischen Krise etwa, stattfinden.

In unserer Gesellschaft, die seit zwanzig Jahren von ökonomischem Wachstum und von sozialen Veränderungen vorwärtsgetrieben wird, konnten sich derartige Kräfte zur Vereinheitlichung einer sozialen Bewegung nicht durchsetzen, und das, obwohl in Europa weiterhin ökonomisch und sozial manchmal sehr harte Bedingungen für die Arbeiter bestehen. Es war der Krieg in Vietnam, der dabei durch ein Volk und eine Partei dem amerikanischen Siegesbewußtsein verabreichte Schlag, der zum ersten Mal kritische Reaktionen gegen das herrschende System zur Folge hatte. Nach und nach vermochte dieser Krieg die konformistische Identifikation mit einer Gesellschaft und deren Werten zu erschüttern. Plötzlich sahen sich die amerikanische Gesellschaft und im Gegenzug die analogen Gesellschaften Westeuropas vor ein Bild ihrer selbst gestellt, das von außen herangetragen war und der nationalen Ideologie widersprach.

In wenigen Jahren ist der Diskurs, den die Gesellschaft über sich selbst hielt, als naiv oder mystifizierend entlarvt worden. Voraussetzung einer jeden sozialen Bewegung ist, daß man das Spiel nicht mehr mitspielt, daß man es ablehnt, durch den Platz definiert zu werden, den man im System innehat, daß man sich außerhalb des

Systems begibt, sich gegen es stellt.

Damit ein Individuum (oder eine Gruppe) zum Akteur der Geschichte seiner Gesellschaft werden kann, muß es zunächst aufhören, die Identität, die ihm das soziale System zuschreibt, zu akzeptieren. Zu einer historischen Aktion und einer neuen Identität wird es nur geboren, wenn es seine alten Statusformen und Rollen zurückweist.

4. Das politische Bewußtsein

Das Engagement in gesellschaftlichen Kämpfen schafft ein Bewußtsein von sozialer Identität. Dieses Bewußtsein ist freilich weder einfach noch integriert. Jeder der Gegner agiert in mehrere Richtungen zugleich: Die führende Klasse ist innovativ und reaktionär, die beherrschte Klasse konservativ und fortschrittlich in einem. Zudem ist diese sogar in ihrem Bewußtsein der Entfremdung ausgesetzt, d. h. der abhängigen Partizipation, wie sie ihr von der herrschenden Klasse aufgezwungen wird. Diese wiederum flieht vor dem Bewußtsein ihrer selbst, indem sie sich mit dem Fortschritt, der Rationalität und dem Allgemeininteresse gleichsetzt.

Eine einfache, »bewußte und organisierte« soziale Identifikation kann folglich nicht auf der Ebene der Klassenverhältnisse in Erscheinung treten. Die Dialektik der gesellschaftlichen Verhältnisse manifestiert sich in der Zerrissenheit des Bewußtseins. Der Übergang zu einem »positiven« Bewußtsein ist erst dann vollziehbar, wenn der Akteur sich in bezug auf ein Einheitsprinzip, einen Ausdruck der Macht, den Staat, definiert.

Der soziale Konflikt gewinnt an Konturen, Stellung und Natur der Gegner lassen sich leichter ausmachen, wenn diese sich in einen Kampf um die politische Macht begeben. Es muß entweder weiß oder rot gewählt werden; man muß entweder auf der einen oder auf der anderen Seite der Barrikade stehen; es muß diese oder jene Partei in einer Rechtsdebatte unterstützt werden.

Der konkrete Einsatz, die Fähigkeit, das Leben des Gemeinwesens teilweise oder ganz zu lenken, kurz, das Verhältnis zur Macht begründet dauerhaft die Identität der historischen Akteure. Die Analyse darf sich freilich damit nicht begnügen. Die Teilnahme am politischen Spiel hat, in welcher Form dies auch geschieht, neben der Herausbildung der sozialen Identität zwangsläufig auch deren

Zersetzung zur Folge. Im Fall der Beteiligung an politischen Institutionen integrieren sich die Gegner gewöhnlich den politischen Formationen, die sich wechselseitig definieren und zur gleichen Zeit im Inneren ausdifferenzieren, um größere Durchschlagskraft zu gewinnen. Ein extremes Beispiel soll die Stichhaltigkeit dieser wohlbekannten Beobachtung belegen: Wenige Länder haben in der Vergangenheit ein derart hohes Maß an Integration der gesellschaftlichen Kräfte in das politische Repräsentationssystem erreicht wie Uruguay. Wer nicht »blanco« war, war »colorado« und nur äußerst selten konnten Verbände, Clubs, Gewerkschaften nicht auf Anhieb mit der einen oder der anderen Partei identifiziert werden. Damit einhergehend wurde jede von ihnen zu einem derart zusammengewürfelten Gebilde, daß das Wahlgesetz, diese Lage offiziell sanktionierend, die Wähler nur noch ersuchte, für den einen oder anderen »Lemma« zu votieren, wobei diese sich dann die von der Gesamtpartei errungenen Sitze untereinander aufteilten. Auf diese Weise wurde der Gegensatz zwischen den Parteien, der ursprünglich den Gegensatz zwischen ländlicher und städtischer Gesellschaft wiedergegeben hatte, so kompliziert und verschwommen, daß die klaren Konturen der sozialen Identität verfielen und nicht mehr erlaubten, das soziale Verhalten der Mitglieder oder Wähler der einen oder anderen Partei vorauszusagen.

Soll man darum in der entgegengesetzten Situation, der der Nicht-Partizipation an den politischen Institutionen, der revolutionären Bewegungen, die sich den Spielregeln und nicht mehr nur dem jeweiligen Ablauf der Partie widersetzen, die günstige Voraussetzung für eine Kristallisation der politischen und sozialen Identität erblicken? Zweifellos, in einem gewissen Sinne ist es sicherlich eindeutiger, Tupamaro statt Colorado zu sein – um beim Beispiel Uruguays zu bleiben –, da der Bruch mit dem institutionellen System durch Repression und Einkreisung ein Bewußtsein von Identität schafft.

Zum einen jedoch gelangt definitionsgemäß nur eine geringe Zahl von Akteuren zu einem solch zugespitzten Bewußtsein, selbst wenn dieses über ausreichende Verbreitungs- und Einflußmöglichkeiten verfügte; zum anderen aber und vor allem ist die antiinstitutionelle Aktion, gefangen in der Bestätigung ihrer selbst, sowohl dem Druck der Isolation und der Repression, der Schwierigkeit, eine auf Prinzipien fundierte Strategie abzuleiten und schließlich der fortwährenden Spannung zwischen der Reinheit der Zwecke und der Wirksamkeit der Mittel ausgesetzt. Ständig wird sie durch die Kämpfe zwischen rivalisierenden Fraktionen oder Organisationen, durch doktrinäre Häresien und Organisationsschismen, so sehr geschwächt, daß, wenn auch das Bewußtsein der Zugehörigkeit zur Gruppe sehr entwickelt sein mag, der Inhalt dieser Zugehörigkeit dagegen sehr verschwommen ist. Das ist keineswegs unverständlich, da sich ja alle rivalisierenden Gruppen auf die gleichen Prinzipien und verwandte Ziele berufen, was am Ende dazu führt, daß man sich, statt auf eine gesellschaftliche Position, auf die Organisation selbst bezieht, wie im Fall der Bolschewiken, die den Massenorganisationen zutiefst mißtrauisch gegenüberstehen, wenn sie sie nicht selbst kontrollieren.

Auf diese Weise ist die soziale Identität ebenso durch die Teilnahme an einer Aktion gegen den Staat gefährdet, die von wechselnden Strategien und Taktiken beherrscht wäre, wie durch die Übernahme einer Funktion, die sich durch ihren Platz im politischen Repräsentationssystem definierte. Die politische Aktion bewirkt keine Kristallisation des gesellschaftlichen Bewußtseins. Sie verändert es.

Die soziale Bewegung durchläuft in ihrem politischen Dasein häufig drei aufeinanderfolgende Phasen: die des antiinstitutionellen Bruchs, die der politischen Konfrontation und die des institutionellen Einflusses. Der für die Konvergenz von sozialer und politischer Identität optimale Punkt liegt in der Mittelphase, dort, wo eine gesellschaftliche Kraft sowohl im Innern wie außerhalb des politischen Systems agiert. Dies war der Fall während der Entwicklungsphase der Arbeiterparteien in Westeuropa zu Anfang des 20. Jahrhunderts. Aber wie sieht heute das politische Bewußtsein der gesellschaftlichen Kräfte aus? Einige sind auf dem Wege der Integration in das politische Spiel; andere haben voll den antiinstitutionellen Bruch vollzogen. Keine soziale Bewegung steht im Mittelpunkt der politischen Bühne.

Allem Anschein nach hat die Arbeiterbewegung in den meisten fortgeschrittenen Industriegesellschaften aufgehört, ein Bewußtsein von politischer Identität zu entwickeln. Die politischen Parteien sind keine homogenen sozialen Gebilde mehr, und die Gewerkschaftsbewegung ist selbst in den Ländern, die von einer sozialistischen Partei regiert werden, weit von einer wirklich politischen Aktion entfernt. Gegenstandslos ist die Frage in den kommunistischen Regimes, da dort eine vom Machtapparat unabhängige Arbeiterbewegung nicht existiert. Nur in Frankreich und Italien behält die Arbeiterbewegung, wie schon ausgeführt, politisches Gewicht. Auf der anderen Seite hat sich der Bruch zwischen dem politischen Entscheidungssystem und dem antiinstitutionellen Druck der sich formierenden sozialen Bewegungen sichtbar entwickelt. In der westlichen Welt existiert eine außerparlamentarische Opposition; auch in den kommunistischen Ländern formuliert sich ein Protest, der mit dem herrschenden Apparat bricht. Eine ebenso utopische wie gewaltsame Aktion. Utopisch, weil sie sich nicht auf die politischen Institutionen und Entscheidungen erstreckt und der gegenwärtigen Verfassung der Gesellschaft nur eine wünschenswerte oder mögliche, im vorhinein als komplettes Gesellschaftsmodell begriffene Verfassung entgegensetzen kann, die nicht als Endstadium von Auseinandersetzungen und Verhandlungen, sondern als unvermittelte und vollständige Realisierung der Ziele der Bewegung gesetzt wird. Diese Utopien können als neo-kommunitär bezeichnet werden: es sind keine Genossenschaften gleich jenen, die im 19. Jahrhundert geträumt und gestiftet wurden, sondern liegen eher in der Verlängerung der Ideen Fouriers und dessen psycho-soziologischen Utopien.

Diese »natürlichen« Gemeinschaften scheinen sich in jeder Hinsicht von militanten Gemeinschaften abzuheben, die durch ihren Gegensatz zur Außenwelt und die Mobilisierung aller Energien für die Verteidigung einer nationalen oder quasi-nationalen Unabhängigkeit definiert sind. In Wirklichkeit stehen diese beiden Typen keineswegs in Gegensatz zueinander – man kann mit Leichtigkeit von Rousseau zu Saint-Just übergehen.

Eine entstehende soziale Bewegung im Zustand einer außerinstitutionellen Opposition kann sich indessen weder in der Utopie noch in der Gewalt abkapseln. Stets ist der utopische Kern von einem Hof von Bündnissen umgeben. So wurde in Frankreich die Arbeiterbewegung in ihren Anfängen durch die Sekten des utopischen Sozialismus angeregt und zugleich in die republikanische Bewegung hineingezogen. Noch im ausgehenden 19. Jahrhundert finden wir diesen Dualismus zwischen dem Anarchosyndikalismus einerseits und dem »Possibilismus« in allen seinen Schattierungen andererseits, der dazu führt, sich auf alle politischen Kräfte zu stützen, die den eigentlichen Zielen der Arbeiterbewegung zwar fremd, aber doch liberal oder wohlwollend gegenüberstehen.

Wie man in den Vereinigten Staaten zum Zeitpunkt der Wahlkampagne von E. Mc. Carthy und R. Kennedy oder der Kampagne für ein Moratorium im Vietnam-Krieg sehen konnte, zeigen sich heute militante Minderheiten bisweilen ähnlich aufgeschlossen für eine Politik der »Front«, des Bündnisses mit fortschrittlichen politischen Kräften.

Die Beziehungen zwischen diesen verschiedenen Aktionsformen hängen in erster Linie vom Zustand des politischen Systems ab. Ist es starr, geben die behandelten Probleme und die sie lenkenden politischen Akteure nur einen früheren Zustand der Gesellschaft wieder, dann ist die Gefahr einer weiten Kluft zwischen der Utopie und den »Fronten« sehr groß.

Und die Kluft ist um so größer, je beschränkter und unerheblicher die angebotenen politischen Wahlmöglichkeiten zu sein scheinen. Ist dagegen, wie in vielen westlichen Ländern, das politische System offener, dann kann sich der sozialen Bewegung die Chance einer direkteren politischen Vertretung bieten. Ist diese allerdings noch schwach entwickelt, dann findet sie sich an die Peripherie gedrängt, abseits der sehr weiten Grenzen des politischen Spiels. Je liberaler ein politisches Regime ist, desto eher greifen die sozialen Bewegungen zur Gewalt.

Zwischen der Arbeiterbewegung, die sich in eine institutionelle Kraft verwandelt hat, und den neuen sozialen Bewegungen, die noch zu keinem einheitlichen Klassenbewußtsein gelangt sind, agiert das politische System fast ohne jede Beziehung zu den sozialen Bewegungen: beherrscht ist es nur von der Verteidigung lokaler Interessen zum einen, von der Rolle als ökonomische und militärische Zentralmacht zum anderen. In vielen Ländern steht es ebenso diesseits wie jenseits des Feldes der sozialen Konflikte.

5. Soziale Identität und Organisation

Wir sahen, daß soziale Identität sich nur in der Austragung von Konflikten herausbildet, die um die Kontrolle der allgemeinen Orientierungen der Gesellschaft entstehen. Doch auf dieser Ebene vermag das Bewußtsein der Akteure nur die offene und abgespaltene Dialektik von Defensive und Offensive, von Vergangenheit und Zukunft zu erfahren. Erst der Bezug auf das politische System und auf die staatliche Macht gibt dem Bewußtsein sozialer Identität einen Kristallisationspunkt. Aber diese soziale Identität ist keine einfache Bestätigung, keine Bestimmung ihrer selbst. Das Bewußtsein ist immer noch von sich ergänzenden, aber gegensätzlichen Verhaltensweisen zerrissen.

Folglich muß man noch einen Schritt weitergehen und sich in die soziale Organisation selbst, in die Stadt, den Betrieb, die Schule, das Krankenhaus, das Büro, dorthin begeben, wo manifeste Macht und Autorität, Führungsformen und Sanktionsmodi anzutreffen sind, damit sich der Entwurf des Akteurs noch entschiedener herauskristallisiert und die Form entweder einer Bejahung oder einer Verneinung annimmt.

Eine Organisation mobilisiert gesellschaftliche Ressourcen, sie ist Agent des sozialen Wandels. Überlebens- und Entwicklungschancen hat sie nur, wenn sie technischen Fortschritt, kürzere Arbeitszeit, ein wirksameres Kommunikationssystem mit sich bringt. Das ist ihre praktische, technische Seite. Aber sie wird auch in Abhängigkeit von spezifischen Prinzipien und Zwängen gesteuert und gelenkt, die ihre Normen konstituieren und deren Funktion in der Sicherung der sozialen und kulturellen Integration besteht.

Diese beiden Aspekte stehen in Wechselbeziehung, aber auch in Gegensatz zueinander. Eine Universität z. B. ist praktisch tätig, insofern sie Wissen produziert und verbreitet. In diesem Sinne ist sie offen, flexibel, kompetitiv. Zugleich vermittelt sie eine Erziehung, sozialisiert sie die Studenten in Hinblick auf eine Konzeption der Kultur, die an die in der Gesellschaft ausgeübte Macht gebunden ist.

Es kann vorkommen, daß die beiden Aspekte in enger Verbindung stehen, vor allem wenn die herrschende Klasse gerade aufsteigt. Es kann auch vorkommen, daß die praktische Funktion über die ideologische obsiegt; dies trifft vornehmlich auf Organisationen zu, die äußerst starren technischen oder ökonomischen Zwängen unterworfen sind. In anderen Fällen hinwieder kann die ideologische Funktion die praktische überwiegen; das manifestiert dann den Machteinfluß einer alten führenden Klasse, oder, dies ein beträchtlicher Unterschied, den von Gruppen, die mehr auf soziale Integration als auf sozialen Wandel ausgerichtet sind.

Die kollektiven Verhaltensweisen nehmen je nach der Art, wie die Organisation ihre praktische und ideologische Funktion erfüllt, unterschiedliche Formen an. Die Unterschiede seien in der folgenden Tafel zusammengefaßt:

		Praktische +	Funktion −
Ideologische	+	Kontestation	Ablehnung
Funktion	−	Utilitarismus	Auflösung

Die Opposition gegen eine Organisation, die eine ideologische und eine praktische Funktion erfüllt, führt zur Kontestation, zur Bestätigung des Akteurs als Teilnehmer am sozialen Wandel und als Gegner eines sozialen und kulturellen Kontrollsystems. In dieser Situation bilden sich die »positiven« sozialen Bewegungen heraus. Parallel dazu definiert die Zustimmung zur ideologischen und praktischen Rolle einer Organisation die Identität der führenden Klasse. Bleibt dagegen die praktische Funktion teilweise oder ganz aus, dann erwartet der Akteur von der Organisation nicht mehr, daß sie ihm soziale Partizipation gewährleistet. Produziert die Universität kein Wissen oder lehrt sie keine Techniken, sichert die Industrie nicht die Vollbeschäftigung, schreitet die Urbanisierung schneller voran als die Industrialisierung, dann entwickeln sich Reaktionen der Ablehnung, die sich direkt gegen das der Unwirksamkeit bezichtigte System der herrschenden Werte richten.

Dann erscheint die Wirtschaftstätigkeit nur mehr als Wahrung eines Erbes, als Konzentration von Reichtümern oder als Spekulation; dann wird die Universität als Elfenbeinturm denunziert, eingerichtet allein für den intellektuellen Komfort einer professoralen Elite; dann stellt die Stadt nur mehr eine Stätte der Proletarisierung dar.

In einer solchen Lage kann die Kraft einer sozialen Bewegung ausschließlich in ihrer Negativität liegen.

Dieser Gegensatz zweier Arten kollektiven Verhaltens setzt sich in deren Organisationsform um. Im ersten Fall handelt es sich um eine auf die Spontaneität ihrer Mitglieder bauende Massenbewegung. Vereinigt sind die Mitglieder durch die gemeinsame Teilnahme an einem Betätigungsfeld sowie durch gemeinsame Forderungen. Im zweiten Fall haben die Situation als Außenseiter oder der Ausschluß die Zersplitterung der Mitglieder zur Folge, die nun, um an den vom System angebotenen, wenn auch unzulänglichen Möglichkeiten zu profitieren, zu gegenseitigen Rivalen werden. Der Fortbestand der Bewegung hängt unter solchen Umständen von der Aktion fest zusammengeschweißter Avantgarden bolschewistischen Typs ab.

Die beiden weiteren Fälle können rascher rekapituliert werden.

Die Kombination einer starken praktischen und einer schwachen ideologischen Funktion entspricht einer »offenen«, sehr kämpferisch eingestellten, wenn nicht gar brutalen Gesellschaft, in der jedoch die ideologischen Kristallisierungen eine untergeordnete Rolle spielen. Die Gesellschaft erscheint als Markt, auf dem sich jeder bemüht, als Preis für ein pragmatisches, zuweilen brutales, aber stets an konkreten Zielen ausgerichtetes Verhalten, Vorteile zu erringen.

Der Fall der Auflösung schließlich gibt die Situation derer wieder, die nicht in der gesellschaftlichen Praxis integriert sind, der wirklichen oder virtuellen Arbeitslosen, während zugleich diese Gesellschaft, ihrer Wandlungsprozesse wegen, sich im Zustand der Anomie befindet. Diesen Fall beschreibt das Konzept der Marginalität, der Außenseitersituation.

Keine nationale Situation, nicht einmal innerhalb eines besonderen Tätigkeitsbereichs, stimmt voll und ganz mit einem dieser Fälle überein. Erst die Untersuchung ihrer Kombinationen macht ihre einzelnen Formen verständlich.

So lassen sich in den französischen Universitäten zugleich Phänomene der Auflösung, der Ablehnung und der Kontestation beobachten. Die Mai-Bewegung markiert die Macht der Kontestation über die Ablehnung und die Auflösung. Doch bald schon, im Herbst, zerfällt die Kontestation, und die Bewegungen der Ablehnung gewinnen an Bedeutung, die, von ideologischen Sekten angeführt, relativ isoliert innerhalb eines in voller Auflösung begriffenen Sektors dahinleben.

Demgegenüber haben die amerikanischen Universitäten eine langwährende Kontestationsbewegung erlebt; diese befreite sich vom empirischen Utilitarismus, stützte sich zwar auf Auflösungsverhalten, ging jedoch immer auch darüber hinaus und ließ den Ablehnungsreaktionen nur eine geringe Bedeutung, dies alles unter den Voraussetzungen eines gefestigten universitären Apparats und dessen praktischer Dynamik. Dagegen kennt die amerikanische Gesellschaft in anderen Sektoren heftige Reaktionen der Ablehnung, weil sie eine Massengesellschaft darstellt, in der der Mobilisierungsgrad – im Sinne K. Deutschs – höher ist als anderswo, und zugleich eine Gesellschaft, die auf den Werten einer integrierten Gemeinschaft gründet und durch Segregation die *out-groups* ausstößt. Vor allem das Vordringen der Neger in die städtische und industrielle Wirtschaft des Nordens, und die damit einhergehende

Arbeitslosigkeit, Unterqualifizierung und die Absonderung in Wohngebiete lassen diese Situation zu einer höchst explosiven werden.

Wenn wir so von der primären Ebene, der allgemeinen historischen Situation, zur Beobachtung der konkreten Rahmenbedingungen des gesellschaftlichen Lebens übergehen, vollziehen wir keinen Übergang von der Dialektik zur Identität, vielmehr zur konkreten Konfrontation von Affirmation und Negation. Jede soziale Bewegung ist stets zugleich Berufung auf die Rechte, die aus der Teilnahme am sozialen Wandel erwachsen, und das Bewußtsein, der Macht beraubt und von ihrer Ausübung ausgeschlossen zu sein. Sie spricht ebenso im Namen der Arbeit wie in dem der Ausbeutung.

Da die herrschende Ordnung von nichts anderem spricht als von Integration, Partizipation und kollektivem Fortschritt, ist es ganz natürlich, daß die Oppositionsbewegungen vor allem aus der Ablehnung und mehr noch aus der Anprangerung der Ausbeutung und Entfremdung hervorgehen. Ist es richtig, daß sie niemals dabei stehenbleiben und ohne die Einverleibung »positiver« Forderungen nicht existieren können, so sind diese doch auch niemals vom zugespitzten Bewußtsein der Nicht-Identität zu trennen. Erst durch den Aufschrei, der den Mangel an Identität anzeigte, ist das herrschende gute Gewissen, ist die trügerische Identität der schweigenden Mehrheit rissig geworden.

Der Bruch wird nur allmählich zur Konfrontation führen, aber er bereitet ihn vor, wie auch die Konfrontation zur Veränderung oder zu Verhandlungen führt.

6. Identität und Wandel

Nahezu alles bisher Gesagte könnte als Untersuchung einer überall gestellten Frage angesehen werden: Welche Rolle spielt die Jugend? Denn in einer mehr durch ihren Wandel und ihre Zukunft denn ihr Erbe gekennzeichneten Gesellschaft steht die Jugend im Mittelpunkt der gesellschaftlichen Auseinandersetzungen. Während die alten Menschen, isoliert und zumeist vergessen, zu Elend und Ohnmacht verdammt sind, ist die Jugend privilegiert und dazu noch in der Lage, Forderungen zu stellen. Von dieser gespaltenen Situation ist auszugehen. Kann nicht gerade diese Übergangsgruppe heute am ehesten ein Identitätsbewußtsein entwickeln?

Es genügt nicht zu sagen, die Jugend befinde sich in einer anomischen Lage, sei von der Familie und der Schule abgeschnitten und verweile zunehmend länger in einem universitären Milieu, das nur den Zeitpunkt hinauszögere, an dem die Erwachsenenrollen übernommen werden müßten. Eine solche Analyse ist nicht ohne jeden Nutzen: sie kann eine Sozialisationskrise erklären, aber naturgemäß schon nicht mehr die Entstehung kollektiver Orientierungen. Sie weist darauf hin, wo der Nicht-Sinn, nicht aber, wo der neue Sinn der Situationen und Verhaltensweisen liegt.

So kann tatsächlich von einer Jugendbewegung gesprochen werden, weil sich innerhalb dieser sozialen Kategorie mehrere Reaktionsformen vermischt und manchmal wechselseitig verstärkt haben. Zum ersten die Erneuerung, die Verwerfung alter Denk- und Fühlweisen, die Anziehung durch neue Sprachen des Konsums und der Kommunikation. Derartige Erneuerungen vollziehen sich vor allem bei der dafür favorisierten Jugend, also bei der vor Elend und selbst den Zwängen frühzeitiger Arbeit geschützten Jugend der Universitäten und Großstädte. Es wäre indessen falsch, darin nur ein Verhalten von Privilegierten zu sehen: Die Jugend legt Verhaltensmuster und kulturelle Ausdrucksformen an den Tag, die einen integrierenden Bestandteil des gesamten kulturellen Feldes der Gesellschaft ausmachen. Die Jugend stellt die von Kahn genannte »sensate culture« dem Stoizismus jener Generation gegenüber, die sich ausschließlich an der Arbeit, dem Sparen, der Regelhaftigkeit ausrichtet.

Dann die Kontestation, denn die universitäre Jugend besteht in steigendem Maße aus fachlich Ausgebildeten, die für die Apparate werden arbeiten müssen. Unter ihnen erheben sich jene, die die Aneignung des Wissens durch die soziale und politische Macht anfechten.

Schließlich die Krise einer Generation, die sich in einer sich ständig verändernden Welt mit überkommenen Formen der Bildung und Ausbildung konfrontiert sieht: Der Zusammenbruch der Gemeinschaften und Gebräuche, die Öffnung des Raumes schaffen eine Verfügbarkeit ohnegleichen, bewirken das Auftauchen kultureller Synkretismen wie einst im Römischen Reich, führen zur Suche nach neuen Gemeinschaften.

Weniger ausgeprägt zeigt sich dieses allgemeine Unbefriedigtsein der Jugend in solchen Ländern, in denen sich die Autorität oder die Macht im Staat oder in der Kirche, in der Bürokratie oder in der Schule verkörpert – im Gegensatz zu jenen Ländern, wo diese »moralischer« ist, wo die Appelle an die kulturellen Werte und an die verantwortungsvollen persönlichen Entscheidungen beständiger sind.

Allmählich scheiden sich die vermischten Elemente. Die gesellschaftliche Kritik gerät zum Kampf, der die Erfordernisse der organisierten Aktion aufzwingt und das Gewicht der Repräsentation spürbar werden läßt; die kulturelle Erneuerung ist erfolgreich genug, um mühelos von der Konsumgesellschaft »vereinnahmt« werden zu können. Isoliert von den anderen entrinnen die Verhaltensmuster des Rückzugs oder der Flucht nicht ihrem Schicksal: der Devianz.

Wir sind damit, wie mir scheint, an einen Punkt gekommen, wo der Reichtum der Anfänge entweder verlorengeht oder sich umwandeln muß, wo jedes der Elemente, das an der Agitation der Jugend Anteil hatte, Gefahr läuft, kraftlos zu werden oder sich zu isolieren. Mit Leichtigkeit gerät die Erneuerung zur Lebensart einer neuen Aristokratie oder einer weitläufigen Kaffeehausgesellschaft, denn die soziale Revolte kann sich in Gewalt erschöpfen, die Krise in der Flucht verlieren.

Aber diese Elemente können sich auch zusammenfügen; die Selbstverteidigung kann sich mit dem Kampf gegen den Gegner und mit dem Bild einer neuen Gesellschaft verbinden. Dann entsteht eine soziale Bewegung; sie ist nicht notwendig integriert, organisiert, bewußt und kann doch zum Träger sozialer Konflikte und gesellschaftlicher Veränderungen werden. Eine solche Bewegung kann aber nur auftreten, wenn sie die Grenzen der Jugend überschreitet, nur in dem Maße, wie kultureller Rückzug und gesellschaftliche Revolte sich verbünden und in dieser Einheit über sich hinausgehen. Dabei kann die Vereinigung vom einen wie vom anderen Pol ausgehen.

Der kulturelle Rückzug führt zur Verteidigung der Gemeinschaft und stellt das für die soziale Organisation verantwortliche politische System in Frage. So gerät, nach einem in den USA üblichen Vorgehen, die Berufung auf die Gemeinschaft zur Verteidigung der Umwelt und zur Opposition gegen die Macht der Großapparate.

Vom anderen Pol ausgehend opponiert die gesellschaftliche Revolte gegen die allgemeinen politischen Entscheidungen, insbesondere gegen den Imperialismus, und begibt sich von dort wieder hinab auf die Stufe der Kritik der einzelnen Institutionen und der kulturellen Mobilisierung.

Diese doppelte Bewegung unterscheidet sich nicht von jener, durch die sich einst die Arbeiterbewegung herausbildete, die ihren Ausgang nahm in der Anprangerung von Krisen und Arbeitslosigkeit sowie in der Verteidigung des Berufs und der Berufsgemeinschaft. Verändert hat sich das Feld der gesellschaftlichen Verhältnisse und der sozialen Konflikte: diese können nicht mehr durch die Arbeitssituation, durch die streng festgelegten Produktionsrollen bestimmt werden.

Sie haben sich in dem Maße erweitert, wie sich die Mobilisierung der gesellschaftlichen Ressourcen durch eine Gesellschaft erweiterte, die ihr Vermögen, auf sich einzuwirken, rapide entwickelt. Das hat zu einer vollständigen Verkehrung der Fronten geführt. Das Proletariat sprach im Namen der Arbeit gegen die Nicht-Arbeit der führenden Klasse oder gegen das fortwirkende Erbe der gesellschaftlichen Ungleichheiten. Während der großen Wachstumsperiode nach dem Kriege ist es dagegen stets die führende Klasse, die von den Erfordernissen des Wachstums, der Produktion, der technischen und ökonomischen Rationalität spricht. Und die Oppositionsbewegungen machen zunächst einmal die Verteidigung des Seins gegen das Tun geltend, sind freilich auch bereit, über diese ersten Forderungen durch die Enthüllung der Widersprüche und Verbrechen des Führungssystems hinauszugehen. Selbst der Körper ist zu einem Einsatz in den gesellschaftlichen Kämpfen geworden: da er keinen symbolischen Wert mehr hat, da er nicht mehr die Ursprungsgemeinschaft anzeigt, ist er nur noch ein Zeichen ökonomischer Art, ein schillerndes, den Verkauf stimulierendes Bild; er kann aber auch zum Träger dessen werden, was der Macht entgeht: der interpersonellen Kommunikation und der Lust. Ambiguität des Körpers, Doppelgesicht der Jugend, Opposition von Konsum und Genuß, die nicht imstande ist, eine Gesamtheit sozialer und kultureller Positionen freizusetzen.

Es mag heute, angesichts dieses zusammenhanglosen Bildes von gesellschaftlichen Kämpfen, schwierig erscheinen, deren allgemeine Bedeutung auszumachen. Aber die Zeit ist so fern noch nicht – vor den großen Ausbrüchen in Berkeley, Tokyo, Berlin und Nanterre –, wo jene, die an die unablässige Notwendigkeit erinnerten, sich über die sozialen Konflikte und Bewegungen Gedanken zu machen, ins Leere zu sprechen oder sich in längst überwundene Archaismen zu flüchten schienen. Es ist heute gleichermaßen unmöglich, in den neuen sozialen Problemen nur eine simple Verlängerung jener der vorangegangenen Periode erblicken wie der Vorstellung anhängen zu wollen, wonach die stattfindenden Veränderungen nur Spannungen, Verschiebungen und Krisen nach sich zögen. Diese Veränderungen tragen keinen von der politischen Aktion unabhängigen, gleichsam naturwüchsigen Sinn. Sie stellen den Einsatz gesellschaftlicher Kämpfe dar, die gegenwärtig noch ihre Kindheit durchmachen und noch nicht die Integration erreicht haben, die ihnen die Reife verleihen wird.

Aber wir müssen sie jetzt ausmachen, solange die Einsätze noch am deutlichsten und die Engagements noch am dramatischsten sind, bevor sich am Ende die Winkelzüge des Einflusses, der organisierten Aktion und der Verhandlungen wieder gegen die Leidenschaft der Revolte durchgesetzt haben werden.

7. Identität und Verantwortung

Das neuerliche Aufblühen der sozialen Bewegungen, die Infragestellung des kulturellen Modells der Industriegesellschaft, die Veränderungen innerhalb der führenden Klasse: dies alles sind strukturelle Wandlungen, die sich verbinden und darin einen neuen Gesellschaftstyp sichtbar werden lassen, der als technisches und soziales System zugleich bestimmt ist und der nicht durch Prinzipien oder Kräfte, sondern durch die Resultate aus den gesellschaftlichen Verhältnissen und den politischen Mechanismen gelenkt wird.

Die traditionelle Scheidung zwischen der Ebene der Ereignisse, der der führenden Klasse und der politischen Macht, und der Ebene der sozialen und kulturellen Strukturen, der der lokalen Gemeinwesen und Verwandtschaftssysteme, der Methoden der Bodenbearbeitung und der religiösen Systeme, wird in zunehmendem Maße durch die Eingliederung der größtmöglichen Zahl in den Massenkonsum und in die Massenproduktion ersetzt, d. h. gesteuert ebenso durch eine zentrale Macht, die unmittelbar einen Sektor der gesellschaftlichen Tätigkeit lenkt, durch die immer weitergehendere Partizipation an den politischen Mechanismen wie durch das freiwillige oder erzwungene Unterwerfen unter die Wandlungsprozesse.

Statt des einstigen Paares: Herrschaft (einer metasozialen Ordnung) und kulturelle Identität gewinnt nun das Paar: System und Konflikt an Bedeutung. Der Akteur definiert sich nicht mehr durch seine Stellung und seine Funktion innerhalb einer Gemeinschaft, sondern über die Spannungen, die Konflikte, die kulturellen Veränderungen und gesellschaftlichen Verhältnisse, die er steuert, allerdings durch seine Revolte gegen eine Herrschaft, die sich, unter dem Deckmantel von Rationalität und »Naturwüchsigkeit«, immer mehr ausbreitet.

Wenn der soziale Akteur so charakterisiert ist, gerät die Soziologie nicht von ihrem Weg ab, wenn sie ihn auf seinen Status und seine Rolle reduziert?

Statt die Einstellungen und das ökonomische Verhalten der Reichen und der Armen, der Führungskräfte und der Arbeiter zu vergleichen (eine Operation, die auch nichts von ihrem überflüssigen Charakter verliert, wenn man es zuweilen für sinnvoll hält, in ihrem Zusammenhang von gesellschaftlichen Klassen zu sprechen), muß allerdings erst einmal vom Akteur abgerückt, müssen die gesellschaftlichen Verhältnisse, folglich die Orientierungs-, Anpassungs- und Organisationssysteme der Gesellschaft erfaßt werden, bevor dann wieder auf der Ebene der Akteure die Spannungen und Konflikte ausgemacht werden können, die einem spezifischen System eignen, das sich mit bloßer Reproduktion nicht begnügt, sondern sich verändert, und das in der Lage ist, sein eigenes Erfahrungsfeld und seine Entscheidungsprinzipien selbst zu erzeugen.

Sich vom Positivismus zu lösen ist deshalb so schwierig, weil dieser unablässig seine Gestalt verändert. Zögert man, die Gesellschaft als Verkörperung von Werten oder natürlichen Bedürfnissen anzusehen, ist es dann nicht verführerisch, die Sozialordnung als Realisierung einer herrschenden Ideologie zu begreifen? Wie könnte man aber jenseits der Differenzen hinsichtlich ihrer politischen Leitlinien nicht erkennen, daß beide Formulierungen so verschieden gar nicht sind und beide darauf hinauslaufen, den Gegenstand der Soziologie verschwinden zu lassen: die Einsicht, daß soziale Organisation und gesellschaftliche Veränderungen bestimmt werden durch die Einwirkung der Gesellschaft auf sich selbst und durch die Klassenkonflikte, vermittels derer jene Einwirkung Form gewinnt.

Die Soziologie braucht heute am dringendsten eine Neubestimmung ihres Gegenstandes, nicht ihrer Vorstellungen, sondern des

Gegenstandes, den sie konstituiert, des soziologischen Bildes vom sozialen Akteur. Diese Reflexion über Identität bildet einen ersten, für die Suche nach neuen Einwirkungsformen der Soziologie unerläßlichen Schritt.

VI. Der Augenblick der Soziologie

1. Vor der Soziologie

Die Idee der Soziologie ist neueren Ursprungs. So neu, daß sie noch jene aufstört, die darin nur eine neuerliche Verwandlung des Gesellschaftsdenkens sehen möchten. So neu, daß sie noch die Anstrengung schmerzhaft spürt, mit der sie sich von der Krise freimacht, die den präsoziologischen Diskurs über die Gesellschaft befallen hatte. Denn vor dem Erscheinen von Gesellschaften, die sich als Produkt ihrer eigenen Tätigkeit begriffen, konnte es keine Soziologie geben. Vorher unterwarf sie ihr kulturelles Modell und ihre Vorstellung von Kreativität metasozialen Garanten der Sozialordnung; die sozialen Tatsachen sollten von einer anderen, sinngebenden Ordnung von Tatsachen erst erhellt werden. So konnte man die sozialen Verhaltensweisen als gezeichnet von Sündenfall und Erlösung begreifen. In einem anderen Gesellschaftstyp wurden die Verhaltensweisen durch ihren Bezug auf das Gesetz, dem des Fürsten oder dem eines Volkes, definiert. Uns näherliegend, wurden die Verhaltensmuster in die Evolution, mehr oder weniger nahe einem der beiden Pole, zwischen denen sich jene zu erstrecken schien, verlagert: einfache oder differenzierte Gesellschaft, Gemeinschaft oder Gesellschaft, mechanische oder organische Solidarität usw. In allen Fällen tritt das, was dem sozialen Verhalten Sinn verleihen soll, als Subjekt auf: Gott, der Fürst, die Geschichte. Die jeweiligen Verhaltensweisen stimmen mit Positionen, Statusformen überein, die den Akteur in ein Verhältnis zum Subjekt setzen. Sie selbst erfahren ihre Ausrichtung durch Verinnerlichung und die Zugehörigkeit des Akteurs zu Institutionen. Sie sind folglich Träger von Sinn: die Akteure sind Subjekte, die am Subjekt und an dessen Werten teilhaben. Desgleichen hat der Diskurs, den die Gesellschaft über sich hält, teil am Subjekt. Zwischen dem Diskurs des Akteurs über sich selbst und dem Verstehen des Beobachters ist ein Bruch unmöglich, da beide sich auf gemeinsame, das Verhalten anleitende Werte berufen.

Vertritt man die Meinung, daß der Fortschritt das kulturelle Modell der Industriegesellschaften darstelle, aus denen wir gerade erst im Begriff sind herauszutreten, dann läßt sich der Schluß ziehen, daß Unternehmer und Arbeiter über ihre Klassenkonflikte hinweg gleichermaßen an den Fortschritt glauben, ihn anvisieren, an ihm zu partizipieren, ihn zu verteidigen oder zu beschleunigen suchen.

Unter solchen Voraussetzungen ist ein Bruch zwischen sozialer und soziologischer Tatsache unmöglich. Die Soziologie, sofern man dieses Wort schon anwenden möchte, stellt dann nur einen Versuch dar, die Verhaltensweisen und deren Sinn zu interpretieren; das verweist auf die metasoziale Welt, die über die Formen der gesellschaftlichen Praxis gebietet.

Das Studium der Gesellschaft findet sich beständig in zwei Teile getrennt: auf der einen Seite die Beschreibung der Gesetze, die die metasoziale Ordnung beherrschen, die Gesetze der Evolution, Rechtsprinzipien, die interne Logik der Religionsphilosophie; auf der anderen Seite das Erfassen des Entwurfs der Akteure, die in der Welt des Sozialen gefangen sind, aber auf das hin streben, was diese überschreitet und ihr Sinn verleiht. Das Studium der Gesellschaft kann nur das einer *Ordnung* sein – und das Studium der Akteure nur das ihrer *Glaubensüberzeugungen* und ihrer Entwürfe. So oszilliert die Sozialgeschichte der Industriegesellschaften zwischen der Analyse des kapitalistischen Systems, seiner Organisations- und Transformationsgesetze, und dem Verstehen entweder der Unternehmer und ihrer Ethik oder der Arbeiter und ihres Willens zu sozialer Befreiung. Diese beiden Aspekte desselben sozialen Ganzen sind vergleichbar und einander fremd zugleich – ähnlich wie es die Beschreibung der göttlichen Ordnung und die der Leidenschaften der Seele sind.

Kann es aber eine Soziologie geben, wenn die Untersuchung der sozialen Systeme und die der sozialen Akteure geschieden sind, wenn das Subjektive und das Objektive als getrennte Ordnungen begriffen werden? Die Antwort lautet Nein, denn die Analyse einer jeden sozialen Beziehung setzt voraus, daß die Partner je in bezug auf den anderen und gemeinsam in bezug auf ein einheitliches Prinzip definiert werden, das das Feld ihrer Interaktion oder Opposition absteckt. Jenes präsoziologische Denken trennt aber gerade, was vereint werden muß. Das Einheitsprinzip wird jenseits der Akteure, als Werk eines Subjektes bestimmt, mag es Vorsehung, Souverän oder Markt heißen. Und der Akteur wird durch seinen Geist definiert, was zu moralischen Urteilen verleitet. Statt soziale Beziehungen begreifbar zu machen, kann man auf diese Weise zu Verhaltens- und Charaktertypen vordringen, und tiefgründiger noch, über die Wert- und Rollenkonflikte meditieren.

Zwischen der metasozialen Welt und der Welt des Sozialen darf es wechselseitige Abhängigkeit nicht geben. Ein Teil der sozialen Welt muß durch seine Zugehörigkeit zur metasozialen Welt gekennzeichnet sein, muß charismatisch werden. Damit ist die Gesellschaft getrennt in die des Charismas und die der Nützlichkeit, die der gewichtigen Verläufe und die des alltäglichen Daseins – was uns daran erinnert, daß die Geschichte dieser Gesellschaften – wenn wir darunter die Gesamtheit der eine Gemeinschaft betreffenden Entscheidungen verstehen – ausschließlich begrenzte Eliten zur Teilnahme aufruft: Über Charisma verfügen immer nur die Führer, die Deuter des höchsten Gesetzes.

Jede Gesellschaft unterstellt sich der moralischen Prüfung, d.h. beurteilt sich im Hinblick auf ihre Konformität mit der metasozialen Ordnung, aus der die Werte entspringen. Geht das präsoziologische Denken spontan nicht immer noch so vor? Jene Institution ist archaisch, jener Akteur ist innovativ, oder auch: dieses Verhalten gefährdet die Sozialordnung. Diese Person bringt die herrschenden Ideen einer Epoche zum Ausdruck, oder einfacher, diese Arbeit oder dieser Städtetyp ist inhuman. Die Analyse verfährt immer normativ, mündet in Empfehlungen oder enthält Bewertungen. Der Historiker oder der Soziologe ist von der Gesellschaft, die er untersucht, nicht abgebunden; er ist nur zugleich mit der Gesellschaft verbunden, die er untersucht, und mit der, deren Angehöriger er ist. Der Diskurs des Beobachters fügt sich, bis auf diesen Rest, in den Diskurs der gesellschaftlichen Praxis, folglich in die Werte des Subjekts, ein.

2. Von der Reproduktion zur Produktion

Was geschieht, wenn die metasozialen Garanten der Sozialordnung dahinschwinden? Denn das tun sie in dem Maße, wie die Fähigkeit der Gesellschaft, auf sich einzuwirken, wächst. Zunehmend erkennen sich die zeitgenössischen Gesellschaften als Produkte ihrer Entscheidungen, also ihrer Aktion und ihrer gesellschaftlichen Verhältnisse, statt wie einst als Gestaltungen von gegenüber der gesellschaftlichen Erfahrung transzendenten Werten.

Die Soziologie, oder zumindest deren Name, entstand in dem Augenblick, da die Französische Revolution und die beginnende europäische Industrialisierung zur Verwerfung der überkommenen Überzeugungen, Gebräuche und Privilegien führten. Zunächst aber entwickelt sich noch auf halbem Wege zwischen Sozialphilosophie und Soziologie eine Geschichtsphilosophie, die, von Saint-Simon und Comte bis hin zu Durkheim, einen beträchtlichen Zeitabschnitt des 19. Jahrhunderts einnimmt. Der Marxismus bricht mit diesem Historismus und treibt den soziologischen Zugriff so weit wie möglich in eine Gesellschaft vor, die sich noch immer als einer metasozialen Ordnung, hier Evolution und Fortschritt, unterworfen begreift. Der von Marx vollzogene Übergang von einer Philosophie der Entfremdung zu einer Analyse des kapitalistischen Systems verhindert freilich nicht, daß darin weiterhin die Analyse des ökonomischen Systems und die der Arbeiterbewegung geschieden bleiben. Das 19. Jahrhundert ist noch außerstande, eine wirklich soziologische Analyse hervorzubringen. Die Einheit seiner Analyse kann nur idealistisch sein, so daß mit der Verwerfung des Idealismus auch deren Einheit dahin ist. Im ersten Fall lebt die Utopie vom aufgeklärten Herrscher wieder auf, die eine führende Klasse der nächsten weiterreicht; im zweiten Fall reproduziert die Zweiheit der Analysefelder das Bild einer Gesellschaft, die sich nicht mehr zwischen Sündenfall und Erlösung, sondern zwischen Gebrauch und Bedürfnis, im Reich des Widerspruchs, ansiedelt. In unserem Jahrhundert werden durch tiefergehende Umwälzungen auch noch die bloße Idee einer Philosophie der Geschichte, der Evolutionismus und die letzten Formen metasozialer Garanten der Sozialordnung destruiert. Unsere Gesellschaften entdecken ihre Allmacht über sich selbst und erkennen sich zugleich als Teil einer Natur, die sie doch auch ihrer Organisation unterwerfen und unaufhaltsam umwandeln.

Vier Hauptkategorien von Tatsachen haben die metasozialen Garanten unterhöhlt und schließlich zum Verschwinden gebracht, haben unsere Gesellschaft dazu genötigt, die Erklärung ihres Funktionierens nicht mehr außerhalb ihrer selbst zu suchen.

1. Zunächst der immer schnellere und tiefergreifende Umwandlungsprozeß, der veranlaßt wurde durch die Bewegungen der Wirtschaftsaktivität, durch die große Krise in den 30er Jahren und durch das außergewöhnliche Wachstum kurz nach dem Ende des 2. Weltkrieges. Wo sind die Werte, wo die Gesetze in einer immer vollständiger dem Wandel unterworfenen Welt? Was weitergegeben wird, ist weniger wichtig als das, was erfunden wird. Status und Rolle des Arbeiters wie des Führenden, der Frau wie des Kin-

des, des Richters wie des Lehrenden verändern sich fortwährend, so daß am Ende unmöglich noch von der »Natur« etwa der Städte oder des Alters gesprochen werden kann.

Dieses Thema ist nicht neu – schon Weber sprach prägnanter von der Entzauberung der modernen Welt –, gewinnt aber immer mehr an Dringlichkeit. Die kulturellen Verhaltensmuster waren an soziale Rollen gebunden, die durch leicht auszumachende Zeichen markiert waren. Diese Entsprechung geht verloren. Zum anderen sind alle Formen der Arbeitsteilung auch Träger von Herrschaftsverhältnissen: Je mehr eine Gesellschaft auf sich einwirkt, um so mehr dringt sie zu den Rückständen der alten Kulturen und Klassenverhältnisse vor. Wir haben in Frankeich noch zahlreich zu tun, um den Staat seines sakralen Charakters zu entkleiden, um den Gegensatz von Öffentlich und Privat, die Anmaßung der Funktionäre, seien es die der Baubehörden oder die des Erziehungswesens, Träger des Allgemeininteresses zu sein, zu überwinden, um also die Gruppen auszuschalten, die sich über ihr Verhältnis zum Staat definieren. Auch werden die männlichen und weiblichen Rollenzuschreibungen mit um so stärkerem Recht attackiert, als sie ein Überbleibsel der Gesellschaften darstellen, in denen sich die Klassenherrschaft vermittels der Herrschaft des Mannes über die Frau vollzog. Ähnlich läßt auch die – noch immer unzureichende – Auseinandersetzung mit dem westlichen Ethnozentrismus eine alte, aber immer noch lebendige Form der Klassenherrschaft, die des Kolonisators über den Kolonisierten, zutage treten. Diese Auflösung der »Rahmenbedingungen« des gesellschaftlichen Lebens, der, um in der Sprache der alten Soziologie zu verbleiben, Werte und Institutionen, ergreift alle Ausdrucks- und Übermittlungsformen von Kultur. Unser Gesellschaftstyp gibt nicht nur Gemeinschaftssprachen vor, er erfindet neue: einmal im unmittelbarsten Sinne des Wortes, insofern zahlreiche Maschinensprachen geschaffen werden, zum anderen in dem vermittelteren Sinne, daß Maler und Musiker unablässig neue Sprachen erfinden, die die Kommunikation erschweren. Durch die ökonomischen und monetären Veränderungen wird die Übermittlung der Bildung ebenso wie die Gütererbschaft in ihren Grundfesten erschüttert. Glaubt man ernstlich, daß man die jungen Menschen »bilden« würde, wenn man ihnen ein Erbe aus Texten einer lateinischen Bildung vermittelt, das überdies Gesellschaften entspricht, in denen nur ein verschwindend kleiner Teil der Erwachsenen lesen und schreiben konnte, in denen die Medien nur eine kleine Minderheit erreichten und kulturelle Rahmenbedingungen vermittelten, die zu verstehen uns heute zunehmend schwerer fällt? Auf spektakuläre Weise dokumentiert die Krise der Sozialisation, die noch den Begriff der Sozialisation selbst in Frage stellt, das steigende Tempo der gesellschaftlichen Wandlungsprozesse.

Diese Transformation wird häufig in zwei Formulierungen zusammengefaßt: Übergang des zugeschriebenen Status (ascription) zum erworbenen Status (achievement) und Säkularisierung. Beide sind zu verwerfen. Es ist unangemessen, von Säkularisierung zu sprechen, wenn die Industriegesellschaften, wie alle anderen, von einem kulturellen Modell geleitet werden. Zwar ist richtig, daß dieses immer »praktischer« wird, aber damit ist es nicht minder sakral. Der Fortschritt ist ein sehr viel praktischeres kulturelles Modell als etwa Gott oder der Herrscher, und doch wird alles, mit dem er in Berührung kommt, sakral. Selbst wenn man anerkennen wollte, daß innerhalb der sich herausbildenden postindustriellen Gesellschaften das Gleichgewicht das neue kulturelle Modell wäre, so müßte man doch dabei bleiben, daß auch das Gleichgewicht Gegenstand eines Kultes und Einsatz in zentralen gesellschaftlichen Kämpfen ist. Das Säkularisierungskonzept vermengt zwei Ideen, die gerade auseinandergehalten werden müssen: Das kulturelle Modell hat sich von der metasozialen Welt auf die Welt des Sozialen verschoben, aber die Gesellschaft ist nicht vom Glauben zum Kalkül, vom Sakralen zur Praxis übergegangen. Und parallel dazu gilt: Zwar stimmt es, daß die industriellen Gesellschaften mehr von der Zukunft, die sie wählen, abhängig sind als von der Vergangenheit, die sie erben, doch wäre es falsch anzunehmen, sie wären vollkommene Herren ihrer selbst und in der Lage, über ihre Aktivitäten und Organisationsformen zu entscheiden. Gegen derartige naive Illusionen machen jene, die an die Gegebenheiten der Vererbung oder die Zwänge des Öko-Systems, die Kontinuität zwischen Tier und Mensch oder an die Ähnlichkeit des menschlichen Geistes mit einer Rechenmaschine erinnern, das Vorhandensein des überkommenen und die Zugehörigkeit des Menschen und seiner Gesellschaft zur Natur mit Recht geltend.

Allerdings darf die Kritik einer vom Dunkel ins Helle führenden Evolution nicht die prinzipielle Tatsache vergessen machen: Die Welt des Sozialen erscheint nicht mehr als von einer metasozialen Welt determiniert. Die sozialen Tatsachen sind nicht mehr von kulturellen, politischen oder ökonomischen Tatsachen zu trennen, die sie bestimmen sollen. Kultur, Politik und Ökonomie gehören zu einer Gesellschaft, sind soziale Tatsachen.

2. In noch dramatischerer Weise mußten die Industriegesellschaften schließlich entdecken, daß sie imstande sind, auf sich selbst eine totale, eine totalitäre Macht auszuüben. Die Stimme des Herrn kann zur allgemeinen Form der Gesellschaft werden. Nazismus und Stalinismus haben, welches auch immer die Unterschiede sein mögen, die sie trennt, auf das gesellschaftliche Denken denselben Effekt gehabt: die Liquidierung des Glaubens an den Fortschritt, Kern des kulturellen Modells der Industriegesellschaften. Die aufsteigende Linie kann auch unterbrochen werden; der Fortschritt kann in die Katastrophe abstürzen. Die industrielle Entwicklung kann an die Hysterie der Rasse oder der Orthodoxie geknüpft, die Wirtschaft nur mehr zum Instrument der Macht werden.

Ist die Vorstellung noch möglich, daß sich die gesellschaftlichen Bedingungen von einem aus gleichsam unbeweglichen kulturellen oder ökonomischen Formen gezeichneten Horizont abheben? Stellen Hitler oder Stalin nicht einzigartige Ereignisse dar? Dies nötigt, auf jene Schichtung der Geschichte, von den Strukturen zu den Entscheidungen, zu verzichten, aus der der Soziologe immer noch den mehr oder weniger verzerrten Ruf nach metasozialen Garanten der Sozialordnung heraushört.

3. Vielleicht gehört die Bedeutung, die der Totalitarismus im Denken der Männer und Frauen über vierzig errungen hat, zum Bewußtsein der Grenzen des Wachstums. Es waren zunächst die Atombombe und die Drohung eines totalen Krieges, die den Gedanken einer Begrenzung aufgenötigt haben. Auch wenn man den Ansatz des Club of Rome und dessen extreme Beharrlichkeit, die gesellschaftlichen Probleme in solche der Natur aufzulösen, in Frage stellt, ist es heute doch evident, daß das Wachstum der Industriegesellschaften in seiner gegenwärtigen Form nicht mehr lange fortgesetzt werden kann. In der Vergangenheit scheinen die Industriegesellschaften von der Vorstellung einer unendlichen Natur, in deren Mitte sich der Mensch mit seinen Grundbedürfnissen vorfindet, beherrscht gewesen zu sein: Jedem nach seinen Bedürfnissen. Hätte dies Ziel einen Sinn, würde damit nicht unterstellt werden, daß die Bedürfnisse festgelegt wären und sie zusammen eine kleinere Summe ergäben als die verfügbaren Ressourcen? Eine Vorstellung der Sozialphilosophie, deren zwei Seiten ich schon an-

geführt habe: Der Mensch ist bestimmt durch einen Entwurf – hier die Bedürfnisse – und zugleich einer metasozialen Ordnung unterworfen – hier einer unendlichen Natur. Demgegenüber müssen wir entdecken, daß die Natur endlich ist und die Bedürfnisse dagegen unendlich sind. ›Endlich‹ besagt nicht, daß die menschliche Gesellschaft sich in der Nische, die ihr das Öko-System bereitstellt, auf immer einrichten sollte, sondern daß die Gesellschaft ein System darstellt, das bei der Aktion der Veränderung seiner selbst und der Natur die Grenzen und den Widerstand physischer, biologischer und psychologischer Realitäten, die es als Ressourcen benutzt, beachten muß.

Was die Unendlichkeit der Bedürfnisse betrifft, so werden wir in dem Maße mit ihnen konfrontiert, wie die Statusformen und Rollen zusammenbrechen und das Bedürfnis nicht mehr als eines bestimmt wird, das einem bestimmten Platz in einer differenzierten und solidarischen Gesellschaft entspricht, sondern als Kraft – als Sexualität, Aggressivität, Phantasie oder Protest – die über die gesellschaftliche Form, die ihr vorgegeben ist, hinausschießt.

4. Schließlich ist unsere Epoche nicht allein durch Wachstum, Stärke und die Krisen der industriellen Gesellschaften gekennzeichnet, sondern darüber hinaus durch die Heraufkunft politischer Bewegungen, die imstande sind, tiefer als je zuvor ganze Gesellschaften zu erschüttern. Hier findet sich das evolutionäre Bild aufeinanderfolgender Entwicklungsphasen, von Stufen des Überflusses, die jede Gesellschaft nacheinander erklimmen muß, erneut brutal zerschlagen und als das entlarvt, was es wirklich ist: Ideologie im Dienste herrschender Gesellschaften, die die beherrschten Gesellschaften davon zu überzeugen suchen, daß kein anderer Entwicklungsweg existiere als der, den die herrschenden Gesellschaften eingeschlagen haben. Die Welt kommt als eine endliche Gesamtheit zum Vorschein, in der nach und nach die weißen Flekken der europäischen Unkenntnis verschwinden, vor allem der Eurozentrismus zu einem unerträglichen Phänomen wird. Sie erscheint nicht mehr als Tummelplatz für die Abenteuer des weißen Mannes, sondern als Ensemble von Beziehungssystemen, geopolitischen Beziehungen, als Internationalisierung der Klassenverhältnisse. Die Werte der mächtigsten Gesellschaften werden durch die Kontestation ihrer neuen wie ihrer alten Sklaven ihres sakralen Anspruchs entkleidet.

Die sozialen Bewegungen breiten sich nicht nur auf die gesamte

Oberfläche unseres Planeten aus – sie dringen auch in alle Aspekte einer jeden Gesellschaft ein. Durch die ökonomischen Veränderungen, die Formen der politischen Lenkung und die Ausbreitung der Massenmedien ist zunehmend die gesamte Bevölkerung »mobilisiert«. Die Zahl derer, die nur noch in den von der sozialen und kulturellen Ordnung abgesteckten Grenzen agieren dürfen, wie auch die Zahl der dafür vorgesehenen Sanktionen, nimmt zunehmend ab. Die sozialen Bewegungen waren bisher zweigeteilt: in den Aufschrei der Revolte und des Protests, ausgestoßen in einer Welt der Ausbeutung und des Ausschlusses, aber auch in die Suche nach Unterstützung bei führenden Klassen oder nach schützenden Institutionen. Was ist denn in vielen Fällen die sozialistische Bewegung noch anderes als der Ruf der Vertreter der Arbeiterbewegung nach dem Staat, einem eroberten oder beeinflußten Staat, gegen den Privatkapitalismus! Heute verschwindet dieser Bruch. Je mehr die führende Klasse ihren Machteinfluß auf alle Aspekte des gesellschaftlichen Lebens ausdehnt, desto mehr schrumpft auch der Bereich des lokalen oder brauchtümlichen Privatlebens zusammen, und desto allgemeiner werden auch die sozialen Bewegungen – auf die Gefahr hin, an Konzentration zu verlieren, was sie an Ausdehnung gewinnen. Wie konnte man nur glauben, daß die industriellen Gesellschaften in ein Stadium der Entspannung eintreten würden? Nicht nur breitet sich die Kontestation im gleichen Umfang wie die Macht selbst aus, das Verschwinden der metasozialen Garanten, der Tod der Götter, verbreitet vielmehr in der ganzen Gesellschaft, was man als Mystik bezeichnen könnte, d.h. die Formen des Historizitätsverhaltens. Einst in einem wohlbehüteten institutionellen Raum, der Religion, dem Staat, der Ökonomie, isoliert, dringen sie jetzt allenthalben vor. Was vom Sakralen entrückt schien und als praktisches, vernünftiges Urteil geltend gemacht wurde, wird plötzlich von der Leidenschaft, von jenem Wind gepackt, der die sozialen Bewegungen trägt. Alles wird Kreuzzug, wird Politik, alles gehört zur Welt der Produktion. Der Untergang der metasozialen Garanten läßt uns nicht in eine Welt ohne Leidenschaften, nicht in eine berechnende und skeptische Welt eintreten, vielmehr in eine fusionierende Gesellschaft, auf deren Oberfläche große Bewegungen dahinfegen, wo die Autonomie der Institutionen und deren Regeln zerstört, die Legitimität der interpretativen Diskurse bestritten wird, wo die Ordnungs-, Repressions- und Integrationsapparate mit Gewalt attackiert werden.

Alle diese in aller Eile angeführten Transformationen nötigen uns, das Bild eines Menschen und einer Gesellschaft, die einer höheren Ordnung unterworfen sind, durch das einer Gesellschaft zu ersetzen, die auf sich einwirkt, indem sie ihr Erfahrungsfeld verändert und indem sie sich wieder der Natur integriert, deren Teil sie ist, und zwar jener, dem die Fähigkeit gegeben ist, auf sich zu reflektieren und den Sinn eines Verhaltens zu erfinden und hervorzubringen. Eine doppelte Bewegung, in der die Gesellschaft sich als Teil der Natur und als Transformation ihrer selbst und der Umwelt erkennt. Die Seele wird Körper – wie die Ordnung Aktion. Welches Los ist nun der Soziologie in diesem neuen Typ von Gesellschaft, den einer programmierten oder postindustriellen Gesellschaft, beschieden?

3. Die Auflösung der Sozialphilosophie

Diese verschwindet nicht, bricht aber auseinander.

1. Die Gesellschaft kann nicht länger als einer metasozialen Ordnung unterworfen erscheinen. Das Thema der Ordnung aber sucht weiterzubestehen. Wenn es *Gott*, den *Menschen* oder die *Geschichte* nicht mehr gibt, bleibt dann nicht die Gesellschaft selbst? So rückt denn die *Gesellschaft* an deren Stelle.

Auf diese Weise entsteht, was zugleich die erste bedeutende Schule der Soziologie wie den letzten Widerstand des Gesellschaftsdenkens gegen den Aufstieg der Soziologie darstellt. Die Gesellschaft wird zum Subjekt, zu jener Person, deren Bedürfnisse, Entscheidungen, Urteile des Funktionieren der Institutionen und die Formen des Wandels bestimmen. Derart sieht die Orientierung der funktionalen Schule, Vorzimmer der Soziologie, aus: Soziales Verhalten wird nicht mehr in bezug auf eine nicht-soziale Ordnung, sondern in bezug auf Bedürfnisse des Funktionierens und der Kontinuität der Gesellschaft bewertet. Norm heißt Integration. Ob diese im Namen der Tradition, der Werte oder im Gegenteil im Namen der Unabhängigkeit oder des revolutionären Fortschritts eingeklagt wird, ist dabei von minderer Bedeutung. Die Regel besagt, daß jegliches Verhalten zur Stärkung des Ganzen, zur Verteidigung oder zum Aufbau eines »Gemeinwesens« beitragen muß. Nie zuvor war die Versuchung, Werte und Gesellschaft zu identifizieren, derart stark. Nie zuvor ist die Forderung nach Konformität mit mehr Nachdruck geäußert worden. Die Toleranz, die ja ein Attribut des Souveräns ist, wird durch die Mahnung zu stärkerer Integration und Interdependenz aller Bereiche der gesellschaftlichen Tätigkeit vernichtet.

2. Was kann auf der anderen Seite aus dem Entwurf werden, wenn die Werte dahinschwinden? Auch dieser Aufstieg zu einem entleerten Himmel muß nun in bezug auf die Gesellschaft neu bestimmt werden. Überschreitung der gesellschaftlichen Organisation, Energie, die die Ordnung überbordet. Gurvitch gegen Parsons. Das Gründende gegen das Gegründete. Der Wunsch gegen die Rolle.

Es ist verständlich, daß angesichts einer raschen Ausweitung der Herrschafts- und Kontrollkräfte auf bisher »private« Bezirke, die kulturellen Aktivitäten, sich eine Gegenströmung herausbildet, die die Gesellschaft als Diskurs der führenden Klasse oder der Macht anprangert und sich, gegen eine alles erstickende Ordnung, auf ein nicht-gesellschaftliches, »natürliches« Prinzip beruft. Allerdings vermag sich die Soziologie mit einem derartigen utopischen Kommunismus, mit einem solchen gesellschaftlich verinnerlichten Appell an die Spontaneität, an die Kreativität, an die Gemeinschaft, an den Wunsch, nicht begnügen. Ist es bedeutsam, in der kulturellen Ordnung nach neuen Formen und Kräften der sozialen Konflikte zu forschen, so rechtfertigt doch nichts die Rückwendung zur Präsoziologie, die gerade die Erforschung der neuen gesellschaftlichen Verhältnisse und der neuen Machtformen hemmt.

Die Soziologie ist kein Diskurs, kein ideologischer Block. Die Formen der gesellschaftlichen Praxis sind in sich durch Konflikte zerrissen; neben der Integration ist der Ausschluß sichtbar. Noch weitergehend ist zu sagen, daß die sich herauskristallisierende und die Macht stützende Ordnung niemals mit einer Klassenherrschaft gleichgesetzt werden kann: Zwischen den Einheiten, die der Ordnung und der Herrschaft entsprechen, besteht eine fortwährende Diskrepanz, die die marxistische Sprache angemessen als Gegensatz von Produktionsweise und Gesellschaftsformation bezeichnet. Die Aussage, daß die Gesellschaft sich reproduziere, ist falsch; Interessen und Privilegien, die Formen sozialer und kultureller Organisation haben die Tendenz, sich zu reproduzieren, Produktivkräfte und Klassenkonflikte dagegen sind ständig gegenwärtig als Prinzipien der Veränderung und der Zerrissenheit. Jede Soziologie, die ein monistisches Bild der Gesellschaft entwirft, die diese mit der Historizität, dem politischen System oder der sozialen Organisation identifiziert, degradiert sich selbst zur Ideologie. Jede Sozialphilosophie des Einen ist mit dem soziologischen Ansatz unvereinbar.

Die Gegenüberstellung dieser beiden Seiten des Gesellschaftsdenkens darf freilich nicht deren Wechselbeziehung und im besonderen nicht deren gemeinsame Quelle der Inspiration verschleiern. In beiden Fällen wird die Analyse der Gesellschaft einem Absoluten, einem Prinzip unterstellt: Die Gesellschaft bestimmt die sozialen Beziehungen; der Wunsch oder die Spontaneität stürzen die geltende Ordnung, der Zwänge, Hierarchien und deren Diskurs, um. Desgleichen ist in beiden Fällen das, was Sinn verleiht, ohne jeden Inhalt. Das Sakrale ist nicht mehr das Göttliche, sondern das Soziale, weil es sozial ist. Der Wunsch ist nicht mehr durch seinen Gegenstand definiert, sondern gerade durch seine Unbestimmtheit, die ihm gestattet, alle Mauern zu sprengen.

Zwischen den beiden Schulen des auseinandergebrochenen Gesellschaftsdenkens tobt allerdings der Krieg. Ein Wirbelsturm von Gedanken, die jenes Denken zerstören und sich zugleich mit dessen Überresten schmücken. Es war viel von der Krise der Soziologie die Rede. Wie vermöchten wir nicht zu sehen, daß vielmehr die Sozialphilosophie von der Krise befallen ist? Und daß deren notwendige und beschwerliche Auflösung das Auftreten der Soziologie zugleich vorbereitet und hemmt?

Denn jene, die im Namen der Integration oder der Spontaneität sprechen, begeben sich weiterhin auf die Ebene der sozialen Tatsachen, fahren fort zu interpretieren, zu verstehen, da sie unfähig zur Analyse sind – denn das setzte voraus, daß sie ihren Widerstand gegen eine Erklärung der sozialen Verhaltensweisen durch soziale Beziehungen aufgäben, statt wie bisher noch zu metasozialen Phantomen, zu Theatermythen zu greifen, um damit alles, was sich auf der Gesellschaftsbühne abspielt, zu interpretieren. Jene konträren Ideologien scheinen Klasseninteressen wiederzugeben. Ist es nicht die führende Klasse, die die Integration preist, und sind es nicht die oppositionellen Kräfte, die gegen die Ordnung die Spontaneität des Volkes geltend machen? Dies stimmt freilich nicht, denn indem man Integration und Überschreitung des Gegründeten gegenüberstellt, nimmt man nicht den Standpunkt eines konfliktbestimmten Verhältnisses, wie des Klassenkonflikts, sondern, da man nichts über die Herrschaft einer Klasse über eine andere sagt, den der sozialen Organisation ein. Auf der einen Seite stehen jene, die sich auf eine repressive, konservative oder reformistische Integration berufen, auf der anderen Seite jene, die gegen die Konformität revoltieren und die einzig durch ihre minoritäre oder periphere Position bestimmt werden können. Diese Gruppe ist ein Gemisch aus Revolutionären und Aristokraten, Proletariern und Dandys, Linksradikalen und solchen, die sich schlicht über den Untergang der alten geistigen und gesellschaftlichen Welt entrüsten, der sie mit sich reißt.

Wir sind dabei, diesen unbestimmbaren, irgendwo zwischen Tag und Nacht liegenden Augenblick zu erleben. Neben den großen Utopien, die die Heraufkunft der postindustriellen Gesellschaft anzeigen, ist der verworrene Klingklang einer intellektuellen Krise zu vernehmen, der des Gesellschaftsdenkens, das ebenso politisiert wie entpolitisiert ist, das die fliehenden Götter verfolgt und sich weigert, die Ansprüche der Soziologie anzuerkennen. Ist nicht darin die Bedeutung der Auflösung zu suchen, die die soziologische Forschung in so zahlreichen, vornehmlich europäischen Universitäten heimsucht? Viele haben überstürzt erklärt, es seien die revolutionären Studenten, die die Lehre zerschlügen. Nichts ist falscher. Ob man mit diesen Gruppen, deren numerisches Gewicht im übrigen gering ist, übereinstimmen mag oder nicht, so muß man doch gerade anerkennen, daß sie sich aus Studenten zusammensetzen, die lesen, diskutieren, arbeiten. Es wäre ein Irrtum zu glauben, daß die Universitäten nur von braven, netten jungen Menschen, die sich bemühen, ein Diplom zu erwerben, und von Revolutionären bevölkert wären. Das hieße, das Gewicht einer Krise und einer Auflösung zu unterschätzen, die vieles befällt. Eine universitäre Krise, gewiß, aber auch und vor allem eine intellektuelle Krise. Die Agonie eines gesellschaftlichen Denkens, das nicht mehr den Zusammenhalt der alten Formen der Sozialphilosophie gewährleisten kann und das entweder über die Tugenden der Integration, der Erziehung, des Gleichgewichts, oder über die der Überschreitung und des Nihilismus in Wallung gerät.

Verteidiger der Partizipation und Adepten der Verweigerung vereinigen sich häufig in einem gesellschaftlich unbestimmbaren Modernismus, der mit mehr Verve von den zweiten reklamiert wird und doch eher mit den Zielvorstellungen der ersten in Übereinstimmung steht. Die im Verfall begriffene Sozialphilosophie liebt nichts so sehr, wie die Menschen von ihrer Gesellschaft, ihren

Zwängen, Archaismen, Blockierungen zu »befreien«. Eine neue Aufklärungsphilosophie, die die Ersetzung der alten produktivistischen, autoritären und puritanischen führenden Klasse durch eine andere, mehr um Marketing und Konsum bemühte Klasse ankündigen oder begleiten kann, die ebenfalls die Angst gesellschaftlicher Gruppen zum Ausdruck bringen kann, die von der Erhaltung der staatlichen Regeln und von der Übermittlung der kulturellen Hinterlassenschaft abhängig sind. Reißt die Barrieren nieder, lockert die Zügel! – und schon scheint die Gesellschaft ihre Blockierungen aufzubrechen, scheint Kommunikation sich herzustellen, der Wunsch sich zu befreien. Und wenn all diese großen Worte nichts wären als die lächerliche Debatte zwischen den alten Rhetorikern und den neuen Aristokraten, eine Debatte, deren Wortfetzen sich mit dem ersten Donnerrollen der neuen sozialen Bewegungen vermischte – freilich so, wie sich Gerüchte mit dieser Botschaft vermischen? Im Mai 68 haben sich die in einer Krise steckende Sozialphilosophie, die überkommenen politischen Sprachen, die Ansprüche der neuen sozialen Bewegungen, die partiell politischen Utopien der Gegen-Kultur vermengt. Allerdings haben sich jene, die, aus sicherem Gespür heraus, die Zukunft ankündigten, von der Universität abgesetzt. Wurde das geistige Leben, das durch den Zerfall der Universität vom Tode gezeichnet ist, nicht von der zerfallenden Sozialphilosophie vereinnahmt, von der Weigerung in all ihren Formen, die neuen gesellschaftlichen Verhältnisse, die Natur der ökonomischen Macht, die Rolle des Staates und die der Ideologien auszumachen und zu analysieren? Welche selige Geschwätzigkeit: Sie beunruhigt die Regierung nicht, sondern liefert noch ein bequemes Alibi für die Verfolgung ihres einzigen intellektuellen Vorhabens: die führende Klasse zu erweitern, zu stärken und zu modernisieren, indem die Kritikfähigkeit der Gesellschaft so weitgehend wie möglich eingeengt wird.

Inzwischen schreitet die soziale Integration weiter voran. Stets waren die Führenden als Minderheit erkennbar – jetzt werden die Kräfte der Ordnung zur Mehrheit, schweigend, aber überzeugt. Die Gesellschaft wird aufgeklärt, eine Masse von Botschaften über sie ausgegossen, so schillernd und so angenehm anzuhören, daß einem der Mut vergeht, sich daran zu erinnern, daß die Gesellschaft kein Theaterstück und kein Diskurs ist und daß die Überfülle an Worten oder Bildern auch die Information verhindern kann. Es heißt, sich anzupassen, Tatsachen und Sitten zu berücksichtigen, nicht nur Rechnen und Französisch zu lehren, sondern auch Fragen des Gleichgewichts und der Entwicklung, des sexuellen Vergnügens und der zwischenmenschlichen Beziehungen zu erörtern, was die der Moral und der Schule angeschlossenen Bereiche immens erweitert und zudem die Auswirkungen der Feststellungen und Analysen begrenzen soll, die einige intelligente und beherzte Gruppen, die in Betrieben, Schulen, Gefängnissen arbeiten, diesem neuen Humanismus entgegensetzen: der hat freilich die gleiche Funktion wie die sehr christlichen Empfindungen, die der Gründung von Arbeitshäusern und der Beschäftigung von Kindern zugrunde lagen.

Ich habe häufig das bedrückende Gefühl, daß die indirekten Appelle an die Werte und an den Menschen, die heute so lautstark ertönen, nur mehr das Getöse sind, mit dem neue Mächte und neue kulturelle und soziale Konflikte auf den Plan treten. Betäubt und kopflos zweifelt die Soziologie an sich selbst, jenen zur Freude, deren Macht oder Leere sie anprangert.

Welch seltsame perspektivische Täuschung, die von der Krise der Soziologie sprechen läßt. Die wirkliche Krise ist die mangelnde Verständigung zwischen den verfeindeten Brüdern der Sozialphilosophie. Sprechen die einen von Integration, so die anderen von Desintegration. Wie sollte darauf ein gemeinsames Wissen aufgebaut werden? In der Tat ist das schon deshalb unmöglich, weil das gar nicht ihre Absicht ist. Ihr Handeln manifestiert nicht die Schwierigkeiten der Soziologie, sondern gerade deren Notwendigkeit und deren nahes Bevorstehen, es beweist die Unmöglichkeit der Sozialphilosophie innerhalb einer Gesellschaft, aus der Gott, Mensch und Geschichte vertrieben wurden.

Der Tag wird kommen, an dem diese Phase der Auflösung beendet und deren positives Werk, die Zerstörung der Präsoziologie und der Sozialphilosophie, verstanden werden wird. Heute aber muß noch gesagt werden, daß diese Zerstörung auch die Soziologie ernsthaft gefährdet, sofern diese sich dazu hergibt, die Analyse der Gesellschaft weiterhin Absolutheiten und Göttern, wenn auch ohne menschliches Antlitz, zu unterwerfen.

4. Die Etappen einer Formation

Nun stehen wir also vor der Baustelle. Wir wissen, daß es müßig ist, sich über die Natur der Gesellschaft den Kopf zu zerbrechen, und daß jeglicher Rekurs auf eine metasoziale Ordnung die Sinnträger der sozialen Tatsachen sein soll, zu unterbleiben hat. Nach und nach erkennen wir, daß von der Gesellschaft, der Organisation oder der Gemeinschaft in Begriffen der Integration oder der Identifikation mit der Bewegung zu sprechen nur mehr eine List der aus der Welt der Wesenheiten vertriebenen Sozialphilosophie darstellt.

Doch bleibt das Wesentliche noch zu tun. Sowohl in intellektueller wie materieller Hinsicht ist die Stellung der Soziologie innerhalb der Gesellschaft weiterhin ungeklärt, weil wir immer noch von den Akteuren, mit denen wir uns identifizieren oder die wir ablehnen, fasziniert sind: Eine Schwierigkeit, die nicht vorübergehender Art ist, sondern noch wachsen wird.

Die Sozialphilosophie schied die Erkenntnis der Gesellschaft in das Verstehen des Entwurfs der Akteure und in das Erkennen einer metasozialen Ordnung. Heute riskiert die entstehende Soziologie in Naturalismus und in die Identifikation mit den in Konflikt stehenden Akteuren auseinanderzufallen.

Ein Auseinanderfallen, das mit dem Auftreten der postindustriellen Gesellschaft einhergeht. Bevor diese sich als Einsatz in einem gesellschaftlichen Kampf und als Historizitätsfeld erkennt, muß sie zum einen ihre Historizität aufbauen und zum anderen die Konfrontation mit Utopien erfahren, mittels deren sich die antagonistischen Klassen jeweils mit der Historizität identifizieren und zugleich den Gegner in die äußere Finsternis zurückstoßen.

Die Heraufkunft eines neuen Typs von Gesellschaft wird durch das Erscheinen einer neuen Erkenntnisweise, einer neuen Vorstellung von der Natur angekündigt. Dieses Bild bestimmt die Erkenntnis der Gesellschaft, und steht zugleich in Gegensatz zu ihr, da sie ein Bild von der Natur erstellt, das von der Besonderheit der menschlichen Gesellschaft, von ihrer Fähigkeit zur Geschichte, absieht.

Wie die Gesellschaft ein Teil der Natur ist, aber einen besonderen Typ von System darstellt, den einzigen, dem es eignet, »Sinn« hervorzubringen, so bringt auch die Soziologie diesem neuen Bild der Natur Interesse entgegen, das den Evolutionismus verdrängt und an dessen Stelle das treten läßt, was eher Systemtheorie denn Strukturalismus genannt werden sollte. Allerdings ist die Soziologie von diesem auch bedroht, von dieser neuartigen Bestrebung, die Gesellschaft auf andere Systemarten zurückzuführen, die heute eher an der Biologie als an der Mechanik orientiert sind.

Dieses biologische Modell gestattet wohl, die Reproduktion der Sozialordnung und den auf eine Anhäufung von Ereignissen zurückgeführten Wandel zu begreifen, vermag aber nicht die Fähigkeit der Gesellschaft zur Veränderung ihrer Codes und vor allem nicht deren Vermögen, ihre Orientierungen selbst zu erzeugen, unmittelbar zu erhellen. Die Soziologie hat sich in aller Strenge an ihre anfängliche Behauptung zu halten: Das soziale System ist nicht durch sein Funktionieren, durch seine internen und externen Austauschbeziehungen definiert, sondern in erster Linie durch sein »reflexives« Vermögen, den sozialen Verhaltensweisen Orientierungen und Sinn zu verleihen, indem es auf sich einwirkt, sich verändert – und dies durch die Erzeugung eines Erkenntnisfeldes, die ökonomische Akkumulation und die Repräsentation dieser Kreativität gleicherweise.

Gegenüber dem Naturalismus, der eine neue Gesellschaft anzeigt, so wie der Naturalismus der Enzyklopädisten die bürgerliche Revolution ankündigte, sollte die Soziologie den Versuch unternehmen, einen Teil der Hinterlassenschaft des Gesellschaftsdenkens zu retten. Denn die Berufung auf metasoziale Garanten der Sozialordnung, wenn sie auch nicht mehr zu akzeptieren, sondern eigentlich zu bekämpfen sind, bekundete unter präsoziologischen Formen die Anerkennung der Historizität, der Teilung der Gesellschaft in sich selbst. Die Sozialwissenschaften werden immer mehr von diesen beiden Gegensatzpolen angezogen werden. Das Verschwinden der Götter bringt zum Vorschein, daß Mensch und Gesellschaft zur Natur gehören, was nach einer Naturwissenschaft vom Menschen verlangt, die als Anthropologie zu bezeichnen wir uns gewöhnt haben und deren Fortschritte auf einen der bedeutsamsten Aspekte im Aufbau einer neuen Erkenntnisweise verweisen. Aber zugleich müssen wir begreifen, daß die Gesellschaft sich gegen sich selbst kehrt, um sich derart zu verändern, und daß die Menschen sich jeweils gegeneinander kehren, wenn einmal das Band, das die Werte zusammenhielt, zerreißt.

Diese soziologische Haltung wurde zunächst vermittels der Ideologie der neuen führenden Klasse, durch die Verwalter der

Großorganisationen, wiedereingeführt. Ihre gesellschaftliche Tätigkeit läßt sie erkennen, daß sie mit komplexen Systemen umgehen, daß sie diese – unter Berücksichtigung natürlicher Beschränkungen – an sich verändernd innere und äußere Bedingungen anpassen müssen.

Ein gegenüber der Sozialphilosophie und deren Auflösungsformen bedeutungsvoller Fortschritt. Schon wird die Gesellschaft nicht mehr als eine von Werten und Normen organisierte Gesamtheit, sondern als ein System begriffen, das fähig ist, sich anzupassen, seine Normen, Funktionsregeln, seine sozialen Kontroll- und Sozialisationsformen zu modifizieren. Eine pragmatische Sicht, die geradewegs den Problemen entspricht, die sich den politisch-ökonomischen Entscheidungszentren, den Machteliten der ökonomisch und militärisch mächtigsten Gesellschaften stellen.

Direkter als andere erfaßt sie den Wandlungsprozeß und die politischen Beziehungen. Allerdings räumt sie dieser analytischen Ebene ein exzessives Vorrecht ein und verdeckt damit Klasseninteressen, denn keine führende Klasse hat daran Interesse, daß die Orientierungen ihres Handelns und die vorhandenen Klassenkonflikte zur Sprache gebracht werden. Vielmehr möchte sie als die Gruppe verantwortlicher Personen und Organisationen angesehen werden, die über die sichersten Informationen, den größten Weitblick, die umfassendste Fähigkeit, Verhandlungen zum Erfolg zu führen, verfügen.

Dieser Ideologie der führenden Klasse stellt sich schon jetzt eine kritische Soziologie mit allem Nachdruck entgegen, die zwei wichtige Themen einbringt: Unterordnung und Ausschluß. Das erste erinnert an die Integrationsfähigkeit der führenden Klasse. Die Gesellschaft ist kein politischer Markt, denn die führende Klasse, gestützt auf den Staatsapparat und die Mittel zur kulturellen Kontrolle, legt den Platz, den Handlungsspielraum eines jeden fest und gibt selbst noch die Kategorien vor, in denen er seine Vorstellung von der Gesellschaft bilden soll. Das zweite, noch dramatischere Thema, stößt die aufgeklärten Despoten auf die Tatsache, daß sie nicht nur das Licht, sondern auch die Finsternis repräsentieren, daß sie eine Grenze aufzwingen, jenseits deren alles fremd, anormal, abweichend, unnennbar, nicht vorzeigbar wird.

Die Gefahr, die auf diese kritische Soziologie lauert, beruht darin, sich mit einem moralischen Urteil zu begnügen, sich gegen die Akteure der Herrschaft zu kehren, statt deren Natur und die der neuen Klassenverhältnisse, wie auch die der politischen und organisatorischen Macht, zu analysieren. Sie riskiert, neuerlich eine epische Sicht der Geschichte einzuführen, die zentriert ist auf die Leiden und den nahen Sieg eines kollektiven Akteurs, der nicht mehr durch die sozialen Beziehungen, in die er sich begibt, definiert wird, sondern durch die Absichten oder den exemplarischen Charakter seiner Überzeugung.

Wie diese Gefahren allerdings auch immer aussehen mögen, so nötigt zum gegenwärtigen Zeitpunkt diese Soziologie der Macht und Herrschaft, der Ausbeutung und des Ausschlusses doch dazu, das Vorhandensein gesellschaftlicher Verhältnisse anzuerkennen, zerschlägt sie die herrschende Ideologie, geht sie gegen die Propaganda oder den vorgeblichen Realismus der Kommentatoren an. Sie ermöglicht auf diese Weise der Soziologie, zu ihrem Gegenstand vorzustoßen, so wie auch die Anfänge der Arbeiteraktion der marxistischen Kritik der politischen Ökonomie den Weg öffneten.

5. Ein verpaßter Augenblick?

So gewinnt, über die Auseinandersetzungen der Schulen und die Vielzahl der Themen und Temperamente hinweg, die Soziologie Konturen. Diese Rekonstruktion ist freilich gewiß kein Beweis. In jeder Epoche schreibt jeder die Geschichte wieder neu, definiert er die Probleme in Abhängigkeit von Zeit und Ort seines Sprechens. Nicht indem wir den Augenblick der Soziologie festlegen, machen wir schon deren Gegenstand aus – wir müssen den umgekehrten Weg einschlagen, ein Vorgehen, das die Grenzen einer Reflexion wie der hier vorgetragenen nur unterstreicht. Wenn diese historische Interpretation auch nichts beweist, wenn sie allenfalls einen Ansatz vorgeben kann, der auf andere Weise seine Stringenz beweisen muß, so kann sie doch eine gewisse Unruhe schüren. Den günstigen Augenblick für die Entstehung der Soziologie festzulegen, heißt das nicht Gefahr zu laufen, mit Soziologie einfach eine spezifische Form des gesellschaftlichen Denkens zu bezeichnen, die an einen leicht zu beschreibenden, weil seiner Vergangenheit schon zutreibenden historischen Augenblick gebunden ist? Der Umweg, den wir machen, um eine bestimmte Konzeption der Soziologie vorzustellen, kann auch helfen, diese zu kritisieren, indem wir sie mit einem überholten Denken in Verbindung bringen.

Stellt diese Soziologie der Historizität, der Einwirkung der Gesellschaft auf sich selbst, nicht eine der letzten Verwandlungen des Historizismus des vergangenen Jahrhunderts dar? Führt sie nicht eine prometheische und »fortschrittliche« Vision einer Menschheit mit sich, die kraft ihrer Arbeit und dank der Wissenschaft zur Herrscherin über sich selbst wird? Ist ihre Auseinandersetzung mit dem Evolutionismus nicht allzu subtil, wohingegen sie die große Wende auf dieser Erde nicht wahrzunehmen scheint: das Ende des Wachstums, die zwangsläufige Rückkehr zur Suche nach natürlichen Gleichgewichten und, parallel dazu, das Verlangen nach Ausdruck, nach Glück und Gemeinschaft, das allenthalben hervorbricht und einen Puritanismus zum Zusammensturz bringt, zu dem auch diese Soziologie des Handelns noch gehört? In dieser neuen Welt, so erklären einige, mag die Soziologie verschwinden, in einer Gesellschaft, deren Teile allesamt interdependent sind, in der es keinen Motor der Geschichte oder keine in letzter Instanz determinierende Ebene mehr gibt, einer Gesellschaft voll von Ungleichgewichten und Konflikten, in der aber nicht mehr jener fundamentale Dualismus zwischen gesellschaftlichen Klassen existiert, der im übrigen nichts anderes ist als eine weitere Ausprägung jenes allgemeinen Dualismus zwischen dem Sozialen und dem Metasozialen, den die Soziologie des Handelns doch so häufig verurteilt. Soziologie wird möglich, weil die Gesellschaft sich endlich als natürliche entdecken kann und sich vollkommen der hier ebenso verworfenen wie benutzten Begriffe des Subjekts, des Entwurfs, und selbst des so sehr geliebten, aber dann, wenn die anderen es verwenden, verurteilten Begriffs des Handelns entschlagen kann. Das ideologische Klima innerhalb der französischen Soziologie läßt diese Art von Kritik nur schwer vernehmen – und doch scheint sie mir die ernsthafteste. Ich habe dieser Kritik in diesem Buch mehrfach und gründlich zu antworten versucht. An dieser Stelle ist ein Urteil über die historische Interpretation nachzutragen, die sie vorschlägt. Ich halte die Aussage für falsch, wonach wir in ein Jenseits des Wachstums und in eine Kultur eintreten, die von Gleichgewichtsproblemen beherrscht sein wird. Ich habe mehr als einmal den Gedanken geäußert, daß wir die Industriegesellschaften hinter uns lassen und daß folglich die Denkformen wie die Entwicklungsmechanismen sich radikal ändern. Aber man darf nicht die Gegenutopie, die gegen die technokratische Herrschaft und einen immer rascheren Wandel den Genuß und die Gemeinschaft ins

Rennen führt, mit dem neuen kulturellen Modell gleichsetzen. Wir gehen nicht einem neuen Gleichgewicht entgegen, sondern einer zunehmend tiefergreifenden Transformation der Gesellschaft und der Kultur, einer globaleren Entwicklung als das Wachstum, das wir bisher gekannt haben, und zwangsläufig auch tieferen Konflikten, als unser Gedächtnis erinnern kann. Die von mir definierte Soziologie ist nicht einem Heute verhaftet, das schon von der Umwälzung angefressen ist; sie entwickelt sich nur, weil sie der Gesellschaft von morgen entsprechen wird, einer Gesellschaft, die nicht nur Zeuge sein wird, wie ihr Eingriff gegen sich selbst zu den natürlichen Ressourcen und der Arbeitsorganisation verstoßen wird, sondern auch zu den menschlichen Beziehungen, zu allen Aspekten der Kultur und wahrscheinlich auch zum biologischen und psychologischen Sein des Menschen. Die Soziologie wäre heute völlig belanglos, wüßten wir nicht jetzt schon, daß morgen soziologische Technologien, die zu entwickeln oder zu verdammen wir bereit sein müssen, auftauchen werden – und heute schon in noch grobschlächtiger Form aufgetaucht sind.

Nie zuvor waren die Investitionsraten derart hoch; niemals zuvor war die Realität deutlicher einer beständigen Umwälzung durch die Fortschritte der Wissenschaft ausgesetzt; niemals zuvor hat sich das Problem der Planung und damit das Problem der von der Gesellschaft gegenüber sich selbst vollzogenen Aktion mit größerem Nachdruck aufgedrängt. Auch ist die Vorstellung absurd, unsere Gesellschaft wäre vollkommen Herr ihrer selbst, während sie doch wie jede andere auch von der Spannung zwischen ihren Zielen und ihren Ressourcen beherrscht wird; und ebenso abwegig ist es, in ihr die Ankündigung einer Welt des innerhalb einer endlichen Welt gemeinschaftlich aufgeteilten Konsums zu sehen, in der sich als wesentliche Zwänge allein die natürlichen Gleichgewichte durchsetzen.

Dieses Bild, in dem ein auf die allgemeine Moralisierung des gesellschaftlichen Lebens abgestimmter verallgemeinerter Liberalismus Triumphe feiert, erscheint mir lächerlich – und auch sein verführerischer Modernismus dürfte vielen von uns nicht den darunterliegenden Konservatismus verschleiern. Akkumulation von Macht und Reichtum, zunehmend auf die gesamte Welt und alle Bereiche des gesellschaftlichen Lebens sich ausweitende Konflikte, Spannung zwischen Entwicklung und Genuß: Ich sehe dagegen in dieser Welt, die sich immer schneller bewegt, nur Innovationen, Dramen und Wirren. Möglich, daß die Propheten einer Rückkehr zum Gleichgewicht und zur Gemeinschaft eines Tages recht bekommen, aber eben später. Heute können wir der Historizität nicht entkommen, verlassen wir doch gerade nur deren Vorgeschichte, in der die Menschen nichts anderes tun konnten, als die Historizität anderen Kräften als den eigenen zuzuschreiben. Wäre die Interpretation, die ich vortrage, zweifelsfrei falsch, und kehrten wir tatsächlich zu einer Naturgesellschaft zurück, dann müßte die von mir so genannte Soziologie ins Fach für tote Ideen zurückgestellt, und es dürfte nur noch den Naturwissenschaften vom Menschen Interesse gezollt werden. Ich glaube im Gegenteil, daß der Zeitpunkt gekommen ist, die Sozialwissenschaft in all ihrer Besonderheit – freilich im Rahmen der Naturwissenschaften – zu entwickeln. Die Gesellschaft ist ein System, aber sie unterscheidet sich von anderen Systemen, weil sie Historizität besitzt, die Fähigkeit also, die Gesellschaft zu erzeugen. Mag sein, daß es eine der dringendsten Aufgaben der Soziologie ist, diese Umwandlungen, die wir erleben, das Auftreten neuer kultureller Orientierungen zu erhellen – dann aber auch die ersten Formen der Opposition gegen die technokratische Kontrolle des Wandels und die Reaktionen auf die institutionelle und organisatorische Krise, die jene tiefgreifenden Bewegungen begleitet. Wir müssen die zwischen diesen drei Beobachtungsebenen notwendige Rangfolge einhalten: neue Historizität, Entstehen neuer Konflikte, Krisenverhalten, während die Utopien und Ideologien jene gerade immer vermengen, ein Vorgehen, das wohl der gelebten Erfahrung entspricht, uns aber in der Erkenntnis der Einsätze und Verhaltensweisen einer nahen Zukunft schwerlich weiterbringt.

6. Jenseits der Universität

Diese intellektuelle Funktion der Soziologie jenseits der Auflösungsformen der Sozialphilosophie, jenseits der Aufspaltung in einen neuen Naturalismus und die Identifikation mit den Akteuren, ist untrennbar mit der Anstrengung der Soziologie verbunden, innerhalb der sozialen Organisation ihren Platz zu finden.

Der Vorteil der Sozialphilosophie gegenüber der Soziologie bestand darin, daß sie als Interpretation von Werten zugleich ein Instrument zur sozialen Integration darstellte und von den gesellschaftlichen Kämpfen relativ entfernt gehalten wurde. Die Soziologie kann auf eine derartige Position nicht hoffen. Wäre sie Instrument sozialer Integration, zerstörte sie sich selbst: Die Analyse von sozialen Beziehungen steht konträr zur Anerkennung von Prinzipien, Werten und Normen. Ich möchte nicht noch einmal auf jenen Gedanken eingehen, der das gesamte Buch durchzieht: Nichts ist von der Soziologie weiter entfernt als das Instrumentarium der sozialen Konflikte, vor allem, wenn es vom Staat gelenkt wird, und mehr noch dann, wenn sich dieser Staat dabei auf eine Doktrin beruft.

Zur gleichen Zeit wird die Soziologie von den bestehenden gesellschaftlichen Kräften gefordert. Die gesellschaftlichen Kämpfe haben sich immer auf dem Feld der Historizität abgespielt, deren Analyse oblag, da sie die metasozialen Welten behandelte, der Sozialphilosophie. Nun aber ist die Historizität als gesellschaftliche erkannt. Die Gesellschaft verwalten bedeutet nicht mehr, eine politische Ordnung zu etablieren oder ein ökonomisches System funktionieren zu lassen, sondern technisch-humane Systeme, Kommunikationsapparate zu steuern. Die sozialen Konflikte wiederum breiten sich auf das gesellschaftliche Erfahrungsfeld insgesamt aus: nicht mehr nur der Gläubige, der Staatsbürger oder der Produzent setzen sich in Bewegung, sondern der soziale Akteur.

Und es ist die Soziologie, von der er Nahrung für seine Ideologie verlangt.

Als Kritikerin der Ordnung und als Streitobjekt zwischen den gesellschaftlichen Gegnern: welchen Platz kann die Soziologie einnehmen? Ich habe versucht, den Zeitpunkt der Soziologie festzulegen. Welches ist nun ihr Ort?

In der Universität, in die sie sich gemeinhin versetzt sah, scheinen mittlerweile die meisten Widersprüche auf sie einzustürmen. Hier wird ihr am handgreiflichsten abverlangt, Instrument sozialer Integration zu sein, sich ins Innere des gesellschaftlichen Lebens und dessen Diskurses zu begeben, nützlich zu sein, auf Beschäftigungen vorzubereiten, die sozialen Beziehungen erneut mit einer dichten Schicht von Positivismus zuzukleistern. Aber die Universität ist auch ein Ort neuer sozialer Konflikte: Die Studenten, in steigendem Maße die künftigen Führungskräfte und Angestellten, stellen dieser technokratischen und bürokratischen Bestimmung ihrer Berufslaufbahn den Widerstand ihrer Persönlichkeit und ihr Verlangen nach Ausdruck, Freude und Gemeinschaft entgegen.

Alles trägt dazu bei, die universitäre Lehre der Soziologie zu einem Hort des Konflikts werden zu lassen, überdies erscheint sie den Universitätseinrichtungen als Bedrohung ihrer althergebrachten Rolle als Vermittler von Wissen.

Die französischen Reformen, die auf dem Gedanken der Partizipation beruhen, werden keine anderen Auswirkungen haben können, als die widersprüchlichen Elemente anzunähern – vielleicht steckt dahinter der Gedanke, daß sie sich wechselseitig zerstören und damit den Rest der Gesellschaft in Frieden lassen, eher wohl aber mit dem Ergebnis, daß das Streben nach Anpassung und Übereinkommen nur um den Preis des intellektuellen Schweigens befriedigt werden wird. Die einzige Wahl, die sich noch bietet, besteht darin, lebendig oder lebensfähig zu sein.

Einige Universitäten sind lebendig, aber nicht lebensfähig; die meisten sind lebensfähig, aber tot. Kann man diesem lächerlichen Dilemma entrinnen?

Nur auf zweifache Weise. Die erste ist bekannt: Man bindet die Produktion von Wissen an die Modernisierung und an die Stärkung der führenden Klasse. Der elitäre Charakter der Universität garantiert deren Liberalismus und die Autonomie der Forschung. So sieht die amerikanische Lösung aus.

Das Universitätssystem dieses Landes ist stark hierarchisiert, und die Hierarchie der Universitätseinrichtungen ist über die Aufnahmebedingungen und die Abgänge mit der sozialen Hierarchie verbunden. An der Spitze der Pyramide befindet sich die Forschung, die ihre Freiheit der Tatsache verdankt, daß sie so weit wie möglich von lokalen Pressionen ferngehalten wird.

Eine bemerkenswerte Lösung und im übrigen weitab von der Vorstellung, die häufig sowohl deren Befürworter wie Gegner von ihr wiedergeben. Ihr Vorzug wird deutlich, wenn man sie mit der europäischen Situation vergleicht, wo im allgemeinen kein integriertes Universitätssystem besteht, sei es, daß alles auf der Trennung zwischen Universitätsausbildung und höherer technischer Ausbildung wie in England oder Deutschland beruht, sei es, daß, wie in Frankreich, zur Trennung dieser beiden Elemente noch die Isolierung der Forschung hinzukommt – womit zweifellos der äußerste Punkt des Auseinanderbrechens des Universitätssystems angezeigt ist.

Auch eine parteiische Lösung, die das Wissen an die Macht bindet wie die Intellektuellen an den Thron und die damit mehr oder minder offen die Bildung einer Gegen-Universität heraufbeschwört, die die neuen Mandarine kritisieren und sich klar und deutlich im politischen Kampf engagieren wird.

Mir schwebt eine andere Lösung vor. Ich evoziere sie hier nur deshalb, weil die Analyse der soziologischen Erkenntnis unmöglich von Überlegungen zu deren Organisation zu trennen ist. Die wirkliche Krise der Soziologie rührt daher, daß man einen Typ von Erkenntnis in eine gesellschaftliche Form zu bringen versucht, die jenem deshalb unangemessen ist, weil sie eine gegenüber der soziologischen Erkenntnis widersprüchliche Funktion erfüllt. Es ist unmöglich, die Sozialordnung zu integrieren und zu reproduzieren und zugleich die Dialektik der gesellschaftlichen Verhältnisse, die die Ordnung verschleiert oder vernichtet, zu analysieren.

Der universitäre Bereich ist durch soziale Gruppen – Professoren und Studenten – und spezifische Funktionen definiert.

Diese Autonomie versetzt ihn in die Welt der gesellschaftlichen Repräsentationen, nicht in die der Produktion. Wissen zu vermitteln, junge Menschen auszubilden, die Unabhängigkeit des Ganzen im Namen einer »professionellen« Rhetorik zu gewährleisten: all das ist möglich und kohärent nur solange, wie Wissen keine Produktivkraft ist. Wird es aber zu einer solchen, und vor allem, beginnen die Sozialwissenschaften die Funktionsmechanismen der Gesellschaft zu analysieren, dann zerfällt universitäre Tätigkeit einmal in ihre Produktions- und zum anderen in ihre Reproduktionsrolle. Unter solchen Voraussetzungen flieht die wissenschaftliche Forschung tendenziell in außerhalb oder innerhalb der Universität liegende, auf alle Fälle faktisch eigenständige Institute. Für die Sozialwissenschaften, die auf die sozialen Konflikte stoßen, wird die Situation untragbar und widersprüchlich, derart, daß am Ende die studentische Revolte sich paradoxerweise gegen eine Lehre entlädt, deren Personal sich doch eher aus Reformern und Fortschrittlichen als aus Konservativen zusammensetzt. Soll die Soziologie die Gesellschaft in actu, die Produktion der Gesellschaft durch sich selbst, studieren, vermag sie dies dann wirklich in einem Typ von Organisation zu leisten, der für die Herausbildung von »Geist« und für die Vermittlung einer Kultur gedacht war?

In der Tat können wir den Verfall der Universität beobachten, die Opfer dieses Widerspruchs geworden ist. Will man sich mit diesem Zusammenbruch nicht abfinden, bedarf es einer tiefgreifenden Veränderung der Universität.

Statt sie um eigene Kategorien herum aufzubauen und ihre Einheit und ihren inneren Ablauf zu stärken, muß sie als Stätte des Zusammentreffens von Wissenschaft und Politik, von Erkenntnis und organisierter gesellschaftlicher Nachfrage gedacht werden.

Reden wir nicht mehr von ihrem Geist und ihrer Sprache, sondern von der Art und Weise, wie sie jenes Zusammentreffen institutionalisieren könnte. Voraussetzung dazu ist auf der einen Seite, daß die Gesellschaft die Existenz einer freien Forschung akzeptiert, die hinter den Gesetzen und Diskursen die sozialen Beziehungen ausfindig macht, und auf der anderen Seite, daß der Inhalt, die Nutznießer und die Form der Lehre als Antworten auf Nachfragen bestimmt werden, die von gesellschaftlichen Kräften oder Organisationen formuliert werden: von Städten, Unternehmen, Gewerkschaften, freiwilligen Verbänden, Regierungen usw. Die Kategorien des Professors und des Studenten haben zu verschwinden. Die Nachfrager erhalten von den Forschern Wissen vermittelt, doch liegt dessen Verwaltung nicht ausschließlich in den Händen der Professoren. Die Lernenden dürfen sich nicht mehr nur aus jungen Menschen der Mittelklassen zusammensetzen. Ich bin sicher, daß in naher Zukunft die Idee, daß die Universität allein dieser Gruppe vorbehalten sein müsse, als eine ungeheure Vergeudung zugunsten und im Dienste der Machtzentren erkannt werden wird, die derart die ihnen genehmen Auswahlmechanismen aufrechterhalten.

Meine Forderung lautet, daß die Universität nichts anderes sein soll als eine Stätte von Verhandlungen, an der die sich ständig wandelnde Politik erarbeitet wird, die ein Angebot an Wissen und Kenntnissen von seiten der Forschenden mit der Nachfrage nach Ausbildung und Information seitens der kollektiven sozialen Akteure zu verbinden sucht. Wird diese Blickrichtung nicht durch die innovative Idee einer permanenten Ausbildung aufgedrängt, zumindest dann, wenn man vermeiden möchte, daß diese sich auf die bloße Ersetzung einer archaischen Allgemeinbildung durch die technokratische Ausbildung der von den Unternehmen benötigten hochqualifizierten Arbeitskräfte beschränkt?

Es geht hier nicht darum, sich administrative Reformen auszumalen; es geht vielmehr um die Neubestimmung der Stellung des Soziologen im Hinblick auf seinen Gegenstand. Erklärt man, daß der Soziologe sich die Gesellschaft wie ein vor ihm stehendes Ding, das er objektiv von außen betrachtet, vorstellen müsse, dann nimmt man faktisch eine konservative politische Haltung ein. Dann willigt man ein, das zu sehen, was im Hellen steht, und zu übersehen, was verborgen ist; dann willigt man darin ein, der Gesellschaft, d. h. den Mächtigen, aufs Wort zu glauben. Muß dagegen der Gegenstand der soziologischen Arbeit, um einer solcher Deformation zu entgehen, nicht jeweils so direkt wie möglich als eine gesellschaftliche Nachfrage, als Aktion, verstanden werden? Untersuchen wir nicht das Unternehmen, sondern die Unternehmerpolitik und die Arbeiterbewegung: finden wir uns nicht damit ab, daß man uns von der Stadt spricht, sondern fragen wir nach den Promotoren, den Planern, nach den in den Großeinheiten Eingepferchten, oder nach denen, die von den Vorortzügen und der Métro befördert werden. So nämlich werden wir auf die gesellschaftlichen Verhältnisse und im besonderen auf die Herrschaftsbeziehungen stoßen. Ob die Soziologie sich entwickelt, hängt in erster Linie weder von den Absichten der Soziologen noch von der universitären Organisation ab – sondern von der Fähigkeit sowohl der sozialen und kulturellen Kontrollapparate des Staates, anzuerkennen, daß der Standpunkt der Akteure durch den der Beziehungen problematisiert wird. Dies setzt allerdings voraus, daß es weder eine absolute Macht noch einen totalen Konflikt gibt. Aber liegt es hier nicht vollkommen auf der Hand, daß eine derartige analytische und kritische Soziologie, wie ich sie fordere, nicht unabhängig von gewissen Sicherheiten arbeiten kann, daß es außerhalb liberaler Institutionen keine freiheitlichen oder kritischen Gedanken und Aktionen geben kann?

7. Was nützt die Soziologie?

Die von mir hier vorgetragene organisatorische Skizze führt schließlich zu einer letzten Frage, die ich meinem Leser überlassen werde, ist sie es doch auch, die ihm zunächst einmal in den Sinn kommt: Was nützt die Soziologie? Eine Frage, die den Soziologen irritiert, der sich ihrer entledigt, indem er von Erkenntnis spricht, die ihren Daseinsgrund in sich selbst finde, womit er zugleich alles von sich schiebt, was seine Rhetorik und seine Seelenruhe als Kulturfunktionär stören könnte.

Die Soziologie muß sich ein Ziel und eine Funktion geben: dazu beizutragen, daß die Mitglieder einer Gesellschaft sich in ihr so weit es geht wie Akteure verhalten und daß die Gesellschaft von ihrer Ordnung, ihren Ideologien und Rhetoriken gesäubert wird, um derart dann als ein Ensemble von Handlungssystemen sichtbar zu werden, mittels derer und über Spannungen und Konflikte hinweg ein Sozialgefüge auf sich selbst, auf seine Organisation und auf seinen Wandel einwirkt. Das Ziel der Soziologie ist die Aktivierung der Gesellschaft, ist die Sichtbarmachung ihrer Bewegung, ist es, zu ihrer Herausbildung beizutragen und alles zu zerschlagen, was der Kollektivität eine substantivistische Einheit: Wert oder Macht, aufzuzwingen trachtet.

Ich meine nicht, die Soziologie könne einen anderen Zweck verfolgen, als das gute Funktionieren der Handlungssysteme, die sie untersucht, zu unterstützen. Diese Aussage wird zweifellos den Leser verwundern. Und doch sollte er sie einen kurzen Augenblick überdenken. Eine andere Haltung einzunehmen hieße, sich mit einem sozialen Akteur zu identifizieren – und das ist gerade die Bestimmung der Ideologie. Man kann der Meinung sein, daß die Welt mehr der Ideologie denn der Soziologie bedürfe – selbst wenn man das glaubt, ist das noch kein Grund, beide zu vermengen. Vor allem jedoch darf die Mithilfe am Funktionieren der Handlungssysteme auf keinen Fall mit einer Stärkung der Sozialordnung verwechselt werden. Das Gegenteil ist vielmehr der Fall. Denn es existiert keine soziale Organisation ohne Macht und soziale Kontrolle, ohne Vernichtung sozialer Beziehungen und die Ersetzung ihrer Dialektiken durch die Trennung von Integration und Ausschluß.

Die Soziologie verteidigt gegen alle Mächte die Realität der zerstörten oder verschleierten sozialen Beziehungen.

Warum sollte der Soziologe Träume gegen die Realität verteidigen, wo er doch die Realität gegen die Träume der Ideologen und der Macht zu verteidigen hat?

Mühsam schlängelt sich die Soziologie heute zwischen zwei Reihen von Ideologien durch, die sie abwechselnd verhöhnen und dann wieder in Beschlag nehmen. Man müßte schon das Vorhandensein der Macht und der Klassenherrschaft leugnen, um der Meinung sein zu können, daß sie, indem sie sich derart den Ansprüchen der Akteure überantwortete, zu einer befreienden Kraft würde. Sie geriete damit nur zum ideologischen Agenten der Macht, während zugleich die Ideologen der Gegen-Gesellschaft in ihren Ghettos sich untereinander zerrissen. Kritisch kann die Soziologie nur werden, wenn sie ihr Erkenntnisobjekt losgelöst von den Akteuren konstituiert. Aber das erreicht sie nicht, indem sie sich in die vorgeblich objektive Position des Beobachters versetzt, der im Namen eines selbstherrlichen Positivismus die Entscheidungen, Meinungen und Kategorien schlicht registriert und sie dann soziologische Tatsachen tauft. Dieser Empirismus ist ideologisch belastet, da er sich entscheidet, die Gesellschaft durch die Art und Weise, wie sie sich darbietet, zu bestimmen, ohne dabei nach dem Sinn des Ursprungs der Kategorien, Entscheidungen und Zwänge, die die Praxisformen erstellen, zu fragen.

Der Soziologe steht niemals vor dem Objekt seiner Untersuchung. Wir können nicht die Soziologie des Handelns vom Handeln des Soziologen trennen, gründet doch die Arbeit der Soziologie gerade darin, über den Schein, die Bewegung, die Kategorien der Praxis, des Alltagsbewußtseins hinauszugehen, um darin nicht Prinzipien oder Werte, und noch weniger materielle Realitäten, wie die Technologie oder die Arbeitsteilung, aufzustöbern, sondern das Handeln der Gesellschaft gegenüber sich selbst und die durch die verschiedenen Handlungstypen definierten sozialen Beziehungen. Diese Arbeit der Zersetzung von Gegenständen, Positivitäten, Ordnungen, Ideologien, die das Handlungssystem zum Vorschein bringen soll, darf sich auf keine bloße Absichtserklärung beschränken. Der Soziologe muß zunächst einmal eine kritische Haltung einnehmen. Identifiziert er sich qua Verstehen mit dem Geist einer Kultur oder mit der Absicht eines Handelnden oder mit den Bedürfnissen eines Gemeinwesens, dann ist er zu jener Abstandnahme gegenüber den sozialen Tatsachen außerstande, die erst den Gegenstand der Soziologie zum Vorschein kommen läßt. Schließlich und vor allem kann es ihm nicht darum gehen, die äußeren Hallen eines Tempels zu durchschreiten, um am Ende zum Altarraum vorzudringen, wo er die Statue der Gottheit zu Gesicht bekommt. Das Ziel seiner Arbeit muß sein, die Vorstellung in Handlung umzusetzen, die Individuen oder Gruppen aus der Abgeschiedenheit oder dem Schweigen, in denen sie die Macht, die sie erleiden, verleugnen oder der sie zu entfliehen suchen, herauszuziehen, sie außerhalb der Sphäre der Macht zu stellen, sie in die Situation einer sozialen Beziehung zu versetzen.

Viele werden zugeben, daß der Gegenstand der Soziologie das Studium der sozialen Beziehungen ist. Wäre es dann nicht an der Zeit, daraus zwei Schlußfolgerungen zu ziehen: zum ersten, daß es notwendig ist, unmittelbar die sozialen Beziehungen zu untersuchen und nicht den Standpunkt des Akteurs oder eine historisch bestimmte Situation; dann und vor allem, daß die sozialen Beziehungen keine in der Praxis handgreiflich vorliegenden Gegebenheiten sind. Man dürfte eher versucht sein, den Moralisten zu glauben, die uns die Mittel – die Sittsamkeit – zeigen, mit denen die Menschen Aggression und Konkurrenz abwenden: ein Bild, an das zu erinnern war, weil es auf einen Weg verweist, der dem des Soziologen entgegengesetzt ist.

Bei der Betrachtung der gesellschaftlichen Szene und deren spektakulärsten Aspekts, der internationalen Beziehungen, finden wir Kräfte, Interessen und Diskurse, alles, aber keine sozialen Beziehungen. Es obliegt dem Soziologen, sie nicht nur sichtbar zu machen, sondern zu rekonstituieren.

Der Augenblick der Soziologie naht. Seit geraumer Zeit, und vor allem dank der Anthropologie, sind die Wissenschaften vom Menschen dabei, die Kultur, angefangen bei der Sprache bis zu den Mythen und Riten, zu erforschen. Auch schon seit geraumer Zeit ist die Soziologie, im Bunde mit der Geschichtswissenschaft, bemüht, aus der Flut gesellschaftlicher Phänomene Gesamtheiten zusammenzustellen: Gesellschaften, Zivilisationen, Produktionssysteme, Kulturfelder. Ohne jeden Zweifel werden Anthropologie und Geschichtswissenschaft ihre Fortschritte weiter ausbauen, und dies um so rascher, als die überkommenen kulturellen Modelle, die sie zu fördern schienen, sich nunmehr auflösen und sie zu positiven Wissensformen werden lassen. Jetzt aber muß die Soziologie an der Seite dieser Schwesterdisziplinen Platz nehmen. Sie tritt zu einem Zeitpunkt hervor, da die Gesellschaften sich mehr durch ihre Aktion denn ihre Funktionen, mehr durch ihre Transformationen denn ihre Ursprünge bestimmen. Zu einem Zeitpunkt überdies, da der Tod der Götter dem politischen, ideologischen, integrativen und repressiven Ordnungswerk der Macht freies Feld läßt. Darin ist zugleich ihre Aufgabe festgelegt: zur Gesellschaft in actu vorzustoßen, indem sowohl Ordnung wie Macht der Kritik unterzogen werden. Nicht um den abgekühlten Organisationen ein wie immer geartetes metasoziales Bild entgegenzuhalten, sondern um die Gesellschaft so zu erkennen, wie sie ist: als Gesamtheit sozialer Handlungssysteme. In einer Gesellschaft, in der die Produktion zur Kommunikation wird, die führende Klasse Entscheidungszentrum und nicht übertragener Besitz ist, die beherrschte Klasse keine eigene Lebensform mehr besitzt, sondern durch Entfremdung bestimmt ist – in einer solchen Gesellschaft vermag die Soziologie endlich mehr zu sein als ein Gemisch aus Geschichtswissenschaft und Sozialphilosophie, kann sie sich den Verlockungen des Subjektes entziehen, nicht um sich im Naturalismus zu verlieren, sondern um deutlich zu machen, daß die gesellschaftlichen Verhältnisse durch den Typ von Aktion, den die Gesellschaft gegen sich selbst vollzieht, ihre Bestimmung erhalten.

Es heißt sich folglich von einer Soziologie der Innerlichkeit freizumachen, die von der Gesellschaft das Bild eines Heimes entwürfe, das um seine Werte, seinen Hauskult, die Rollentrennung zwischen Mann und Frau, Erwachsenen, Alten und Kindern angeordnet wäre und von dem die Bettler und Diebe ferngehalten würden. Die Soziologie hat, weniger als die Geschichte, aber wie sie, dazu beigetragen, das kollektive Bewußtsein einer Gesellschaft zu schaffen, um sich nun im Gegenzug dieses Bewußtsein als Gegenstand vorzunehmen. In einer Welt ohne Innerlichkeit, ohne Seele und ohne Werte, Fuß fassend, kann die Soziologie endlich ihre bis dahin von Märchen übertönte Stimme vernehmen lassen. Da steht sie nun, bereit, der Ideologie und den sozialen Kontrollinstrumenten entgegenzutreten. Aber sie schickt sich nicht an, auf das Podest zu treten, um einer aufmerksam zuhörenden Menge das Panorama der gegenwärtigen Gesellschaft zu enthüllen oder das der zukünftigen zu prophezeien.

Sie kommt nicht nach der Entstehung der Gesellschaft, die sie möglich macht, sondern zur gleichen Zeit wie diese. Wir können heute versuchen, uns zu orientieren, die Stätten ausfindig zu machen, an denen sich die Auseinandersetzungen und Konflikte vorzubereiten scheinen – aber diese haben sich noch nicht entfaltet. Noch ist das Stück nicht gespielt und es wird nicht darin bestehen, einen im voraus geschriebenen Text zu verlesen.

Demzufolge ist der Fortschritt der Soziologie untrennbar mit der Reife der Machtformen, der gesellschaftlichen Probleme und sozialen Bewegungen verbunden. In ständigem Austausch mit ihrem Untersuchungsfeld gewinnt die Forschung Gestalt. Der Forscher ist bisher noch gewohnt, sein Terrain mit Plänen, Fragebögen und Vergleichsdaten ausgerüstet zu betreten. Heute bedürfen wir weit mehr der Erkenntnis, daß der Forscher und die Ausrichtung seiner Arbeit weitgehend das Produkt der Forschung sind. Ähnlich besteht auch der Gegenstand der Forschung nur kraft der Beziehung zum Untersuchenden, der Teil des von ihm untersuchten Feldes wiederum ist. Eine Frage überragt alle anderen: Welches ist das Feld, der Einsatz und welches sind die Akteure der Klassenkonflikte, über die hinweg der neue Gesellschaftstyp Form gewinnt, den fundamentale Veränderungen der Historizität entstehen lassen?

Am einfachsten dürfte die Bestimmung der neuen Machtformen, die der Großorganisationen, sein. Wirtschaftswissenschaftler und Soziologen können in gemeinsamer Anstrengung die neue führende Klasse zu erklären suchen – was sie auch schon tun.

Am schwierigsten ist es, die neuen Konfliktbereiche auszumachen, weil sie gleichermaßen von der Ideologie der herrschenden Klasse wie von der Sprache der oppositionellen Gruppen verdeckt werden. Wie mir scheint, lassen sich zwei besonders empfindliche Bereiche ausmachen: das Bewußtsein von den Grenzen der gesellschaftlichen Produktion und das Bewußtsein des Leibes.

Zwei miteinander verbundene Weisen, dasselbe Problem zu stellen: auf der Ebene der Gesellschaft und auf der Ebene der Persönlichkeit. Wir gehören zur Natur und zu keiner Übernatur mehr. Darin ist die von S. Moscovici so genannte Naturfrage formuliert.

Diese Bewußtwerdung kann zur ebenso defensiven wie kontestierenden Utopie des Gleichgewichts führen: Bewahren wir die natürlichen Gleichgewichte, stellen wir die Gemeinschaft wieder her, lassen wir unseren Leib sich ausdrücken und seine Lust genießen.

Ich habe die Grenzen dieser Utopie schon ausgesprochen. Im Ausgang von ihr jedoch beginnen sich Wahlmöglichkeiten abzuzeichnen. Hinter dem Ruf nach Modernisierung, der sich dadurch legitimiert, daß er die Willkür und Barbarei der überkommenen Gewohnheiten anprangert, beginnen sich Klassenpositionen, Antagonisten herauszuschälen. Auf der einen Seite der Ruf nach Befriedigung, Konsum, Zusammenhalt, nach Sozialität, der den Bedürfnissen der Technokraten nur genehm sein kann, die ihre Organisation fest zusammenhalten und zugleich die Nachfrage in Abhängigkeit von ihren eigenen Interessen manipulieren wollen; auf der anderen Seite ein noch verschwommener, aber in Wechselbeziehung mit dem Soziologen sich weitgehend formierender Drang nach Selbstverwaltung, nach persönlicher und kollektiver Kreativität, nach Kommunikation mit dem anderen – untrennbar damit verbunden der Kampf gegen die neuen Formen der Herrschaft und der Entfremdung. Eine Volksbewegung wird nicht durch ihre Absichten und Ziele bestimmt, sondern durch das in ihr sich vollziehende Auseinanderbrechen in eine Abwehrhaltung und einen kontestierenden Gegenangriff. Der Soziologe nun ist jener, der die Einheit dessen erfassen kann, was sich als Gespaltenes darstellt. Gegen die Ideologien aller muß er unseren Augen, die an ein anderes Licht und an andere Landschaften gewöhnt sind, die Szene und die Personen unseres Dramas sichtbar machen.

8. Kehrtwendung

Da dieses Buch sich über die Notwendigkeit und Möglichkeit der Soziologie Gedanken macht, da es allgemeine Vorstellungen und Ideen formuliert, könnte es möglicherweise dem Leser den Eindruck vermitteln, statt an Hand einiger vereinfachender Begriffe den Weg der Erkenntnis zu erhellen, wolle es ihn in ein wildwucherndes System voller Typologien und Begriffe einschließen. Möge man es doch noch einmal kurz durchblättern: nichts steht seinem Inhalt und seinem Ton ferner als die ruhige Gewißheit eines das Feld seines Wissens abmessenden Geometers. Wir Soziologen sind außerstande, Systeme und selbst nur Theorien zu repräsentieren. Wir kämpfen dafür, anderen und uns selbst einen bestimmten Ansatz, ein bestimmtes Vorgehen nahebringen zu können. Auf allen Fronten haben wir zu reagieren, um die Untersuchung der sozialen Beziehungen und der Handlungssysteme von den Schlacken der Sozialphilosophie, von den waghalsigen, schöpferischen, aber zuweilen auch erdrückenden Unternehmungen der Naturwissenschaften vom Menschen und vor allem von den gegensätzlichen Pressionen der Ideologien freizumachen. Das Feld der Soziologie ist nicht mehr von den Bataillonen des Funktionalismus besetzt – die haben einen ungeordneten Rückzug angetreten. Nahezu ausgestorben liegt es da, wird nur dann und wann von einigen Reitern in Galopp durchritten, die im Verschwinden ein wenig Staub aufwirbeln.

Den Soziologen selbst kostet es nicht wenig Anstrengung, miteinander zu kommunizieren. Jeder muß sich seine eigenen Überlegungen und Ausdrucksmittel erarbeiten. Nahezu alle wenden sich, erschöpft und außer Atem angesichts der Schwierigkeit, zu kommunizieren und selbst nur zu reden, an ein anderes Publikum, so daß die Distanz zwischen ihnen nur noch zunimmt.

Dennoch ist an dieser Tatsache festzuhalten: Die Soziologie ist zwar in sich zerrissen und wird angegriffen, aber sie enthüllt sich in dem Maße, wie die Gesellschaften wahrnehmen müssen, daß sie der Analyse ihres eigenen Handelns dringend bedürfen und nicht glauben dürfen, es schon erhellt zu haben, wenn sie nicht-gesellschaftliche »Gesetze« in Anschlag bringen. Wir müssen die Soziologie schaffen, weil die Gesellschaft begreift, daß sie sich selbst schafft.

Sicherlich wäre es angemessener, die Ermahnungen und einleitenden Gedanken sein zu lassen und die Forschungsarbeiten endlich in die Tat umzusetzen. Soziologie bedeutet, soziologische Behauptungen zu beweisen. Allerdings darf dieses schwer zu erreichende Ziel keineswegs mit jenem »Empirismus« gleichgesetzt werden, den zu praktizieren man uns so lange gezwungen hat, und der sich schließlich als Kleingeld des Idealismus und Konservatismus entpuppte. Ich hoffe, daß andere geradewegs auf die wirkliche Arbeit zusteuern werden; ich meinerseits stelle keine Theorie auf; ich versuche, Wege zu öffnen, auf einen bestimmten Ansatz, ein Vorgehen hinzuweisen, kritischen Geist und Unruhe zu stiften, damit das zu erreichende Ziel besser in den Blick gerät. Ich wünsche auch nicht, daß sich der Leser meines Buches allzu lange mit ihm abgibt, um alle darin verborgenen Winkel aufzustöbern. Möge er es vielmehr als eine Einladung zur Arbeit verstehen: gegen alle vor der soziologischen Erkenntnis aufgebauten Hindernisse und dafür, daß sich die Gesellschaft ihrer Kreativität, ihrer Zwänge, die sie den meisten auferlegt, und ihres Vermögens, sich zu verändern, bewußt werde.